근현대 한국어교재의 통시적 연구

근현대 한국어교재의 통시적 연구

고경민 지음

한국문화사

근현대 한국어교재의 통시적 연구

1판 1쇄 발행 2022년 5월 31일

지 은 이 | 고경민
펴 낸 이 | 김진수
펴 낸 곳 | 한국문화사
등   록 | 제1994-9호
주   소 | 서울시 성동구 아차산로49, 404호(성수동1가, 서울숲코오롱디지털타워3차)
전   화 | 02-464-7708
팩   스 | 02-499-0846
이 메 일 | hkm7708@daum.net
홈페이지 | http://hph.co.kr

ISBN 979-11-6919-003-9 93700

· 이 책의 내용은 저작권법에 따라 보호받고 있습니다.
· 잘못된 책은 구매처에서 바꾸어 드립니다.
· 책값은 뒤표지에 있습니다.

이 책은 2020년도 건국대학교 KU학술연구비 지원에 의한 저서임

오류를 발견하셨다면 이메일이나 홈페이지를 통해 제보해주세요.
소중한 의견을 모아 더 좋은 책을 만들겠습니다.

▲ 책을 펴는 말 ▼

 유학생들을 지도하면서 가장 보람을 느끼는 순간이 언제인지 묻는다면 아마도 저마다의 언어를 사용하던 학생들이 어느 순간 한국어로 대화하고 있는 순간을 보았을 때라고 대답할 것 같습니다. 국적도 문화도 언어도 다른 이 유학생들의 공통점이자 소통의 창구로서의 한국어를 이들의 입으로 듣는 일은 꽤 큰 감동이자 즐거움입니다.

 아마도 근현대 한국어 학습서에 대한 연구를 시작하게 된 계기도 이와 비슷하지 않을까 싶습니다. 서로 다른 것을 보고 자란 이들이 '조선'이라는 작은 나라에 모여 그들로서는 난해하기 이를 데 없는 한국어를 연구하고, 가르치는 일을 살피는 일이 제게는 그저 신기하고 뿌듯한 그런 일이었습니다. 2012년에 '한국어 교재 변천사 연구'로 학위를 받은 이후 10년이라는 시간이 지났지만 여전히 부끄럽고 부족하다는 생각이 앞섭니다. 아마도 이제 시작이라는 표현이 더 적절할 것이라 생각합니다.

 그럼에도 불구하고 이 저서를 내기로 결정한 것은 성과라고 부르기에도 초라한 이 결과물들이 하나로 묶이고, 다듬어질 필요가 있다는 점과 이 주제를 보며 신기하고 뿌듯해할 또 다른 연구자가 있을 것을 기대하는 마음 때문입니다. 한국어교육 분야에서의 교재론, 그리고 그 안의 교재사 분야는 연구자도 많지 않고, 한국어교육의 역사가 길지 않은 만큼 연구 분야를 무한히 확장할 수 있는 분야도 아닙니다. 다만 아직도 교재사를 연구하는 연구자들의 바람처럼 어딘가 우리가 모르는 어느 곳에서 한국어교육의 역사가, 그리고 한국어교재의 시작을 새롭게 발견할 수 있는 날이 올 것이라는 믿음은 늘 가지고 있습니다.

유럽의 어느 벼룩시장에서 그리고 아직 발견되지 않은 중국의 어느 고서점에서 한국어교육사에 새로운 이정표가 될 교재 한 권 발견되기를 기대해 봅니다. 끝으로 이 책이 나올 수 있게 지원해주신 한국문화사 김진수 대표님, 부족한 원고를 책으로 묶을 수 있게 해주신 조정흠 부장님, 투박하고 거친 글을 보기 좋게 다듬어주신 김주리 대리님께 깊은 감사의 말씀을 전합니다.

저자 올림

차례

책을 펴는 말 ··· 5

I. 총론 ··· 11
1. 외국어로서의 한국어 ··· 11
1.1. 근대 이전의 교육대상 ·· 12
1.2. 시대적 상황과 편찬 목적 ···································· 14
1.3. 근대 이전 한국어 관련 문헌의 내용 ···················· 16
1.4. 소결론 ·· 26
2. 근현대의 시기적 특성과 교재 편찬의 흐름 ············· 27
2.1. 한국어교육의 출발지, 근대 ································· 27
2.2. 다양한 목적을 살펴볼 수 있는 일제강점기 ·········· 31
2.3. 소결론 ·· 38

II. 한국어교육과 교재의 흐름 ······································ 41
1. 신문기사를 바탕으로 살핀 한국어교육의 흐름 ········ 41
1.1. 신문기사와 한국어교육 ······································ 41
1.2. 시대별 한국어교육사의 흐름을 알 수 있는 여섯 가지 키워드
 ··· 42
1.3. 소결론 ·· 59
2. 교재사 관점에서의 시대구분 ································· 60
2.1. 한국어교재의 시대구분 ······································ 60
2.2. 교재 중심의 한국어교육사 시대구분 ··················· 68
2.3. 소결론 ·· 78

Ⅲ. 학습 대상별 교재에 따른 고찰 — 81
1. 서양인 학습자 대상의 교재 — 81
1.1. 서양인 연구자들의 한국어 연구 — 81
1.2. 한국어에 대한 인식과 이해 — 83
1.3. 한국어교재의 구체화 — 100
1.4. 소결론 — 113
2. 일본인 학습자 대상의 교재 — 114
2.1. 일본인 연구자들의 한국어 연구 — 114
2.2. 근현대 일본인 대상 한국어교재 개관 — 116
2.3. 근현대 일본인 대상 한국어교재의 내용 — 123
2.4. 소결론 — 136

Ⅳ. 교재 목적에 따른 고찰 — 139
1. 회화 학습 목적의 교재 — 139
1.1. 근현대 회화서 — 139
1.2. 회화서의 내용 — 158
1.3. 소결론 — 169
2. 문법 학습 목적의 교재 — 170
2.1. 근현대 문법서 — 170
2.2. 문법서의 내용 — 177
2.3. 소결론 — 200

Ⅴ. 교수 방법과 교재의 변천 — 205
1. 근현대 한국어교재와 교수법 — 205
1.1. 한국어교재와 교수법에 대한 연구 — 205
2. 교수법의 변천과 교재의 상관성 — 209
2.1. 전통적인 교수 방법의 변천 — 209
2.2. 태동기 한국어교재와 문법번역식 교수법 — 217
2.3. 태동기 한국어교재와 직접식 교수법 — 228
3. 소결론 — 234

부록 1: 일본인 대상 한국어교재 목록 ·················· 236
부록 2: 서양인 대상 한국어 연구 목록 ················ 243
참고문헌 ····································· 262
찾아보기 ····································· 270

들이서
래무던체
다닐낫다
은슈쟝이외나둉운
를이무뵈왔슴뵈왓슴
국사람뵈시사람이마
뷜늬두보지못하갓다 뵈지못
마시뷜게엽소왜늬가 근시하낟

I. 총론

1. 외국어로서의 한국어

한국어교육의 시작을 살피기 위해서는 우선 문헌 자료에서 시작할 수밖에 없다. 여기서 중요한 것은 그 문헌에 담겨 있는 자료의 성격과 그 문헌에 쓰인 문자 체계에 대해 어느 정도의 정확한 지식을 가지고 있는가이다. 이러한 내용을 바탕으로 했을 때 문헌에 담긴 교육적 의미와 역사를 바로 이해할 수 있는 것이다.

한국어란 국어와 또 다른 의미가 있는 우리말의 대외적인 명칭이자 통칭하는 개념이다. 한국어교육의 역사는 분명 국어 교육의 역사와 같은 줄기를 가지고 있었고 제2언어 혹은 이중 언어로서의 한국어교육 이전에도 이미 한국어는 '한어', '조선어'라는 이름으로 교육이 진행되고 있었다. 현대적 관점에서 '한국어'라는 명칭은 자연스럽고 일반적인 명칭이지만 실제 박창해의 『한국어 교본』이 나오기 전까지 교재에서 '한국어'라는 명칭은 낯선 명칭일 수밖에 없었다. '한국어'라는 명칭 이전에 존재했던 '한어', '조선어', '고려어' 등도 연구의 대상이 될 수 있는 것이다. 다만 뚜렷한 대상과 목적, 교육 방법을 알 수 없는 근대 이전 시기의 자료를 한국어교육의 시작이라

부르는 것은 어려운 일이다. 또한 근대 이전의 자료들이 한국어를 언급한다고 해서 한국어교육의 원류라고 단정짓는 일은 성급한 일이며, 한국어교육으로 접근하기 이전에 한국 문화와 한국어에 대한 접근이 선행되어야 할 것이다. 근대 이후 본격적으로 한국어교육이 시작되고 교재가 편찬되기 이전에 어떤 과정과 모습을 거쳐 왔는지 살피는 일은 어쩌면 한국어교재 연구에서 그다지 실속있는 연구 주제는 아닐 수 있다. 그럼에도 불구하고 시작을 되짚는 일은 통시적 고찰을 목적으로 한 본서에서만큼은 유의미한 일이 될 수 있을 것이라 생각한다. 엄밀한 의미에서 본 장에서 소개하는 내용은 한국어교육의 분야에서 다루어질만한 것은 아니며, 한국학의 관점 또는 역사학의 한 분야에서 다루는 것이 더 적격한 것이다. 다만 한국어교육이 결국에는 한국어와 한국문화를, 한국어를 모국어로 사용하지 않는 이들에게 알리는 일에서 시작한 것이기에 이 저서에서 '들어가는 말'의 역할을 부여하고자 한다.

1.1. 근대 이전의 교육대상

이 시기의 문헌은 아직 교재[1]라고 할 수 있는 형태는 아니기에 교육대상

---

[1] 학습서와 교재의 개념을 정확하게 구분하기는 어려운 일이지만 한국어교재에 대한 정의 가운데 '교사가 가르치는 행위에 필요한 것'이라는 개념 풀이와 근현대에 편찬된 학습서의 역할에는 분명한 차이가 있다. 근현대에 저술된 한국어 학습서는 현대적 관점의 '교재'의 구성 요소를 갖추고 있지 않기 때문이다. 다만 본서에서는 넓은 의미의 '교재'라는 개념을 기준으로 글의 통일성을 위해 '교재'라는 용어를 통칭하여 사용하였다. 또한 근현대에 출간된 것을 '학습서' 이후에 출간된 것을 '교재'로 구분하는 것은 각각의 개념을 분명히 해야 할 학술지의 경우 타당하지만 연속성을 지녀야 하는 저서라는 점에서 '교재'로 통칭하였다. 본서에 등장하는 '교재'는 '학습서', '학습용 도서', '학습용 서적' 등을 모두 포함하는 것임을 밝힌다. 단 인용을 할 때는 억지로 바꾸지 않고, 선행 연구의 용어 그대로 사용하였다.

자가 특별히 정해진 것이 아니다. 교육대상자는 문헌의 편찬 목적이나 간행 시기에 따라 얼마든지 바뀔 수 있다.

역사서류의 경우 대부분 당시의 자국민을 대상으로 한다고 볼 수 있다. 또는 후세의 자국민을 목적으로 했다고 볼 수도 있다. 역사서를 통해 당시 한반도의 정세를 비롯한 문화와 사회에 대해 알 수 있기 때문에 자국민을 목적으로 했다고 하나 결과적으로는 해당 문헌에 수록된 국가의 국민까지 그 대상을 확대해 볼 수도 있을 것이다. 『후한서』나 『위서 동이전』 역시 현재의 학자들에 의해 계속해서 연구가 진행되고 있으며, 다른 문헌의 경우도 번역 작업이나 주석 작업이 현재까지 지속하고 있다. 이를 통해 보았을 때 역사서류의 교육대상이 가장 범위가 넓다고 볼 수 있을 것이다.

어휘 자료집의 경우 역관이 대상이라고 할 수 있다. 역관은 역어지인(譯語之人), 역어인, 역인, 설인(舌人), 상서(象胥) 등으로 불리기도 하였다. 이들은 중국·왜·몽골·여진과의 외교에서 주로 통역업무를 맡아 하였는데, 사행을 따라가 통역을 하거나 외국 사신이 방문하였을 때 통역을 맡아 외교 관계에서 중요한 역할을 하였다. 『鷄林類事』의 경우 역관인 '손목[2]'이 저술하였는데, 주요 대상인 역관[3] 외에도 어휘의 비교 목록과 내용은 당시 한

---

[2] 고경민(2012:29)에서는 손목의 지위에 대해 다음과 같이 기술하고 있다. "『鷄林類事』의 저자인 손목의 직책은 '봉사고려국신서장관(奉仕高麗國信書狀官)'이다. 여기에 쓰인 서장관은 사신의 수행 인원으로 정식 관원 대우를 받기는 하였으나 등급은 비교적 낮은 신분에 있는 사람이었다."

[3] 주요 대상인 역관을 대상으로 하는 역학의 경우 번역이나 통역을 위한 학문을 말하는 것으로 사전에서는 이를 "조선 시대에, 외국어의 학습·교육·연구·통역 따위의 분야를 통틀어 이르던 말"이라고 풀이하고 있다. 사전의 개념을 빌리자면 역학은 통역학을 의미하는 것으로 볼 수 있으며 이는 삼국 시대부터 고려, 조선 시대까지의 통역학을 의미하는 사전적인 의미를 고려한다면 역학은 조선 시대의 통역학을 의미하는 것으로 볼 수 있다.

국어에 관심을 두고 있는 사람들에 의해 충분히 연구될 수 있는 부분이었다고 할 수 있다.

회화서류의 경우 비교적 목적과 대상이 분명한 경우라고 할 수 있는데 『交隣須知』의 경우 당시의 '쓰시마 번'에서 외교 업무를 담당하던 저자가 부산을 왕래하며 습득한 조선어를 교재의 형태로 편찬한 최초의 한국어교재라고 할 수 있다. 『交隣須知』는 당시 일본과 조선을 왕래하는 사신들을 위해 편찬되었다고 보는 의견이 타당할 수 있으나 결과적으로 조선어를 배우려고 하는 모든 일본인을 대상으로 편찬되었다고 보는 것이 더 타당하다고 할 수 있을 것이다. 이는 채영희(2000), 최경완(2003) 등을 통해 살펴볼 수 있으며, 『交隣須知』의 경우 처음 편찬 후 인쇄물의 형태로 다시 묶을 때까지 약 200년에 걸쳐 조선어 교재로 널리 사용되었다는 점을 토대로 오랜 시간 일본 민중들의 조선어 학습을 위해 사용되었고, 이에 책으로 간행해야 할 필요성을 느꼈기 때문에 뒤늦게 다시 편찬한 것으로 볼 수 있다.

기타류에서 살펴볼 수 있는 『宣和奉使高麗圖經』의 경우 고려의 언어 및 풍속을 알 수 있는 일종의 보고를 목적으로 한 '견문록'이라고 할 수 있다. 저자 서긍이 당시의 사절단이라고 할 수 있는 '국신사'를 수행하면서 작성한 책으로 본래 간행 목적과 대상은 당시 송나라의 황제 및 관리들이라고 할 수 있을 것이다. 짧은 기간의 체류 기간이었지만 비교적 자세한 사항까지 서술한 것을 볼 때 애당초 이러한 문헌을 간행할 목적으로 입국했다고도 볼 수 있을 것이다.

1.2. 시대적 상황과 편찬 목적

먼저 중국 사서가 편찬된 시기인 3세기에서 6세기까지의 중국의 시대적인 상황은 184년 황건적의 봉기 이후 589년 수에 의해 통일되기까지 중국은 400년 동안 분열 상태에 있었다고 해도 과언이 아니었다. 265년 진(晉)이 잠시 재통일했다고는 하나 정치적인 통일은 되었어도 내외적으로 어려운 문제들을 안고 있었다. 진수의 『三國志 魏書 東夷傳』[4]의 경우 이러한 혼란한 시기에 편찬된 문헌으로서 서영대(1991)에서는 진수가 『三國志』를 찬술한 것은 삼국이 진에 의해 통일된 지 3, 4년 뒤인 283~284년경이라고 한다. 따라서 『三國志』은 서술하고 있는 사실과 시기가 비교적 가까운 것이며, 『三國史記』와 『三國遺事』의 기록과는 차이가 있다. 이 점에 있어서는 『三國志』가 우리 측 자료보다 자료적 가치가 있다고 보기도 한다.[5] 이후 한반도의 역사와 한국어에 대한 기록은 범엽의 『後漢書 東夷列傳』과 소자현의 『南齊書』, 요사렴의 『梁書』, 영호덕분의 『周書』, 이연수의 『南史』에서 이어지고 있으며, 신라가 삼국을 통일하기 이전의 삼국시대에 대한 정보를 주로 다루고 있다.

손목의 『鷄林類事』가 편찬된 시기는 통일신라 이후 고려왕조가 들어선 시기로 고려는 송과 자주적인 유대관계를 맺고, 다양한 문화적 교류를 갖던 시기였다.[6] 이러한 결과로 『鷄林類事』 외에 서긍이 지은 『宣和奉使高麗圖

---

[4] 이하 『三國志』로 지칭

[5] 서영대(1991)에서는 『三國志』가 주로 삼국시대에 알려진 사실에 기초한 선행 문헌인 것에 비해 이후의 한국열전들은 삼국 이후의 역사를 다룬 것임에도 불구하고 『三國志』의 기사를 많이 차용하고 있어, 동시대적 자료로서의 의미가 적으며, 『三國志』가 다른 자료에 비해 동시대적 자료라는 가치를 지니고 있다고 기술하고 있다.

[6] 박종기(2000)에서는 고려와 송의 관계에 대해 다음과 같이 기술하고 있다. '한족은 같은 유교문화권이고 농경 국가였던 고려를 호족의 팽창을 저지하고 중원을 지키기 위해 연합해야 할 상대로 인식했기 때문에, 선진문물을 전달하여 고려의 환심을 사서 우군으로 끌어들이려는 외교정책을 펼쳤습니다.' 이러한 기술로 미루어 봤을 때 손목이 『鷄林類事』를 편찬한 목적인 고려에 대한 문화적 이해와 고려어에 관한 관심이 국가적 차원에서 이루어졌음을 알 수 있다.

經』과 같이 고려문화를 소개한 문헌이 나타나게 된다. 『朝鮮館驛語』가 나온 15세기 중반은 조선과 중국의 명이 활발하게 관계를 이어오던 시기로 『朝鮮館驛語』가 실린 『華夷譯語』에는 당시의 조선뿐만 아니라 일본, 페르시아, 여진 등의 어휘들도 수록하고 있다. 이후 조선은 명, 청, 왜 등과 지속적인 교류를 했으며, 이 과정에서 교류 대상의 언어와 문화에 관한 관심이 더 커졌을 것으로 예상할 수 있다. 『交隣須知』가 최초로 편찬된 18세기 초의 경우 '임진왜란' 이후 다소 소극적이었던 조선과 왜의 관계가 차츰 회복하는 시점이었으며, 저자인 '아메노모리 호슈' 역시 이런 상황에 힘입어 부산 초량 왜관을 드나들며 『交隣須知』를 편찬할 수 있는 바탕을 마련했을 것이다. 이렇듯 근대 이전의 시대적 상황은 한국어교육에 대한 직접적인 관심보다는 '한국'과 '한국어'에 대한 관심이라고 보는 것이 옳을 것이다. 고대 시대부터 시작된 '한국'에 대한 관심이 근대로 오면서 점차 '한국어'에 대한 관심으로 바뀌었다고 볼 수 있으며, 이는 문화를 시작으로 언어 학습까지 자연스럽게 이어진 결과라고 할 수 있다.

1.3. 근대 이전 한국어 관련 문헌의 내용

근대 이전 한국어 관련 문헌들을 정리하는 데 중요한 기준은 자료의 사실성보다는 자료가 가지고 있는 내용의 성격이다. 문헌 속의 내용을 통해 '한국어'가 소개된 부분이 있고, 목적이 한국어를 소개하는 데 있다면 관련 문헌으로 분류하였다.[7] 관련 문헌들이 직접적으로 한국어교육과 관련이 없

---

[7] 여기서 제기될 수 있는 문제점은 역사서 등에서 다루고 있는 관련 문헌들과 한국어교육과의 연관성 문제이다. 언어를 학습하기 위한 제일 처음 단계는 해당 언어를 학습하기 위해 필요한 학습동기이다. 한국어 어휘나 지명, 물명 등은 당시의 외국인들에게 충분한 관심과 동기유발의 대상이 될 수 있다고 생각한다. 단 본서에서 다루는 내용은 이러한 동기를 부여했을 가능성을 말하는

어도 당시의 외국인들에게 한국의 문화, 어휘, 지명 등을 소개하는 문헌들을 대상으로 삼았다.

1) 역사서류

문헌 명		저자	연대
三國志 魏書 東夷傳		진수	3C 중엽
원문	1. 東夷舊語以爲夫餘別種 言語諸事 多與夫餘同 其性氣衣服有異(권30, 843) 2. 言語法俗大抵與句麗同 衣服有異(권30, 848)		
해석	1. 동이의 옛말에 의하면, 부여의 별종이라 하는데, 말이나 풍속 따위는 부여와 같은 점이 많았으나, 그들의 기질이나 의복은 다름이 있다. 2. 언어와 예절 및 풍속은 대체로 (고)구려와 같지만 의복은 다르다.[8]		

문헌 명		저자	연대
後漢書 東夷列傳		범엽	4C 중엽
원문	1. 東夷相傳以爲夫餘別種 故言語法則多同(권85, 2813) 2. 言語飮食居處衣服有似句驪 (권85, 2816) 3. 耆老自言秦之亡人… 其名國爲邦 弓爲弧賊爲寇 行酒爲行觴相呼爲徒 有似秦語故或名之秦韓(권85, 2819)		
해석	1. (고구려는) 부여의 별종이라 하는데, 그러한 까닭에 언어와 법칙이 (부여와) 많이 같다. 2. 언어, 음식, 거처, 의복은 (고)구려와 비슷하다 3. 진한은 그 노인들이 스스로 말하되, 秦나라에서 망명한 사람들로서…그들은 나라(國)를 邦이라 부르며, 弓은 弧라 하고, 賊은 寇라 하며, 行酒를 行觴이라 하고, 서로 부르는 것을 徒라 하여, 秦나라 말과 흡사하기 때문에 혹 秦韓이라고도 부른다.[9]		

것이지 이를 한국어교재의 시작이나 한국어교육의 일환으로 보지 않는다.

8 국사편찬위원회, 한국사데이터베이스, 중국정사조선전, 『三國志』 국역 인용
9 국사편찬위원회, 한국사데이터베이스, 중국정사조선전, 『後漢書 東夷列傳』 국역 인용

문헌 명		저자	연대
梁書		요사렴	6C 중엽
원문	1. 言語諸事 多與夫餘同 其性氣衣服有異(권54, 801) 2. 號所治城曰固麻. 謂邑曰檐魯. 如中國之言郡縣也. 今言語服章略與高驪同. 呼帽曰冠. 襦曰複衫. 袴曰褌. 其言參諸夏(권54)		
해석	1. 언어나 생활 관습은 부여와 같은 점이 많았으나, 그들의 기질 및 의복은 서로 달랐다. 2. 임금이 살면서 나라를 다스리는 성을 고마(固麻)라고 부른다. 마을은 담로(檐魯)라고 부른다. 중국 말로 군현(郡縣)과 같다. 지금 말과 옷은 고구려와 대체로 비슷하다. 모자를 관(冠)이라고 부른다. 저고리는 복삼(複衫)이라고 부른다. 바지는 곤(褌)이라고 부른다.[10]		

문헌 명		저자	연대
周書		령호덕분·잠문본·최인사 등	7C 중엽
원문	1. 王姓夫餘氏 號於羅瑕 民呼爲건吉支 夏言竝王也 妻號於陸 夏言妃也(권19, 886)		
해석	1. 왕의 성은 夫餘氏로 '於羅瑕'라 부르며, 백성들은 '건吉支'라고 부르니 이는 중국 말로 모두 왕이라는 뜻이다. 왕의 아내는 '於陸'이라 호칭하니, 중국 말로 왕비라는 뜻이다.[11]		

문헌 명		저자	연대
南史		李延壽	7C 중엽
원문	1. 其言元本尤悉 故并錄焉(권79) 2. 號所都城曰固麻(권79)		
해석	1. 그 나라 말은 뿌리가 우실(尤悉) 말이다. 그래서 여기 같이 적어 둔다. 2. 도성(都城)이 있는 곳을 고마(固麻)라고 부른다.[12]		

---

10 동북아역사재단, 『譯註 中國 正史 外國傳 8』, 「南齊書 · 梁書 · 南史 외국전 역주」, 2010, 133면.

11 동북아역사재단, 『譯註 中國 正史 外國傳 8』, 「周書 · 수서 외국전 역주」, 2010, 21면.

12 동북아역사재단, 『譯註 中國 正史 外國傳 8』, 「南·齊書 · 梁書 · 南史 외국전 역주」, 2010, 237면.

문헌 명		저자	연대
南齊書		소자현	537년
원문	1. 冠折風一梁. 謂之幘(권58)		
해석	1. 바람 가르개 하나를 머리에 쓴다. 그 모자 이름이 머리싸개다[13]		

문헌 명		저자	연대
日本書紀[14]		도리네리 친왕 등	720년
원문 해석	日本書紀에 나타난 고대 한국어의 왕호는 한자로는 主 君 王 등이지만 그 독음은 'kimi', 'konikisi', 'kokisi', 'kokisimu' 등으로 나타나 실로 다양함을 보여 주고 있다. 그 가운데서 가장 보편적으로 쓰이고 있는 형태가 'kimi'와 "kokisi"인데 'kimi'는 우리나라뿐 아니라 현대 일본에서 王을 지칭하는 일반적인 명칭이기도 하다. 　主者(kimitarumono) (日本書紀 上 p86) 　君 (kimi) (日本書紀 下 p286) 　王者(kimi) (日本書紀 下 p299) 　君者(kimi) (日本書紀 下 p308) 　百濟君 (kutara-kimi) (日本書紀 下 p312) 　高麗王 (koma0kimi) (日本書紀 上 p376) 　新羅王 (siraki-kimi) (日本書紀 下 p450) 이는 다시 삼국의 정립이 끝날 무렵인 7세기부터는 한자식으로 읽히기 시작한다. 　東城王(tousei-wau) 　武烈王(munei-wau)[15]		

13　동북아역사재단, 『譯註 中國 正史 外國傳 8』, 「南齊書·梁書·南史 외국전 역주」, 2010, 20면.

14　김종택(1988)에서는 『日本書紀』의 한국어 자료로서의 가치를 다음과 같이 언급하고 있다. "日本書紀가 지니는 국어학적 가치는 실로 막중하다고 할 수 있다. 기술의 태도와는 관계없이 지명, 인명, 관명을 비롯하여 숱한 고대한국어 어휘가 등장하는 것은 사실이며, 편찬 당시부터 전통적으로 그것을 강독해 왔으며, 그 독음을 만엽가나나 가나로 적으면서 읽어 왔기 때문에 여기서 우리는 고대국어의 어휘자료를 새로이 확보할 수 있을 뿐 아니라 숱한 이형태들을 확보할 수 있으며 고대국어 음운체계에 대한 새로운 정보를 얻을 수 있는 것이다."

15　김종택, 「日本書紀에 나타난 고대한국어 자료 연구」, 『국어교육연구』 제30집, 1988, 179-180면.

> 이밖에도 日本書紀에서는 국호, 인칭, 방위어, 신체어, 수사 등 한국의 고대 어휘에 대한 정보를 찾아볼 수 있다.

<표 Ⅰ-1-1> 근대 이전 역사서류

2) 어휘 자료집과 유해류

어휘 자료집으로 분류한 『鷄林類事』와 『朝鮮館驛語』는 모두 당시의 어휘에 대한 풍부한 내용을 담고 있는데, 국어사적인 측면에서 본다면 두 문헌에는 어휘면에서 몇 가지 차이를 살필 수 있다. 김완진·정관(2007)에서는 이러한 차이를 우리말의 변천에 따른 것도 그 원인이 되겠지만 『鷄林類事』의 한자음은 송대 개봉음이고, 『朝鮮館驛語』의 한자음은 북경 관화음의 한자음으로 기록하였음을 실증적으로 보여준다고 언급하고 있다. 이러한 어휘에 대한 기록은 조선 시대 서적 중 책명으로 '유해(類解)'를 사용하는 서적들에서 살펴볼 수 있는데 이들을 보통 '유해류'로 부른다. 유해류는 한국어 학습의 보조 자료로 이용되었을 가능성이 높다. 근대 이전의 대역 어휘집은 대역한 두 언어 사용자들이 모두 이용 가능했을 것으로 추측해 볼 수 있다.

문헌	저자	연대
鷄林類事	손목	1103~1104년
해제	중국 북송의 손목(孫穆)이 편찬한 일종의 견문록이며 역어집(譯語集)이다. 그러나 손목이 어떤 사람이며, 무슨 의도로 이 책을 펴냈는지에 대하여는 믿을 만한 기록이 없다. 다만 이에 대하여 추측을 가능케 하는 것은 민국판(民國板) 〈설부(說郛)〉의 〈鷄林類事〉 첫머리에 "....奉使高麗國信書狀官....."이라 기록되어 있는데, 이것으로 미루어 볼 때 손목은 송나라 사신의 일원인 서장관으로 고려에 와서 고려에 대한 견문을 넓히고 고려어에 대해 관심을 가져 그것을 수집하여 돌아가 鷄林類事를 펴낸 것으로 추측된다. 鷄林類事는 그 당시 고려의 풍토습관, 국가		

	제도, 고려어 등 여러 방면의 내용을 정리한 것으로 원작에는 〈표문집(表文集)〉이 첨부되어 있다.[16] 그러나 鷄林類事는 그 전부의 내용이 후세에 전해지지 않고 있다. 다만 원나라 시기 도종의가 편찬한 〈설부(說郛)〉에 간단한 고려의 이야기와 방언이라는 제목아래 수록되어 있다.[17]
어휘 분류	『鷄林類事』는 총 301개의 어휘가 수록되어 있으며 전체의 배열은 312항까지는 주로 체언류(體言類)를 채록하고, 313항부터는 용언류(用言類)와 단구(短句)를 채록했다. 항목별로 구분하면 다음과 같다. 〈방종현(方鍾鉉)의 분류방법〉[18] 천문류(天文類.14항), 귀신류(鬼神類.2항), 선불류(仙佛類.2항), 수사류(數詞類.21항), 시일류(時日類.10항), 상하류(上下類.2항), 사방류(四方類.1항), 비리류(批理類.4항), 수화류(水火類.8항), 초목류(草木類.14항), 금수류(禽獸類.38항), 인사류(人事類.14항), 친족류(親族類.27항), 신체류(身體類.18항), 곡류(穀類.4항), 음식류(飮食類.11항), 금은류(金銀類.5항), 마포류(麻布類.9항), 의장류(衣裝類.13항), 침선류(針線類.5항), 염색류(染色類.5항), 도량류(度量類.4항), 일반류(一般類.12항)

문헌	저자	연대
朝鮮館驛語	미상	15C 중반

해제	『朝鮮館驛語』는 『華夷譯語』 속에 들어 있는 일부분으로서, 중국인들이 그 당시 조선어 어휘를 朝鮮音과 中國音으로 구분하여 펴낸 어휘집이다. 『華夷譯語』에서 '華夷'는 중국인들이 자신들의 나라를 中原思想으로 보는 데에서 中華라는 용어를 썼으며, '夷'는 중국을 제외한 인근의 다른 나라를 변방으로 간주한 데에서 유래된 말이다. '譯語'란 번역한 말이란 뜻이다. 즉, 『華夷譯語』는 중국의 인근 국가들이 어휘를 나라별로 모아 중국한자로 해당 나라의 音과 중국음을 적어 놓은 어휘 모음이다.[19]

---

[16] 안병호, 『계림류사와 고려시기조선어』, 흑룡강조선민족문화사, 1985, 1면.
[17] 김민수, 『신국어학사』, 일조각, 1982, 84-85면.
[18] 김영국(2007)에서는 鷄林類事의 어휘항목의 기존분류를 소개하고 있다. 진태하(1975)는 民國板을 底本으로 삼아 361項을, 강신항(1980)은 順治板을 底本으로 355項을, 김영국(1990)에서는 順治板 366項, 民國板 368項이라고 제시한 바 있다.
[19] 한국어어학연구원, 『국어사 자료 선집』, 1994, 28면.

어휘 분류	『朝鮮館驛語』의 내용은 국어의 어휘 596항을 천문(天文門), 지리(地理門), 시령(時令門), 화목(花木門), 조수(鳥獸門), 궁실(宮室門), 기용(器用門), 인물(人物門), 인사(人事門), 신체(身體門), 의복(衣服門), 성색(聲色門), 진보(珍寶門), 음찬(飮饌門), 문사(文史門), 수목(數目門), 간지(干支門), 괘명(卦名門), 통용(通用門)과 같은 19개 부문으로 나누었고 부문별 어휘 숫자 도합 597어휘를 선택하여 나열 하였는데, 이 어휘들은 실생활과 밀접한 관계를 가지고 있는 것들이다.

〈표 Ⅰ-1-2〉 근대 이전 어휘 자료집

유해류는 『朝鮮館驛語』와 마찬가지로 해당 언어의 어휘항과 한국어를 대역하는 방식으로 어휘를 제시하였다. 이후 근대 태동기 한국어교재의 어휘 분류와 유사한 배열을 보이고 있는 유해류의 어휘 배열은 유해류마다 다소 차이가 있다. 각 문헌에 적용된 분류항을 제시하면 다음과 같다.[20]

책명	대상 언어	분류항	항목 수
譯語類解	중국어	〈상〉 43항 天文 時令 氣候 地理 宮闕 官府 公式 官職 祭祀 城郭 橋梁 學校 科擧 屋宅 敎閱 軍器 田漁 舘驛 倉庫 寺觀 尊卑 人品 敬重 罵辱 身體 孕産 氣息 動靜 禮度 婚娶 喪葬 服飾 梳洗 食餌 親屬 宴享 疾病 醫藥 卜筮 筭數 爭訟 刑獄 賣買 〈하〉 18항+쇄설(2자류, 3자류) 珍寶 蠶桑 織造 裁縫 田農 禾穀 菜蔬 器具 鞍轡 舟舡 車輛 技戱 飛禽 走獸 昆蟲 水族 花草 樹木 瑣說(二字類, 三字類, 四字類)	62
倭語類解	일본어	*총 51항+ 3(기타)〈상권〉 33항 天文 時候 干支 地理 江湖 方位 人品 身體 容貌 氣息 性情 言語 語辭 動靜 宮室 城郭 官職 公式 文學 武備 軍器 婚娶 宴享 樂器 梳洗 服餙 飮食 疾病 喪祭 寺利 刑獄 壽命 買賣 〈하권〉 18항+ 잡어, 일본관명, 신행소경	

---

[20] 유해류에 대한 내용과 분류항 부분은 고경민(2012)을 수정 보완한 것임.

倭語類解	일본어	지명 國號 田農 禾穀 菜蔬 果實 珍寶 布帛 彩色 器具 鞍轡 舟車 技戲 飛禽 走獸 水族 昆蟲 樹木 花草 雜語 日本官名 信行所經地名	52
同文類解	만주어	*총 53항+잡어 〈상권〉 26항 天文 時令 地理 人倫 人品 身體 氣息 性情 言語 動靜 人事 宮室 官職 官府 城郭 文學 武備 軍器 政事 禮度 樂器 孕産 梳洗 服食 飮食 〈하권〉 27항+잡어 田農 米穀 菜蔬 果品 疾病 醫藥 喪葬 寺觀 佃漁 器具 匠器 舟車 鞍轡 筭數 珍寶 布帛 賣買 爭訟 刑獄 國號 戲玩 飛禽 走獸 水族 昆蟲 樹木 花草 雜語	54
譯語類解補	중국어	61항 보충(주수부가 없으며, '주강'은 '주선'으로 '잠상, 전농'은 다른 한자로 바꾸어 표기함. 天文 時令 氣候 地理 宮闕 官府 公式 官職 祭祀 城郭 橋梁 學校 科擧 屋宅 敎閱 軍器 田漁 舘驛 倉庫 寺觀 尊卑 人品 敬重 罵辱 身體 孕産 氣息 動靜 禮度 婚娶 喪葬 服餙 梳洗 食餌 親屬 宴享 疾病 醫藥 卜筮 筭數 爭訟 刑獄 賣買 珍寶 蠶桑 織造 裁縫 佃農 禾穀 菜蔬 器具 鞍轡 舟船 車輛 技戲 飛禽 走獸 昆蟲 水族 花草 樹木 瑣說(二字類、三字類、四字類)	61
方言類釋	한어-청어-몽어-왜어 대역 어휘집	*총 78항+잡어 〈권1〉 17항 天文 時令 地輿 尊卑 親屬 身體 容貌 動靜 氣息 性情 言語 宮殿 朝會 政事 官職 陞黜 人類 稱號 祭祀 〈권2〉 24항 嫁娶 生産 喪葬 宴會 接待 文學 筆硯 科詩 儀器 樂器 數目 敎閱 軍器 射藝 衙暑 倉庫 城郭 街道 橋梁 屋宅 營作 服飾 裁縫 布帛 紡織 食餌 割烹 〈권3〉 23항 茶酒 飮啜 疾病 殘疾 醫藥 卜筮 梳篩 鏡奩 床狀 器用 罵辱 爭訟 刑獄 僧道 寺觀 珍寶 賣買 借貸 蠶桑 田農 農器 米穀 菓品 菜蔬 匠器 〈권4〉 15항 製造 技戲 舟船 車輛 鞍轡 佃獵 釣魚 皮革 柴火 飛禽 走獸 昆蟲 水族 樹木 花草 雜語	78

蒙語類解	몽골어	* 총 53항+잡어, 보편 47항+잡어 * 보편에서는 관부, 악기, 소세, 수목, 형옥, 국호를 두지 않음 〈상권〉27항 天文 時令 地理 人倫 人品 身體 容貌 氣息 性情 言語 動靜 人事 宮室 官職 官府 城郭 文學 武備 軍器 政事 禮度 樂器 孕産 梳洗 服飾 飮食 佃漁 〈하권〉26항+잡어 田農 米穀 菜蔬 果品 疾病 喪葬 寺觀 器具 匠器 舟車 鞍轡 數目 珍寶 布帛 賣買 爭訟 刑獄 戲玩 罵辱 國號 飛禽 走獸 水族 昆蟲 樹木 花草 雜語 〈보편〉 天文 時令 地理 人倫 人品 身體 容貌 氣息 性情 言語 動靜 人事 宮室 官職 城郭 文學 武備 軍器 政事 禮度 孕産 服飾 飮食 佃漁 田農 米穀 菜蔬 果品 疾病 喪葬 寺觀 器具 匠器 舟車 鞍轡 珍寶 布帛 賣買 爭訟 戲玩 罵辱 飛禽 走獸 水族 昆蟲 樹木 花草 雜語	54
漢語抄	중국어	1) 37개 부로 분류 天部, 時令部, 地部, 帝王部, 諭旨部, 設官部, 政部, 禮部, 樂部, 文學部, 武功部, 人部, 器皿部, 營造部, 船部, 車部, 食物部, 雜糧部, 雜果部, 草部, 樹木部, 花部, 鳥雀部, 獸部, 牲畜部, 鱗甲部, 蟲部, 僧道部, 奇異部, 醫巫部, 技藝部, 居處部, 産業部, 煙火部, 布帛部, 衣飾部	37

〈표 Ⅰ-1-3〉 근대 이전 유해류

3) 회화서

여기서 살펴볼『交隣須知』는 한국어 학습을 목적으로 만들어진 최초의 교재라고 할 수 있다. 다른 문헌들이 한국의 풍습과 문화를 소개하는 가운데 한국어를 단순 언급하거나 소개하는 데 그치고 있다면 『交隣須知』는 간행 목적이 분명하고, 형태 또한 교재로서의 면모를 지니고 있다. 이는 후대에 지어진 이유도 있겠지만 훈민정음 창제 이후 문자로서의 한국어를 분명히 표기할 수 있다는 사실에도 이유가 있다. 『交隣須知』는 이후 근대에 편찬되는 한국어교재의 형태와 내용에 상당한 영향을 끼쳤으며, 교육용 서적으로서의 형태를 분명히 갖춘 '교재'의 시작이라 할 수 있다.

문헌	저자	연대
交隣須知	아메노모리 호슈	18C 초 집필 추정. 1881년 활자로 간행
원문	4권. 필사본. 조선조 중엽의 조선어를 당시 일본인들이 배울 수 있도록 편찬한 한국어 학습서로서, 당시 일본(江戶明治)에서 가장 널리 사용되었던 회화식 예해문례사전(例解文例事典)이다. 『交隣須知』란 의미는 일본을 중심으로 한 인근 국가와 교류를 할 때 반드시 알아야 할 책이란 뜻으로, 일본인들이 조선과 교류할 때 반드시 이 책을 통하여 조선어를 습득할 정도로 영향력이 큰 책이다.[21] 본서의 본문은 '천문', '시절', '주야'와 같이 주제별 의미 분류에 의한 부문을 설정하고 각 부문에는 그 주제에 맞는 표제어를 한자 1자나 2~3자의 한자어를 행두에 제시한 다음 그에 관련된 한국어 단문을 한글로 적고 있다.[22]	
해석	旋風 호르레 브룸이 부니 눈의 믄지 드러 민망ᄒ외 (京都大本, 一2b) ツジカゼガフクニヨリ、目ニホコリガイッテメイワクニゴザル[23] 交隣須知에 나타난 용례[24] 1) 한자음을 그대로 쓴 경우 319. 格軍; 격군이 몃치 올랏느냐 354. 敵子; 희주란 가슨 옷갓 지조를 ᄒ니 괴이 하옵데. 401. 慧逸; 공의 자식은 혜일다 ᄒ오니 깃브외. 403. 剛; 그 사름은 나히 만흐되 심히 강강 하옵데. 431. 檢朴; 이 사름은 검박ᄒ니 긔특ᄒ외. 434. 疏略; 그 사름은 소략ᄒ 사름이로다.	

---

21 채영희, 「交隣須知의 어휘와 용례 연구 – 경도대 소장본 권1을 중심으로」, 동북아시아문화학회 국제학술대회자료집, 2000, 133면.
22 이강민, 「근세일본의 한국어 학습서– 언어사 연구자료로서의 계보와 성격」, 『일본학보』 제58집, 한국일본학회, 2004, 175-192면.
23 이강민, 앞의 논문 181면.
24 채영희, 앞의 논문 135면.

2) 한자를 고유어로 풀이한 경우 22. 旋風; 호르레 ᄇᆞ룸이 부니 눈의 믄지 드러 민망ᄒᆞ외. 28. 驟雨; 쇠나기 올가 시브외. 24. 急風; 급훈 바룸이 부니 아모거시나 브러질가 시브외. 25. 風止; ᄇᆞ룸이 굿치니 이제야 좃ᄉᆞ외.

〈표 Ⅰ-1-4〉 근대 이전 회화서

1.4. 소결론

지금까지 근대 이전의 한국어 관련 문헌들을 역사서류, 어휘 자료집, 회화서 등으로 나눠 살펴보았다. 근대 이전의 한국어 관련 문헌은 말 그대로 문헌은 될 수 있지만 모든 문헌이 교재가 되기에는 어려움이 있다. 교재는 교수·학습을 수월하게 하기 위해 사용되는 것이고, 학습 내용이 담겨 있는 표상적 실체로서 기능할 수 있어야 하기 때문에 근대 이전의 문헌 모두를 교재로 묶는 것은 어려운 일이다. 다만 이 장에서 근대 이전의 문헌을 살핀 이유는 본격적인 한국어교육의 시대구분 이전에 존재했던 문헌의 자료적 가치와 근대 이후 교재가 나오기 이전까지의 과정을 살펴보기 위해서이다. 또한 직접적인 한국어교육 자료의 역할이 아니더라도 당시의 언어와 문화에 대한 관심과 학습동기를 제공했다는 가능성을 제시할 수 있다고 생각했다. 특히 어휘 자료집과 회화서류의 경우 초기의 한국어교재에 지대한 영향을 미쳤기 때문에 한국어교육사와 교재사에서 중요한 가치를 지니고 있다고 할 수 있다. 문헌의 내용만으로 당시에 교육이 이루어졌다는 사실이나 내용을 모두 재구(再構)하는 것은 어렵겠지만 한국어 관련 문헌에 대한 가치 있는 발견과 연구를 통해 이후의 연구에서는 본격적인 한국어교육에서의 접근이 가능하리라 생각한다.

2. 근현대의 시기적 특성과 교재 편찬의 흐름[25]

2.1. 한국어교육의 출발지, 근대

　근대에 출간된 교재의 출판 목적은 그 이전과 비교할 수 없을 정도로 다양해지긴 했지만, 결과적으로 보면 '한국어교육'이라는 큰 틀 안에서 이루어진 변화였다. '한국어교육'이라는 틀 안에서 문법 교수를 목적으로 하는지 혹은 회화 교수를 목적으로 하는지 등으로 변화했는데 근대 이전과 같이 한국의 문화와 풍습을 목적으로 하거나 역사 전달을 목적으로 하는 것에서 '교육'의 범위 안으로 들어왔다고 할 수 있다. 이 시기의 주된 목적은 한국어의 문법 체계를 세우는 것이었다. 문법을 목적으로 편찬된 한국어교재들은 주로 '품사 체계'나 '용언의 활용'에 초점을 두고 발음이나 음운 체계에 대한 설명을 덧붙이는 형태로 간행되었다. 이 시기의 경우 연구자들이 자국의 문법 체계와의 비교를 중심으로 기술한 문법서와 학술서를 편찬하였고, 특히나 일본인 연구자에 의해 간행된 교재들의 경우 일본 문법 체계를 그대로 인용하는 경우도 보여 아직까지는 한국어의 문법체계가 완전하게 세워진 것은 아니라는 것을 알 수 있는 시기이다. 이 시기 교재의 편찬 목적에서 주요하게 살펴볼 수 있는 부분은 한국어 학습 외 다른 목적을 찾을 수 있다는 점이다. Ross(1877), Ridel(1881), Underwood(1890), Gale(1894)에 의해 간행된 교재가 그러한 예로 이들은 모두 선교를 목적으로 조선에 입국하여, 포교 활동 가운데 한국어교재를 편찬한 이들이다. 이 시기 서양인 연구자에 의해 편찬된 한국어교재 가운데 상당 부분이 이렇듯 선교사에 의해 작성된 것으로 이는 '한국어 학습'이라는 목적 외에도 '선교'

---

[25] 이 장은 고경민(2012)의 내용 일부를 수정 보완한 것임.

활동의 확대 방안의 하나로 한국어를 알리려 했다는 것을 알 수 있다. 일례로 『Corean Primer』(1877)의 서문을 보면 다음과 같은 기술을 살필 수 있다.

(1) The following lessons are intended to introduce to the corean language those desirous to prepare for official, mercantile, and chiefly the <u>missionary intercourse with corea</u>, which cannot be of distant date.

위의 서문을 통해 '주로 선교사를 준비하기 위해 한국어를 배우고 싶어 하는' 이들을 대상으로 하고 있음을 밝히고 있다. 또는 『Korean Grammatical Forms』(1894)에서와 같이 장로회 선교사(Presbyterian Misson)에 제출하기 위해서라고 서문을 통해 밝히는 경우도 있다.

또 하나의 특징은 일본인 연구자에서 찾을 수 있다. 당시의 시대적 상황을 볼 때 일본에서는 이전부터 사용되었던 『交隣須知』를 대체할 수 있는 한국어교재가 필요했으며, 이러한 교재 변화의 흐름을 주도했던 인물이 '寶迫繁勝(호세코)'였다. 호세코는 『韓語入門』(1880)과 『日韓善隣通語』(1880)를 펴내면서, 과거 어휘 위주의 한국어 학습에서 문법부와 회화부를 따로 구성해 체계적인 교재의 틀을 마련했다고 할 수 있다. 1727년에 한국어 통역을 양성하기 위해 설치된 대마도의 '한어사(韓語司)'와 같은 기관이 대표적으로 당시의 한일 관계를 알 수 있게 해 주는 것이다. 이러한 내용은 호세코의 『韓語入門』 서문을 통해 확인할 수 있다.[26]

---

[26] 서문의 내용은 서민정·김인택(2010)의 번역문을 참고하여 번역된 글로 소개한다.

(2) 그리하여 유럽(歐美)과의 교류가 일본과 조선의 교류같지 않은 것은 무엇보다 생각건대 어학의 정신이 아닌 것에 기인하며, 애당초 교제에서 제일 중요한 것은 다름 아니라 언어이다. 언어를 통해서 교류를 두텁게 할 수 있다. 이러한 까닭으로 본다면 <u>우리가 한국어를 배우는 것은 오늘날 시급한 일</u>이라고 말할 수 있다.

'한어사'[27]와 같은 기관은 무역 및 외교, 문화 교류 등의 차원에서 설치된 기관이지만 한국어교육에도 큰 역할을 담당했던 곳이다. 이 시기 편찬된 일본인 연구자들의 한국어교재에는 이렇게 '교린'과 '선린'이라는 호기심과 인접국의 언어에 대한 의무적 성향이 공존하고 있음을 보여준다.

근대 이전의 문헌들 속에서 주요 교육대상은 '역관'이었다. 당시까지만 해도 특별히 타국의 언어에 대한 관심이 크지 않았고, 배울 수 있는 기회도 많지 않았기 때문에 언어를 반드시 배워야 하는 '역관'이 주요 대상이 될 수밖에 없었다. 하지만 근대에 들어서면서 국가 간 교류의 폭이 증가하고 개항을 통해 타국의 문화를 접할 수 있는 기회가 빈번해지면서 언어에 대한 관심이 크게 늘었다. Ridel이나 Dallet, Underwood 등과 같이 종교를 목적으로 들어온 선교사들의 경우 한국인에게 당시의 성경을 전하는 것이 급선무였고, 그러기 위해서는 스스로 한국어를 익히는 것은 물론 후대의 선교사들에 대한 교육도 필요했기 때문에 교재의 편찬도 그 과정 중에서 이루어진 결과라고 할 수 있다. 서양인 연구자들의 경우 주된 교육대상은 자국의 선교사 혹은 선교지망자라고 할 수 있을 것이다. 대표적인 예로 Ross

---

27 한어사(韓語司)와 한어학소(韓語學所)는 혼동하기 쉬운데 한어사는 1727년에 무역에 필요한 통역을 위해 세워진 곳이고, 한어학소는 1872년에 한어사와 마찬가지로 통역사를 양성하기 위해 세워진 곳이다. 일본 정부 차원에서 공식적으로 설치한 기관은 '한어학소'이며, 이는 이후 부산에 있던 초량공관으로 이전해 '외무성 초량관어학소'로 개칭되었다.

의 『Korean speech』(1882)를 보면 다음과 같은 예문을 살펴볼 수 있다.

(3) 하나님이 틱초에 사람을 늬일씌여 자긔의 성경을 안찰ㅎ여 지은고
로 이는다 하나님의 죠와ㅎ는바요부모를 불공ㅎ며 남을 히ㅎ여제몸
을니케ㅎ며 사람의 빈궁한거슬죠이녜기며 슬퍼ㅎ는쟈를…중략

일본인 연구자들의 경우 이미 이 시기부터 조선에 대한 관심이 증가한 시기이기 때문에 조선에 대해 관심이 있던 일부 계층, 이를테면 상인이나 연구자 정도가 교육대상이라고 할 수 있을 것이다. 이러한 교육대상의 변화는 이후 일제강점기에 접어들면서 일부는 확대되고, 일부는 특수해지는 경향을 띠게 된다.[28]

1870년을 기점으로 19세기 말은 국제정세와 한반도 정세가 밀접한 연관을 맺고 있던 시기로 1876년의 조일수호조규(강화도조약)를 비롯해 1882년의 임오군란, 1883년의 조영수호통상조약, 1884년 갑신정변, 1894년의 동학농민운동까지 근대사회의 태동이 있기까지 한국의 정세는 우여곡절을 거칠 수밖에 없었다. 국외에서는 1873년 일본의 도쿄외국어대학교에 외국대학 최초의 한국어과가 설립되고 소련의 레닌그라드 대학에 1879년 한국어과가 생겼지만 한국어교육을 위한 과정이라기보다는 당시의 국제정세와 더 밀접한 관련을 맺고 있다고 할 수 있다. 한국의 근대적 교육은 1883년 설립된 동문학과 1886년에 설립된 육영공원과 같은 관리학교가 생기면서 시작되었다고 할 수 있다. 이후 1883년 최초의 민간학

---

[28] 이러한 경향은 대부분의 교재들이 불특정한 다수의 학습자를 대상으로 하고 있지만 일부 교재의 경우 관리직, 군인, 경찰관 등 특수 목적 대상으로 교육대상을 세분화하고 있다는 점을 통해 알 수 있다.

교인 원산학사가 설립되고 1885년 이후 배재학당, 경신학교, 이화학당, 정신학교 등 기독교 학교가 건립되면서 본격적인 근대 교육의 서막이 열리게 된다. 철저한 쇄국정책을 유지했던 조선은 1876년 강화도 조약 이후 직·간접적인 문호개방이 이루어지면서 교회, 학교 등이 들어서게 되었고, 이때를 전후해 들어온 선교사들에 의해 본격적인 한국어교육과 교재 개발이 이루어지게 된다.

2.2. 다양한 목적을 살펴볼 수 있는 일제강점기

『鷄林類事』나 『朝鮮館驛語』와 같이 역관을 대상으로 제작된 한국어 자료집의 역사는 근대를 지나면서 비로소 교재로서의 뚜렷한 성격을 찾아볼 수 있게 되었다. 한국어교육에 대한 수요가 늘고 연구자가 많아지면서 문법서와 회화서, 개론서를 비롯한 다양한 한국어교재가 편찬되었다. 이는 당시의 시대적 상황과도 맥락을 같이 하는데, 특히 일제강점기에는 일본인의 조선어 정책과 관련한 서적 편찬이 중요한 특징이라 할 수 있다. 허재영(2004:38)에 따르면 1910년대 조선어 학습서의 특징은 우선 체제면에서는 철자법, 문법적인 설명과 어휘 중심의 편제가 주를 이루었다고 한다. 또한 구성면에서는 기존의 문법과 어휘 중심의 조선어 습득으로부터 회화, 독해, 번역 등의 영역으로 범위가 넓어졌다고 설명하고 있다. 이 시기의 한국어교육은 일본의 조선어과 정책과 무관하다고 볼 수 없으며, 상당 부분 영향을 받고 진행된 경우도 있는데 특히 조선총독부에서 편찬한 교재의 경우 대부분 학습 목적 이외의 목적도 가지고 있는 경우가 있다.

일제강점기의 경우 일본의 전통 문법에 한국의 문법을 끼워 맞추는 형태의 문법서들이 편찬되면서 교재의 수도 대폭 증가하게 된다. 태동기 1기(1870~1908)의 교재들이 한일 무역이나 우호관계 차원에서의 한국어 학습을 목적으로 했다면 태동기 2기(1909~1945)의 교재들은 민현식(2005:23)의 기술처럼 일제의 '황국사관'의 침략도구로 한국어교육이 이용되면서 조선총독부가 교재를 펴내는 일이 많아졌다. 이러한 내용은 오대환(2009:30)에서도 확인할 수 있는데, 여기서는 1911년 동경전문학교의 창설자이자 총장이었던 오오쿠마 시게노부의 연설을 근거로 당시 일본인들에게 조선어교육이 한시적으로 필요했을 것이라는 논의를 펼치고 있다.[29] 또한 태동기 1기의 경우 서양인 연구자들이 선교의 방편으로 한국어교재 편찬을 활용했다면 태동기 2기의 경우 관리·감독의 목적으로 한국어교재를 간행하는 일이 빈번했다는 특징을 찾을 수 있다. 대표적으로 조선총독부경찰관강습소에서 발행한 『朝鮮語敎科書』(1943)의 서문[30]을 살펴보면 다음과 같은 내용을 확인할 수 있다.

(4) 본서는 당교습소 일본 경찰 교습생의 교습용으로 제공하기 위해 편찬한 것이다. 교습기간이 겨우 4개월이어서 조선어를 가르치기에 충분하지 않아서, 앞으로 조선어를 터득하는데 기초로 삼아야 할 지식으로 어법의 개요와 간단한 회화를 교수하도록 편찬되었다.

---

[29] 오대환(2009:30)에 실린 오오쿠마 시게노부의 연설 내용을 전하면 다음과 같다. "그 나라의 시정, 교육, 그 밖의 임무를 진 우리 국민에게, 조선어를 배우게 한다고 하는 것은 잘못되어 있다. 그들로 하여금 스스로 우리 국어를 배우게 하지 않으면 안 된다. 그러나 지금 상황에서는 하나의 방편으로써 다른 방법이 없는 것이다. 그들에게 우리 국어를 이해할 수 있게 하는 방법, 수단으로 우리 국민에게 조선어를 배우게 해, 이것에 의해 그가 지도의 임무를 담당한다고 하는 것은 어쩔 수 없는 것임은 틀림없지만 그러나 그런 방법을 언제까지라도 계속 행하려 하는 일이 있어서는, 오히려 그들을 우리로 동화시키려는 목적을 달성하는 데 곤란을 초래하는 것이 되므로, 우리나라에서 그 국민교육의 임무로 파견되는 교육가는 그 점을 주의할 필요가 있다. 경찰, 행정상의 시정이라 해도, 이것과 전혀 다른 점이 없다."

[30] 서민정·김인택(2010)에 실린 번역문을 실은 것임.

이처럼 특수한 목적으로 편찬된 교재도 있고, 앞선 내용처럼 당시의 한일 관계에 비추어 교재를 편찬한 경우도 찾아볼 수 있다. 『韓語文典』(1909)이나 『韓語研究法』(1909)의 서문[31]에서 이러한 사실을 확인해 볼 수 있는데, 서문을 통해 당시 한일 관계에 대한 일본인들의 생각과 교재 편찬 목적을 살펴볼 수 있다.

(5) 韓語文典- 自序 정부가 한국 경영을 주력했던 시대는 점점 지나가고 국민들이 혼연일체로 한국경영을 거행해 종사해야 하는 시대에 이르렀다. 우리는 꼭 피국민(한국인)과 서로 손을 잡고 발맞추어감으로써 계발의 이익을 구하지 않으면 안 된다.

(6) 韓語研究法- 오늘날 한국은 온전히 우리 피보호국이 되어 우리들은 지도개발의 임무를 지고 그들에게 우리와 같이 문명의 혜택을 입게 한다. 이로 인해 일한 공통의 이익을 도모할 수 있는 때에 운명적으로 재회했기 때문에, 최근 우리나라 사람(일본인)이 한국에 왕래해서 각종 실무에 종사하는 경우가 많아졌다.

일본인 연구자들에 의한 한국어교재는 '언어 학습' 이외의 목적을 다분히 드러내고 있는 경우가 많았다. 이 시기 서양인 연구자들의 교재 가운데 『Grammatik der Koreanischen Sprache』(1936)의 경우 앞선 태동기의 연구자들과 마찬가지로 한국어 학습 외에 선교 활동에 도움이 되고자 작성한 경우이고, 『Conversational Korean』(1944)의 경우 2차 세계 대전을 배경으로 군사 목적으로 간행한 경우이다. 특히 『Conversational Korean』(1944)의 경우 군사적 목적을 위해 간행된 교재로 볼 수 있는데, 본문에 실린 내용을 통해서도 이러한 목적을 확인할 수 있다.

---

31 서민정·김인택(2010)에 실린 번역문을 실은 것임.

```
                    SENTENCES
I am an American.
        Nanun*Migug saram ida.
What is your name?
        Dangsin ŭi irŭm ŭn muŏd imniga.
My name is Smith.
        Naŭi irŭm ŭn Sumit imnida.
Have you a gun?
        Chong ŭl gajŏdsŭmniga.
I have my gun.
        Nanŭn naŭi chong ŭl gajigo idsŭmnida.
I have your gun.
        Naega dangsin ŭi chong ŭl gajigo idsŭmnida.
I like my friends.
        Nanŭn naŭi chingu dŭl ŭl jowa handa.
We like the Americans.  We like the Koreans.
        Urinŭn Migug saram dŭl ŭl jowa hamnida.
        Urinŭn Daehan saram dŭl ŭl jowa hamnida.
```

〈그림 Ⅰ-2-1〉 『Conversational Korean』(1944)

본문 내용 중 'Have your Gun?' 이나 "I have my Gun'은 다른 교재에서는 찾아볼 수 없는 특징이라 할 수 있겠다. 군사용 목적이라는 특징은 (7)에 제시된 서문을 통해서도 확인해 볼 수 있다.

(7) conversational Korean - Author's Preface : <u>the second world war and the consequent necessity for greater knowledge of the Far East</u> have stimulated wide interest and a pressing demand for a suitable textbook which could serve as the basis for acquiring an elementary conversational knowledge of the korean language by

the English speaking people

　일본인 연구자인 '前間恭作(마에마)' 등은 당시의 한일 관계에 비추어 볼 때 정치적인 목적이나 수단으로서의 '한국어교육'이 필요했던 연구자라고 할 수 있다. 일본인 연구자들이 하나같이 서문에서 밝히고 있는 조선과 일본의 문화적 공감대 형성이나 의사소통의 문제는 언어에 대한 관심이라기보다는 정치적 목적이 확연히 드러나는 대목이라 할 수 있다. 그렇기 때문에 주로 자국의 일본인을 교육대상으로 하는 경우가 많았으며, 본격적인 강점기에 들어서면서 자국의 일본인뿐만 아니라 한국 내의 일본인 관리들을 대상으로 하는 경우가 늘어나게 된다.『應用自在朝鮮語法詳解』(1923)나『朝鮮語法及會話書』(1917) 같은 교재가 그러한 경우로 경찰 관리직에서 사용해야 하는 회화를 다루거나 단어를 싣고 있다.

(8)　應用自在朝鮮語法詳解 서문- 조선어를 학습하는 관공리 및 그 외의 직원은 민중과 접촉하기 때문에 어학의 필요성을 크게 느끼고, 적어도 관에서 일하는 자는 어학에 능통해지도록 노력해서 그런 폐해를 없애 국민을 살리고 성은의 밝음을 느낄 수 있도록 하는 책임이 크다.

　이러한 서문[32]을 통해 확인해 볼 수 있는 것은 불특정한 교육대상에서 특정한 교육대상을 염두에 둔 교재들이 등장하기 시작했다는 점이다. 일본인 연구자들의 교재가 과거 한국에 관심을 갖고 있는 자국민을 대상으로 했다면 태동기 2기의 교재에서는 의무적인 성향으로 바뀌었다는 점을 당시 교

---

[32]　서민정·김인택(2010)에 실린 번역문을 실은 것임.

재 서문을 통해 확인할 수 있었다.

1910년 한일병합조약이 체결되면서 '한국어교육'은 외국어로서 또는 제2언어로서의 역할은 물론 모국어로서의 가치도 힘을 잃게 된다. 표면적으로 식민지 통치를 정당화할 목적으로 한국의 문화와 역사를 조사하고 연구하는 모습을 보였던 일제는 〈조선사〉 37책을 발간하고 정체성론으로 이루어진 식민사관을 만들어 내는 등 전체주의적 황민화 정책을 실시한다. 이 당시 편찬된 '한국어교재' 중에는 이러한 총독부의 의지가 담긴 직업용 교재를 찾아볼 수 있다. 당시의 기사를 살펴보면 대부분은 간헐적으로 교원에게 조선어를 교육하는 경우이고, 실질적인 한국어교육이 이루어진 것은 아니다. 교원에 대한 교육의 경우 오대환(2009:33)에서 상세히 살펴볼 수 있는데, 이 당시 교원을 대상으로 한 '조선어교육'이 강제되어 상당한 구속력을 가지고 있었으며, 그 증거가 되는 것이 1918년부터 매년 12월에 '내지인교원조선어시험'이라는 시험제도가 운영된 것이라고 한다. 이 제도는 '조선총복두 훈령 제34호'로 1918년 6월 28일자 관보에 자세히 실려 있다고 언급하고 있다. 또 한 가지 이 시기의 한국어교육을 논함에 있어 자주 거론되는 단체가 있는데 바로 '조선어연구회'이다.[33] 이 단체는 이완응을 회장으로 만들어진 단체로서 1924년부터 『조선문조선어강의록』, 『월간잡지 조선어』 등 수많은 교재를 발행함과 동시에 각종 강연이나 조선어학력인증시험 등의 다채로운 활동을 했다고 전하고 있다. 오대환(2009:43)에서는 이 단체의 연구 결과물에 대해 자세히 언급하고 있는데, 『조선문조선어강의록』, 『월간잡지 조선어』 외에도 1936년까지 12종 이상의 학습서를 발간

---

[33] 오대환(2009)은 이 연구회에 관해 자세하게 기술하고 있는데 조선어학회의 전신인 '조선어연구회'나 박승빈의 '조선어학연구회'와는 전혀 다른 단체로 이를 구분하기 위해서 '경성 조선어학회'라는 명칭을 사용하고 있다.

하였으며, 저작출판 활동만 아니라, 여러 지역에서 '조선어 강습회'를 개최했다는 사실을 제시하고 있다. 또한 이 시기 시행된 조선어 장려 정책은 조선어를 장려하기 위한 정책이라기보다 총독부의 정책적인 목적에 의해 시행된 것으로 볼 수 있는데 당시의 기사를 보면 1921년 조선어 장려 정책을 기점으로 교원 대상의 한국어교육이나 조선어강습회 등이 활발하게 이루어졌다는 것을 확인할 수 있다. 당시 기사 내용을 표로 살펴보면 다음과 같다.

보도일	1920.5.2	신문사	동아일보	수록면	2면
제목	일교원 조선어시험				
내용[34]	총독부에서 대정칠년훈령제삼십사호 일본인 교원 조선어 시험 규칙에 의하여 임시 제1차 시험을 시행하기로 결정				
보도일	1920.8.31	신문사	동아일보	수록면	2면
제목	부훈도 강습회				
내용	보통학교 조선인 부훈도의 강습회는 구월일일부터 오개월 간 경성 보통학교 내에서 개최. 동시에 일본인 신임 소학교 교원 강습회를 구월일일부터 삼개월 간 동부 부속 보통학교에서 조선어를 강습				
보도일	1921.3.6	신문사	동아일보	수록면	2면
제목	교원조선어시험				
내용	3월 5일 오전 아홉시 반부터 경기도 관내 공립 보통학교 교원에 대하여 조선어 제일차 시험을 행함				
보도일	1921.4.14	신문사	동아일보	수록면	2면
제목	교원강습회개설				
내용	공립 보통학교 조선인 교원 부훈도 강습회 등 교원 대상 강습회				

---

[34] 신문의 내용은 원문을 다 실을 수 없기 때문에 간략하게 요약하여 제시하였다.

보도일	1923.7.16	신문사	동아일보	수록면	3면
제목	교육자에게 조선어강습 조선교육회주최로				
내용	조선교육협회의 주최로 수송동보성 고등 보통학교 내에서 칠월이 십삼일부터 이십구일까지 일주일간 매일 오전 여덟시부터 세 시간 씩 조선어 강습회를 개최				

〈표 Ⅰ-2-2〉 교원 대상의 한국어교육 관련 기사

1945년 해방 이후와 한국 전쟁까지 격동의 시기를 겪으면서 한국어 역시 대외적인 변화를 겪게 된다. 국내에서는 처음으로 1953년 미군들에게 한국어 강습을 시작하게 되고, 이를 계기로 대내외적으로 한국어에 대한 본격적인 관심이 시작된다. 이후 53년 미국의 컬럼비아 대학에서 강좌가 개설되고 56년 예일 대학에서 연구진에 의해 '한영사전'이 편찬되는 등 미국에서 활발한 움직임이 시작되었다. 이후 국내에서는 최초로 이루어진 중앙대학교 부설 한국어학원에서의 외국인 교육까지 태동기는 근대적 교재의 출발에서 최초의 한국어교육기관 설립까지 한국어교육이 본격적인 발돋움을 할 수 있는 시기라고 할 수 있다.

2.3. 소결론

한국어교재의 태동기는 근대적인 의미의 학습서가 처음으로 등장한 시기이고, 전통적인 학습서의 특징과 근대적 학습서의 특징을 모두 가지고 있는 시기라 할 수 있다. 태동기 1기(1870~1908)의 특징을 정리하면 다음과 같이 살펴볼 수 있다.

첫째, 이 시기부터 이미 문법서와 회화서 같이 편찬 목적이 뚜렷한 교재가 등장하기 시작했으며, 한국어 학습 이외의 목적을 살펴볼 수 있는 교재도 간행된다. 대표적인 예가 선교사들에 의해 편찬된 교재로 예문이나 어휘 내용 등을 토대로 봤을 때 포교의 목적도 가지고 있었다고 할 수 있다.

둘째, 이 시기 교재는 한국어 문법 중 품사에 대한 기술이 가장 많았으며, 이러한 기술은 후대 한국어교재에 토대를 마련하는 역할을 했다. 또한 문법범주에 대한 논의도 이 시기부터 시작되었는데, 특히 Underwood(1890)의 경우 시제, 경어법, 태, 서법 등 범주별로 다양한 내용을 기술해서 이후 시기 한국어 학습서의 중요한 기준이 되었다.

태동기 1기에서 2기(1909~1945)까지 진행되면서 한국어교재는 점진적인 변화를 겪게 된다.

첫째, 문법에 체계가 잡히지 않은 상태에서 회화와 단어 제시 위주로 구성되었던 교재들이 품사와 문법범주에 대한 체계적인 기술과 대화 형태의 회화문 구성으로 바뀌었다. 근대 학습서 태동기에 나온 『韓語入門』(1880)이나 『實用韓語學』(1902)의 경우 문법범주에 대한 언급은 있지만 보이는 현상만 다뤘을 뿐 그렇게 바뀌는 근거에 대한 설명이 없었다. 이후 『韓語文典』(1909)과 『韓語通』(1909)을 거치면서 문법서 안에서도 품사의 활용이나 문법범주에 대해 분류하기 시작했고, 나름의 법칙성을 찾으려는 노력이 계속되었다.

둘째, 표기상의 변화를 찾을 수 있다. 1930년 시작해서 1933년 완성된 '조선어 철자법 통일안'으로 인해 한국어교재의 표기방식에도 변화가 생겼다. 'ㆍ'의 소멸이나 된소리, 받침의 문제, 두음법칙 등 한국어 학습서에서도 철자법 통일안을 따라 작성한 교재들을 찾아볼 수 있게 되었다. 일례로 Underwood가 편찬한 『한영문법』(1890)을 보면 다음과 같은 예문을 찾아볼 수 있다.

> 김셔방이 로형믜 젼ᄒᆞ라 편지 잇소. 어저믜 송셔방 의게 젼ᄒᆞ라 편지 주엇소(p398)

위의 예문과 달리 1936년에 간행된 Roth의 『Grammatik der Koreanischen Sprache』(1936)의 경우 회화문에서 다음과 같이 표기가 바뀐 예문을 찾아볼 수 있다.

좋은일에 쓰는돈은 아깝지아니하오(p178)

1933년을 기점으로 이후에 나온 한국어교재에서는 표기법의 변화를 볼 수 있는데, 특히 받침과 된소리 표기에 큰 차이를 보이고 있다.

셋째, 교재 체제와 단원 구성에서 변화를 찾을 수 있다. 태동기 1기에서는 형태를 구성하지 않고 기술한 교재들을 찾아볼 수 있는데 성장기에 들어서면서 단원의 개념이 더 확실해졌고, 단원 안에서도 설명과 예문 혹은 설명과 연습과 같은 형태로 구분이 분명해졌다. 예를 들어 Haurt의 『Manuel de la Language Coreenne Parlee』(1893)의 경우 'Lesson'의 개념이 아닌 'Part'의 개념으로 크게 세 부분으로 나눠 교재를 구성하는 반면 Eckardt의 『Koreanische Konversations-Grammatik』(1923)의 경우 '과'의 개념인 'Lettion'을 45개로 나눠 교재를 구성하고 있다.

II. 한국어교육과 교재의 흐름

1. 신문기사를 바탕으로 살핀 한국어교육의 흐름[1]

1.1. 신문기사와 한국어교육

　대중에게 새로운 사실과 정보를 알리고 대중의 목소리를 전하는 신문기사는 정보 매체의 역할뿐만 아니라 교육적 활용에도 적극적으로 활용되었다. 특히 한국어교육에서도 이러한 신문기사를 활용한 교육 방법에 대한 연구가 이루어지기 시작했고, 한국어교육 정책의 양상을 신문기사를 통해 고찰한 연구도 눈에 띄는 연구로 볼 수 있다. 신문기사를 한국어교육에 활용한 여타의 연구는 신문 기사가 지닌 언어 자료의 성격에 주목하는 경우이다. 사용빈도가 높은 단어와 문장 등을 학습하는 과정을 통해 이해능력을 향상할 수 있고, 기사 내용을 재구성하거나 결과를 예측하는 활동 등을 통해 말하기와 쓰기 같은 표현능력도 향상시킬 수 있다고 보기 때문이다. 한국어교육사를 연구하기 위해 필요한 교육 외적인 요인을 찾기 위해서는 시대별 상황을 정확히 이해할 수 있어야 하는데, 이러한 시대적 상황과 사건을 비교적 객관적으로 전달하는 매체가 신문기사이다. 이 장에서는 한

---

[1] 이 장의 내용은 고경민(2013)의 내용을 수정 보완한 것임.

국어교육사 전체를 훑어 볼 수 있는 자료로 신문기사가 유용하다 판단하여 신문기사의 내용을 중심으로 한국어교육의 흐름을 살펴보고자 한다. 객관적인 '정보 전달'의 내용만 발췌하기 위해 사설과 같이 신문기사의 입장을 드러내는 내용은 제외했으며, 특정 기관이나 단체를 대변하거나 홍보하는 내용 또한 배제하였다.

1.2. 시대별 한국어교육사의 흐름을 알 수 있는 여섯 가지 키워드

1) 기관 설립과 선교사의 활동

먼저 살펴본 시기는 1910년 이전의 한국어교육이다. 시기적으로는 근대적 교육기에 해당하는 1870년부터 일제 강점기 이전인 1909년까지를 묶어 보았다. 이 시기의 특징은 한국어교육에 필요한 기관의 설립부터 살펴볼 수 있다.

(1)　俄國東洋語學校의 設立- 皇城新聞, 1899년 9월 20일, 3면 3단
東洋語學校의 學科는 四個年學期로 別ᄒᆞ야 第二個年븟터 支那日本語學科, 支那朝鮮語學科, 支那蒙古語學科及支那滿洲語學科 四部에 分ᄒ 얏ᄂᆞᄃᆡ 各部分中에 普通敎課ᄂᆞᆫ 一은 神學, 二ᄂᆞᆫ 支那語學, 三은 英語, 四ᄂᆞᆫ 法語, 五ᄂᆞᆫ 支那 日本 朝鮮의 地誌國體及宗敎의 大要, 六은 支那 日本 朝鮮의 最近歷史인ᄃᆡ 十九世紀中에 右三國이 俄國歷史上에 關係된 件, 七은 亞細亞商業地誌及東洋貿易史, 八은 經濟學, 九ᄂᆞᆫ 國際, 十은 俄國及歐洲各大學科組織, 十一은 民法, 商法, 及航海法의 大要, 十二ᄂᆞᆫ 簿記計算, 十三은 什物應判法 等이니 日本語學科ᄂᆞᆫ 日本語와 現今 日本의 政治組織及商工業이오 支那滿洲語學科ᄂᆞᆫ 朝鮮語 滿洲語 와 現今 朝鮮及滿洲의 政治組織及商工業이오 支那蒙古語學科ᄂᆞᆫ 蒙古語 蒙古政治及經濟組織이오 羅馬敎와 政治經濟의 關係及工業大要를 修케 홈이더라

기사를 통해 볼 수 있는 '俄國'은 현재의 러시아를 지칭하는 것으로 당시에는 '俄國' 혹은 '아라사(俄羅斯)'로 지칭했다. 1899년 당시 학교의 이름은 '상트페테르부르크 아카데미'[2]였으며, 이를 당시에는 '東洋語學校'[3]로 지칭한 것으로 보인다. 1880년 일본의 도쿄 외국어대학에 한국어과(조선어과)가 설립된 이후[4] 두 번째로 한국어 전공이 생긴 '상트페테르부르크 아카데미'는 기사의 내용처럼 언어교육뿐만 아니라 국제지역학의 역할도 했던 것으로 보인다. 당시의 한국은 1883년 동문학과의 설립이나 1886년 육영공원과 국의 관리학교가 생기면서 근대 교육이 막 시작된 시점으로 볼 수 있다. 당시의 주변국에서도 이러한 근대교육이 성립되면서 주변국의 언어와 정세에 대한 관심이 커지고 그 가운데 이런 학과의 기사를 통해 당시의 '東

---

2 현재는 상트페테르부르크 국립대학교[Saint Petersburg State University]가 정식 명칭이며, 국내에 한국어학과가 설립되었다고 소개된 '레닌그라드 대학'의 경우 1924년에 본래의 이름에서 바뀐 것으로, 정확히 보면 1924년 이전의 경우 '상트페테르부르크 아카데미'로 보는 편이 옳을 것이다. 현재의 이름은 1991년에 다시 바뀐 것이다.

3 일반적으로 '東洋語學校'라는 이름은 러시아가 아닌 프랑스의 동양어학교 [Institut Nationale des Langues et Civilisation 0rientales , 東洋語學校]를 생각하기 쉽다. 하지만 프랑스의 '東洋語學校'는 고대아시아언어 ·아프리카언어 ·극동언어 ·동유럽언어의 4과로 약 50종류에 달하는 서유럽 이외의 언어를 가르쳤다는 기록은 있지만 정확히 '한국어(조선어)'를 가르쳤다는 기록을 찾기는 어렵다. 또한 기사에서는 '東洋語學校' 앞에 '俄國'을 붙여 표기했기 때문에 러시아의 상트페테르부르크 아카데미로 보는 편이 맞다.

4 민현식(2005), 조항록(2005)에는 공통적으로 1880년에 지금의 도쿄 외국어대학교에 조선어과가 설치된 것으로 기술하고 있다. 하지만 당시 신문기사에서는 이에 대한 정보를 찾기 어렵고, 이후 1920년 3월 15일자 매일신보에 동경 외국어학교에 조선어과가 설치되었다는 기사를 접할 수 있다. 기사의 내용만으로는 현재 개설되었다는 것인지 개설된 이후 이를 다시 보도한 것인지 확인이 어렵다.

京外國語學校[5]에서는 이미 주변국뿐만 아니라 영어, 독일어, 러시아어 등까지 교육하고 있었으며, 새롭게 인도어, 말레이시아어, 태국어까지 교육하고 있다는 사실을 알 수 있다.

(2) 語校擴張 - 皇城新聞, 1899년 5월 16일, 3면 3단
日本東京外國語學校논 英法德俄西淸韓七國의 語學을 敎授ㅎ더니 本年九月븟터 伊太利語一科를 加ㅎ고 又印度, 馬來, 暹羅國語를 敎習ㅎ기로 計畫ㅎ다더라

기관 설립 외에 당시 선교사들의 한국어교육 소식도 접할 수 있다. 이미 근대에 들어서면서 언더우드, 게일, 로스와 같은 선교사들의 한국어교재 편찬이 활발히 이루어지기 시작했으며, 한국어 사전 편찬도 한국인들과 함께 이루어졌다.

(3) 미국 교샤 게일씨가 - 독립신문, 1897년 4월 24일, 3면 3단
○ 미국 교샤 게일씨가 몃 해를 두고 죠션말과 영어 옥편을 모드럿 눈듸 그 옥편이 일젼에야 출판이 되야 일본셔 박아 셔울노 보내엿눈 듸 칙 쟝 수 눈 일쳔 삼뵉여쟝인듸 죠션 말 밋히 한문과 영어로 쥬를 내고 또 칙 긋히눈 각식 긴요훈 일들을 긔지 ㅎ엿더라 이 옥편은 죠션에 처음으로 이럿케 죠흔거시 싱겻고 이 칙 모드니눈 다만 죠션 사롬들의게뿐이 아니라 셰계 사롬의게 큰 칭찬과 감샤훈 말을 드러 야 맛당 홀거시 이 칙이 미우 학문 잇게 모드럿고 긴요ㅎ기가 죠션 사롬의게와 외국 사롬의게도 이만큼 긴요 홀거시 업고 영어와 한문 은 고샤 ㅎ고 죠션 사롬들이 이 칙을 가졋스면 죠션 말들을 쏙쏙히 뵈홀터이요 죠션글쟈를 엇더케 쓰눈지도 알터이니 엇지 죠션에 큰

---

[5] 현재의 '도쿄 외국어대학교'는 당시 고등상업 부속 외국어 학교에서 '동경외국어학교'로 이름을 바꿨으며, 한국어과(조선어과)가 설치된 것은 그 이전 시기인 1873년으로 알려져 있다.

〈업이 아니리요 죠션 사룸은 몇 쳔년을 살면셔 ᄌ긔 나라 말도 규모 잇게 비호지 못 ᄒ엿ᄂᄃᆡ 이 미국 교샤가 이췩을 ᄆᆞ드럿슨즉 엇지 고맙지 아니 ᄒ리요 죠션 사룸 누구던지 죠션 말도 비호고 십고 영어와 한문을 비호고 십거던 이 췩을 사셔 첫지 죠션 글ᄌ들을 엇더케 쓰ᄂᆞ지 비호기를 바라노라

당시 한국어교재 편찬이 선교사들과 일본인들에 의해 주로 이루어졌는데 게일(Gale)의 경우 '천로역정'이나 '성경'을 번역하면서 틈틈이 한국어교재를 집필했던 것으로 보인다. 기관이 설립되고 교재가 편찬되는 등 이 시기는 한국어교육의 바탕이 마련된 시기라 할 수 있다. 물론 많은 기관이 설립된 것도 아니고, 다수의 교사가 활동을 한 것은 아니지만 이 시기를 거치면서 국어로서의 '조선어'가 외국어로서의 '조선어' 지위를 획득할 수 있었다고 볼 수 있다. 이러한 움직임은 1905년 맺은 을사늑약 이후 1906년 통감부 설치부터 전혀 다른 국면을 맞이하게 된다. 이미 1910년 이전의 기사에서도 일본의 이러한 움직임을 찾아볼 수 있다.

2) 통치수단으로서의 조선어

1920년대는 특히 '조선어 시험'과 관련한 기사가 자주 눈에 띈다. 주로 교원시험과 관련해 교원을 채용하는 과정에서 조선어 시험을 본다는 기사 내용과 기술원, 관리직 등의 일반 공무원 시험에서도 조선어 시험을 따로 보는 경우를 기사를 통해 확인할 수 있다. 이러한 내용은 오대환(2009:33)에서 상세히 살펴볼 수 있는데, 이 당시 교원을 대상으로 한 '조선어교육'이 강제되어 상당한 구속력을 가지고 있었으며, 그 증거가 되는 것이 1918년부터 매년 12월에 '내지인교원조선어시험'이라는 시험제도가 운영된 것이라고 한다. 이 제도는 '조선총복두 훈령 제34호'로 1918년 6월 28일자 관

보에 자세히 실려 있다고 언급하고 있다. 1920년대 '교원 관련 조선어교육'
과 관련한 몇 개의 기사를 표로 살펴보면 다음과 같다.

보도일	신문사	제목	수록면
1918.7.6	每日申報	各支分局通信欄: 교원 조선어시험	1면
1920.5.2	동아일보	日敎員朝鮮語試驗	2면
1920.5.14	每日申報	地方通信版: 전남 조선어시험	4면
1920.8.31	동아일보	부훈도 강습회	2면
1921.3.6	동아일보	敎員朝鮮語試驗	2면
1921.3.31	동아일보	技術員朝鮮語試驗	2면
1921.4.14	동아일보	교원강습회개설	2면
1921.6.2	동아일보	敎員講習會	2면
1923.7.16	동아일보	敎育者에게 朝鮮語講習 조선교육회주최로	3면

〈표 II-1-1〉 1920년대 교원 관련 기사

교원을 대상으로 조선어교육을 실시했다는 기사는 이외에도 다수 발견되고 있다. 이 시기의 조선어교육은 일본의 조선어과 정책과 무관하다고 볼 수 없으며, 상당 부분 영향을 받고 진행된 경우도 있는데 특히 조선총독부에서 편찬한 교재의 경우는 대부분 학습 목적 이외의 목적도 가지고 있는 경우가 있다. 허재영(2009)에서는 조선교육령에 대해 일제의 교육 정책은 구체적으로 '조선교육령'으로 나타난다고 보았다. 특히 1911년 발포된 '조선교육령'(구교육령, 또는 제1차 교육령)이나 1922년 발포된 '조선교육령'(신교육령), 1938년 발포된 '개정교육령'은 교육 정책 및 교과서 변화와 밀접한 관련을 맺는다고 언급하고 있는데, 일제강점기 한국어 정책과 무관하다고 볼 수 없을 것이다.

(4) 소위 조선교육령- 신한민보, 1911년 9월 20일, 1면 3단
일본이 한인에게 되 ᄒ야무슨모양으로 교육제도를 힝홀가이문데는
발셔 싱긴지올이얏도다 이등박문은말ᄒ야스되교육을힝ᄒ야히로은
일은 업슬이니 일인과 동등의 교육을 힝ᄒ쟈 혹운영국이인도인에게
고등교육을 힝ᄒ다가 오늘에혁명을 비양ᄒ야주엇스니 한인에게 고
등교육을베프는 것은후일의 ᄌ유독립을 쇠ᄒ는위험분ᄌ를 양성홈
이라 인도경의와 경티도덕도 그만두고 다만식민디 토죵으로 되우ᄒ
야실업샹의 보통교육이나 갈ᄋ쳐노례로 불일싸름이라ᄒ야 – 중략

이후 1938년엔 조선교육령을 개정 공포해 일방적으로 '조선어 및 한문'
과목을 선택 과목으로 바꿨고, 1943년엔 조선어 과목을 아예 삭제하는 조
치가 내려진다. 이러한 조선어 정책과 상반되게 당시의 기사에서는 '조선어
장려 정책'이라는 기사도 자주 눈에 띈다. 제목만 봐서는 당시의 조선어를
부흥하고 장려하는 정책이라 생각할 수 있지만 실상 내용을 살펴보면 위와
마찬가지로 통치수단과 방법에 지나지 않았다는 점을 확인할 수 있다.

(5) 朝鮮語奬勵規程- 동아일보, 1922년 7월 12일, 2면
京城府職員朝鮮語奬勵規程은 今般京城府訓令第七號로 發布하얏는대
全文이 十一條로 成立되얏는바 朝鮮語奬勵試驗에 合格한 者에게는
手當을 支給함이라더라

이렇듯 '조선어 장려'라는 것은 당시의 한국 국민이 대상이 아닌 일본 관
리에 해당하는 것으로 효과적인 통치를 위해 조선어를 배워야 하며, 이를
위해 수당까지 지급하고 있다는 것을 확인할 수 있다. 통치수단으로서의
조선어교육은 해방 이전까지 계속되어, '한국어교육'은 외국어로서의 역할
은 물론 모국어로서의 가치도 힘을 잃게 된다.

3) 외국어로서의 한국어교육 성립과 해외 보급의 시작

광복 이후 가장 눈에 띄는 점은 모국어로서의 한국어 회복 운동이 활발히 이루어졌다는 점이다. 46년에는 조선어학자들이 모여 용어 개정 및 조선어 부흥에 대한 모임을 갖기도 했으며, 47년부터는 정부 주도로 행정용어의 순화라든지 국어정책에 대한 본격적인 논의를 시작하게 된다. 이렇게 모국어로서의 국어 순화가 활발히 이루어지면서 외국어로서의 한국어 보급에 관한 사항이 논의되고 실제 강의가 이루어지기 시작한다. 특히 한국전쟁 이후에 미국과의 협력관계가 강화되면서 미국 내에서도 한국어 강좌가 열리기 시작하고, 사전편찬에 힘을 쏟는 등 적극적인 활동이 펼쳐지게 된다. 미국과 관련한 한국어교육 보급 관련 기사를 살펴보면 다음과 같다.

보도일	신문사	제목	수록면
1953.1.08	경향신문	미제이사단에서 한국어강습개시	2면
1953.1.29	경향신문	한국어과특설(콜롬비아 대학)	2면
1956.9.02	경향신문	한국어사전 찬양 뉴욕 타임스 지사설서	4면
1959.2.28	동아일보	미군 TV, 한국어 프로, 하오시부터 삽분간	3면
1959.11.18	동아일보	한국어강좌개최 주한미군인들	3면
1962.7.11	동아일보	이국에서는 ㄱ, ㄴ, ㄷ 인디아나 대학에 아세아어문과	3면

〈표 II-1-2〉 광복 이후 미국과 관련한 한국어교육 기사

이렇게 성장하기 시작한 미국에서의 한국어교육 분야는 67년 평화봉사단 미국 본부와 연세대 한국어학당간의 계약으로 파미 국어교육단 결단 등 지속적으로 미국과의 관계를 이어가게 된다. 이후 80년대 들어 한 해 40개씩 대학에서의 한국어 강좌가 급증했고, 88년을 기점으로 한국어 강좌를 개설하고 있는 대학은 모두 460개교로 늘어난다. 이는 한미간의 각 분야

교류가 급증하고 미국 내에서 한국어에 대한 인식이 높아졌기 때문이다.

미국뿐만 아니라 60년대 들어서면서 한국어를 배우겠다는 학생들과 해외 대학이 급속도로 늘게 된다. 이탈리아를 비롯해, 독일, 중국, 베트남, 스페인, 스웨덴 등 이전까지 한국과 교류가 없었던 국가들에서도 한국어 전공을 개설하거나 소강 상태였던 일본에서도 대학기관과 사설기관을 통해 한국어를 배우겠다는 학습자가 증가 추세에 있었다. 또한 중앙대학교[6], 연세대학교와 같은 대학 기관의 한국어교육 지원뿐만 아니라 국가 차원에서도 지원이 시작된다. 하지만 이러한 해외 보급 문제와 더불어 한국어교육의 문제점에 대한 지적도 적지 않다. 급증하는 한국어 보급 못지않게 한국어교육의 내적 성장을 위한 자성의 목소리를 기사를 통해 확인할 수 있다.

(6) 안반외교, 호기외면 외국인 유학생 실태와 대책 '상담 정은 센터 설치 절실'- 동아일보, 1973년 6월 18일, 생활문화 4면
현재 우리나라 대학 및 대학원에 다니는 외국인 유학생은 260명 정도. 그중 국적별로는 중국이 200여 명으로 가장 많다. 외국인 유학생은 국비초청장학생과 일반유학생으로 나뉜다. 예비교육이 충분하지 못하고 교재 역시 불충분하고 표준화되어 있지 못하다. 학교마다 교수법에 차이가 있어 불편하다. 교양과목을 듣기 어렵다는 문제점을 안고 있다. 숙소문제 등이 생활상의 문제로 지적되고 있다.

이런 문제는 당시 한국어 전공을 개설한 해외의 대학에서도 공통적으로 발견되는 문제점으로 적절한 교재가 보급되거나 개발되지 않아 수업에 어

---

[6] 최초의 한국어교육 기관으로 알려진 연세대학교 한국어학당의 설립이 1959년인 것에 반해 신문 기사를 통해 알게 된 중앙대학교의 경우 1958년 10월 20일자 경향신문을 보면 이미 9월 22일부터 10명의 미국인과 4명의 중국인을 중앙대학교 부설 한국어학원에서 교육했다는 내용을 볼 수 있다.

려움이 많다는 내용을 찾아볼 수 있다.

70년대의 해외 보급 시기를 지나 80년대에 들어서면서 외국어로서의 한국어교육학에 대한 학문적인 연구와 활동을 바탕으로 전문적인 교육기관이 설립되고, 연구 학술 단체가 세워지게 된다. 특히 외국어로서의 한국어 교육의 학문적 정체성을 정립하고 다양한 연구를 가능하게 하는 학회의 발족은 외국어로서의 한국어교육이 성장할 수 있는 동력이 되었다고 할 수 있다.

(7) 재외 교포 국어교육 이중언어학회 창립- 동아일보, 1981년 9월 28일, 3면
이중언어학회가 26일 오후 덕성여대에서 창립총회를 열고 발족했다. 이중 언어학회는 학회창립과 함께 연구발표회를 열었는데 박갑수 교수는 일본지역의 교포교육실태를 조사한 결과 재일한국인의 취학률로 볼 때 1% 남짓한 숫자만 한국계통의 학교에 다니는 등 이중언어교육은 거의 방치된 상태였다고 문제점을 지적했다. 이중언어학회는 초대회장에 김민수 교수를 선출했다.

전문적인 학술기관은 81년 한국어교육을 위한 전문적 학회인 이중언어학회를 시작으로, 85년에는 국제한국어교육학회가 설립되었으며, 학술모임 외에 전문적인 대학 교육 기관도 다수가 설립된다. 80년대 후반을 기점으로 고려대학교, 한국외국어대학교, 서강대학교, 이화여자대학교 등 대학부설 한국어교육기관이 급증하였고 한국어 교사양성을 위한 전공으로서의 한국어 학과가 외국어대학교와 연세대 교육대학원에 설치되었다.

4) 한국어 위상의 변화

서울아시아경기대회(86 아시안 게임)와 서울올림픽대회(88 서울 올림픽) 개최 이후 한국어를 배우고자 하는 열기는 특정 국가에 머물러 있던 차원에서 다양한 국가로 퍼져 나가게 된다. 또한 대학의 전공 개설에 그치는 것이 아닌 한국학교와 한인학교, 한글학교 등 청소년을 위한 한국어교육 기관도 대다수 설립이 이루어진다. 이는 외국인 학습자 대상의 한국어교육뿐만 아니라 재외국민에 대한 관심이 고조되고, 국내외 이중언어교육에 대한 수요가 늘어난 것이 원인으로 보인다.

(8) 해외 한국학교 크게 늘려- 동아일보, 1992년 2월 17일, 11면
해외교포와 해외파견 근로자 주재원 등이 늘어남에 따라 이들의 자녀들에 대한 해외현지교육이 강화되고 있다. 현재 해외의 한국학교는 일본의 4개교를 비롯해 대만 미국 홍콩 이란 사우디아라비아 이집트 바레인 쿠웨이트 리비아등 11개국에 17개교가 있다. 이들 한국학교는 대부분 유치원과 국민학교 과정으로 국내에서와 똑같은 교재와 교육과정으로 수업을 진행한다. 일본의 경우 중고교과정까지 운영하고 있다. 한국학교 교사는 국내에서 파견된 정규교사 45명과 현지채용교사 1백93명 강사 40명 등 2백 78명에 이른다.

이렇게 해외에 개설되는 한국학교의 수가 늘면서 한 가지 주목할 만한 사항으로 미국 내에서 한국어 과목이 대학입학 시험의 정식과목으로 채택된 일이다. 90년대 들어 대학에서는 영국의 캠브리지 대학을 비롯해 91년 호주 시드니의 그리피스 대학, 93년 베트남의 하노이 대학, 93년 중국의 요령대학 등 활발한 보급[7]이 이루어졌지만 정식 대학 입학 시험에 교과목

---

[7] 96년 보도된 기사를 보면 국가별로 미국과 일본이 각각 70개와 63개 대학으로 주요 대학들에서 대체로 한국강좌를 개설했으며 조선족이 많이 사는 중국

으로 채택된 것은 97년 미국이 처음이다. 이후 2002년에 일본의 대학수능시험에 해당하는 센터시험에서 한국어를 선택과목으로 정식 채택되었다는 기사가 보도되기도 했다.

(9) 美대입시험 SAT Ⅱ 한국어채택 - 경향신문, 1995년 5월 10일, 22면
재미교포나 미국에 거주하는 상사주재원 자녀들은 97년부터 한국어를 외국어로 미국대학입학시험을 치를 수 있게 된다. 한국어가 미국대학입학시험에 외국어 선택과목으로 채택될 것이 확실해진 때문이다. 재미교포들은 수년 전부터 「SAT Ⅱ 한국어채택위원회」를 결성, 이를 관철시키기 위해 노력했으나 미국대학위원회는 수익자(약 4억원)의 기부금을 요구해왔다. 오는 6월말까지인 기부금 납부 마감을 앞두고 삼성그룹이 기부금 전액을 지원키로 결정, SAT Ⅱ에 한국어가 외국어로 채택될 수 있게 됐다고 삼성은 9일 밝혔다. -중략

또한 그동안 개별적으로 이루어졌던 외국인에 대한 한국어 능력 평가가 97년부터 '한국어능력시험[8]'이라는 명칭으로 시작되어 국내와 해외에서 실시된 점도 한국어의 위상을 높이는 데 큰 역할을 했다. 97년 시작된 '한국

지역에서는 29개 대학이 한국어 강좌를 개설하였다. 이밖에 독일과 호주가 13개와 8개 대학, 그리고 캐나다 7개 대학, 프랑스 6개 대학, 영국 5개 대학이 각각 한국어 강좌를 개설했다. 동남아시아 지역과 동구 및 구소련지역에서 한국학 강좌 개설바람이 불고 있는 것으로 나타났으며, 나라별로는 동남아 지역의 경우 베트남과 태국 및 말레이시아가 4개 대학, 인도네시아와 필리핀은 2개 대학에 각각 한국학 강좌가 있으며 동구권 지역은 러시아, 카자흐스탄이 4개, 우즈베키스탄과 헝가리 3개, 체코와 舊유고지역 2개, 루마니아, 불가리아가 1개 대학에 각각 강좌를 개설했다는 사실을 알 수 있다.

8 처음 '한국학술진흥재단'에서 시행한 이후 99년에 한국교육과정평가원으로 사업 주관기관이 변경되었으며, 2011년 다시 국립국제교육원으로 사업 주관기관이 변경되었다. 2021년 기준 85개국에서 연7회(국외와 한국 포함) 실시하고 있으며, 2021년 기준 시험 지원자는 328,303명이다.

어능력시험'은 매년 응시자가 급증해 2012년 실시된 27회 응시자는 국내만 1만 9344명에 달한다. 이는 97년 2274명에서 9배 이상 증가한 추세이다.

> (10) 외국인 한국어능력시험 내달 中 등 5개국서 시행- 매일경제, 1997년 9월 22일, 39면
> 외국인을 대상으로 하는 한국어능력시험이 내달 26일 우리나라와 일본, 중국 등 5개국에서 최초로 시행된다. 21일 교육부에 따르면 이 시험은 영어의 토플 또는 토익, 일본어능력검정, 중국어의 한어수평고시 등과 같이 한국어의 국제화와 외국인을 위한 한국어교육과정 및 평가의 표준화를 위해 마련된 것으로 언어능력에 따라 6등급으로 구분, 실시된다. 국문 공식명칭이 '한국어능력시험' 영문 명칭은 'Korean Proficiency Test'로 결정된 이 시험은 서울 등 국내 4개 도시와 도쿄, 베이징, 카자흐스탄 등 5개국 16개 도시에서 실시된다.

'한국어능력시험'의 시행은 여러 가지 면에서 중요한 의의를 갖는다. 먼저 그동안 재외동포나 외국인의 한국어 학습 성과를 측정할 수 없다는 문제점을 해소하고 등급별로 학습 성과를 측정할 수 있다는 기준을 마련했다는 점과 정부초청 외국인 유학생의 선발이나 학사관리를 위한 기준이 된다는 점이다. 또한 대학 선발 외에도 한국 기업체 취업 희망자의 취업비자 획득이나 선발에 주요하게 쓰일 수 있다는 점에서 '한국어능력시험'의 시행이 지니는 의미가 크다고 할 수 있다.

5) 한국어교육환경의 변화 – 다매체 활용

90년대 후반에 들어서면서 다른 무엇보다 가장 큰 변화를 보인 부분은 교육 환경과 교육 매체의 변화이다. 컴퓨터와 인터넷의 대중적인 보급은

교실 수업과 기존 교재 위주의 수업 방식이 아닌 인터넷 환경과 다매체를 활용한 새로운 수업 모형을 만들어 냈다. 처음 94년 중국의 CETV에서 한국의 EBS의 지원을 받아 '기초 한국어 강좌'를 개설한 이후 95년 만들어진 CD롬 기반의 한국어교재, 98년 국제교육진흥원에서 만든 인터넷 한글교육 사이트 등은 한국어교육에 새로운 변화를 일으켰다. 또한 99년 아리랑TV의 한국어 전문 교육프로그램 구성이나 2000년 서울대 '국어교육연구소'와 인터넷 기업 '트리쯔'가 만든 외국인을 위한 한글학습 사이트 개설 등 TV와 인터넷을 활용한 한국어교육 매체의 변화는 학습자의 요구를 반영한 의미 있는 시도로 볼 수 있다.

(11) 인터넷 한글교육 오늘부터 시작 국제교육진흥원, 매일경제, 1998년 10월 9일, 29면
가상공간인 인터넷을 통해 우리말과 글을 배울 수 있는 시스템이 개발돼 한글날인 9일 개통된다. 국제교육진흥원은 550만 재외동포와 한국어 학습을 원하는 외국인들을 위해 한국어교육 사이트를 마련해 9일부터 본격 가동에 들어간다고 밝혔다. 학습과정은 유아용과 어린이용1, 어린이용2, 성인용 4단계에 60단원으로 이뤄져 있다.

이렇게 시작된 매체의 변화는 2000년 이후 더욱 가속화되어 TV, 인터넷뿐만 아니라 온라인 게임과 휴대용 게임까지 영역을 확대한다. 특히 배우 배용준이 참여한 "휴대용 멀티미디어 기기 '닌텐도DS'와 '닌텐도DS라이트'에 탑재되는 한글소프트웨어는 현지에서 좋은 평가를 받기도 하였다.

(12) 배용준, 닌텐도와 한글교육사업- 한겨레 신문, 2008년 10월 17일, 문화면

'한류 스타' 배용준이 한국어 전도사로 나선다. 배용준의 소속사 키이스트는 17일 "휴대용 멀티미디어 기기인 '닌텐도 DS'와 '닌텐도 DS 라이트'에 제공되는 한글 교육 소프트웨어에서 배용준의 초상권 사용을 허락하고 일본 내 한글 교육 서비스 사업에 진출한다"고 밝혔다. "이에 따라 닌텐도에서는 배용준과 함께 쓰고, 듣고, 읽으며 한국어를 공부하는 'DS 욘사마'(가칭)를 내년 1월께 출시할 예정"이라고 덧붙였다.

또한 2010년부터 가속화된 스마트폰 사용자의 증가는 스마트폰을 활용한 한국어교육까지 이어지게 되었으며, 최근까지도 계속해서 한국어 학습 애플리케이션이 제작되고 있다. 특히 2011년에는 아이돌 그룹 '카라'가 참여한 한국어 학습 애플리케이션이 제작되었는데, 한국어 학습 앱은 '카라'가 선생님이 돼 한국 여행에 필요한 회화 및 단어를 지도하는 학습 서비스로, 인사와 만남, 교통, 쇼핑, 식사, 숙박 등 400여 개의 주제별 표현을 아이돌 그룹인 '카라'의 다섯 사람과 함께 공부할 수 있도록 구성되어 있다.

6) 한류와 다문화

2000년 이후 결혼이주여성이 증가하면서 국제결혼의 비율이 증가했고, 그동안 단일 문화로 간주하던 우리 학교와 사회에서도 이제 '다문화 현상'을 쉽게 찾아볼 수 있다. 고경민(2012c)에서는 이러한 문화적 다양성의 증가와 더불어 제기되는 문제를 다문화가정 자녀들의 적응 문제와 일반 가정 학생들을 위한 교육으로 구분해 제기하고 있다. 결혼이주여성에 대한 교육뿐만 아니라 3만 명을 넘어서고 있는 다문화가정 자녀에 대한 문제 또한 시급한 상황이라 할 수 있는 것이다. 다문화에 대한 한국 사회의 관심은 신문기사를 통해서도 확인할 수 있다.

(13) 서울 다문화가정 자녀에 1대1 한국어교육 지원 - 한국일보, 2011년 2월 15일, 사회 14면
서울시가 내달부터 한국어가 서툰 외국인이나 만 3~12세 다문화가정 자녀를 찾아가 1대 1로 한국어교육을 실시한다. 서울시는 ㈜대교와 협약을 맺고 주 1회 약 30~40분씩 한국어 방문교육을 하는 등 외국인 가족과 다문화가정을 위한 '밀착형 한국어교육 종합지원방안'을 마련했다. 자녀 1인당 월 4만7,000원인 방문교육 비용 중 개인 부담은 5,000원이고, 나머지는 시와 강사를 파견하는 대교가 공동지원 한다. 우선 신청자 중 추첨을 통해 외국인 자녀 140명과 다문화가정 자녀 60명을 선발하며, 2013년까지 대상을 2,500가족으로 확대할 예정이다. 한국어 방문교육을 받으려면 시 홈페이지나 서울글로벌센터 홈페이지, 외국인근로자센터 등에 문의하면 된다. 대교 콜센터(1588-1109)에서도 안내 받을 수 있다. 이와 함께 시는 다음달부터 시내 3개 초등학교를 선발해 방과 후 수업으로 매주 5차례 2시간씩 외국인 아동에게 한국어를 가르칠 계획이다. 미취학 아동은 영등포 다문화빌리지센터와 성동외국인근로자센터에서 매주 4, 5차례씩 한국어 집중교육을 받을 수 있다. -중략

이상린(2011)에서는 한국어교육 정책에 대한 신문의 보도 양상을 분석하고 있는데, 여기서 분석한 결과를 잠시 살펴보면 신문사별 보도 양상에서 중앙일보가 2008년을 기점으로 한국 사회의 다문화 가족에 대한 한국어교육 관련 기사가 많았다는 점과 동아일보 역시 2008년 이후 결혼이주여성과 외국인 노동자에 대한 한국어교육 관련 기사가 급속히 많아졌다는 점을 언급하고 있다. 이는 2008년을 기점으로 다문화에 대한 한국인의 관심이 급증했다는 것으로 볼 수 있는 것이다. 이 시기는 결혼이주여성과 다문화가정에 대한 보도 외에도 이주 노동자들의 한국어교육에 관한 기사도 꾸준히 보도되었다.

(14) 이주노동자 한글실력도 회사 경쟁력 - 한겨레, 2008년 6월 12일, 사회면
지난 10일 저녁 7시 30분. 울산 동구 서부동 한마음회관 310호 강의실에 까무잡잡한 피부의 20대 외국인 30여 명이 모여들었다. 이들은 현대중공업과 현대미포조선 사내 하청 업체에 올해 정부의 고용 허가를 받아 취업한 베트남 노동자들이다. 잠시 뒤 한국어 강사가 들어왔다. 강사가 출석을 확인하기 위해 이름을 부르자 한 노동자가 "와"라고 해 폭소가 터졌다. 이날 강의 주제는 한국어로 인사하기. '안녕하세요'란 발음이 서툴던 수강생들은 강사의 지도로 1대 1 대화를 하고 옆자리 동료와 대화를 해 보면서 점차 정확해졌다. 가장 어려운 것은 한국어를 배우는 외국인들이 가장 어려워한다는 존댓말. 상황에 맞게 써야 하는 존댓말과 반대말이 힘들어 보였지만 수강생들은 잠깐 쉬는 시간에도 방금 배운 한국어를 잊지 않으려고 혼자서 중얼거렸다. -중략

다문화와 함께 2000년대 들어 자주 보도되는 기사는 한류와 관련된 보도들이다. 일반적인 사회 현상으로서의 '한류'는 물론이고, 한국어 관련 '한류' 보도들도 눈에 띈다. 특히 한국어를 공부하는 목적이 '한류' 때문이라고 할 만큼 직·간접적으로 영향을 끼쳤으며, 한류 스타들과의 만남이나 그들의 문화를 이해하기 위해 무작정 방문하거나 한국어 학원을 등록하는 일도 적지 않은 것으로 보인다.

(15) 한국어 배우는 미한류 팬…41% "한국어 배우고 있다"고 응답 - 매일경제, 2012년 10월 16일, 종합면
미국에서 한국 가요(K-팝)와 한국 드라마를 즐기는 현지인 가운데 절반 가량이 한국어를 배우는 것으로 나타났다. 또 6명 가운데 1명은 한국 대중문화가 한국 제품 구입의 계기가 된 것으로 조사됐다. 한국관광공사 로스앤젤레스지사(지사장 강옥희)는 영어권 한류 전문

사이트인 숨피닷컴(www.soompi.com)의 미국 회원 1천569명을 대상으로 한 설문조사에서 41%가 K-팝과 한국 드라마를 즐기면서부터 한국어를 배운다고 답했다고 15일(현지시간) 밝혔다. 조사 대상자의 26%는 한국 음식을 맛보게 됐고 16%는 한국 제품을 구입하는 계기가 됐다고 답변했다. 이들 가운데 절반에 가까운 43%는 한국 음악이나 드라마 CD 또는 DVD 등을 한 달에 2개 이상 사들인다고 밝혔다. 한국 대중문화를 접한 이후 한국에 대한 인상을 묻는 질문에 27%는 '꼭 가보고 싶은 나라'라고 답했고 26%는 '대단히 흥겹고 즐거운 나라', 24%는 '패셔너블하고 멋진 나라'라고 말했다.

(15)의 기사처럼 한류의 긍정적인 영향을 보도하는 기사가 대부분이지만 이러한 기사와 더불어 다문화나 한류 현상에 대한 문제점을 지적하는 기사도 적지 않았다. 특히 다문화가정 자녀들의 한국어 수업과 관련해 처음의 의도와 달리 이들을 위한 전용 수업이 오히려 문제를 양산해 낼 수 있다는 보도도 접할 수 있다.

(16) 다문화 학생 왕따 만드는 '따로 수업' - 동아일보, 2012년 8월 9일, 12면 2단
중국 출신 결혼이주여성 한모 씨(30)는 올해부터 아들(7)을 방과후 교실인 '다문화반'에 보낸다. 다문화가정 학생만 모아 한국어를 가르쳐주는 곳이다. 문제가 생겼다. 다문화반에 다닌 후부터 아이들이 한 씨의 아들을 '다문화'라고 부른다. "쟤네 엄마 다문화래"라며 수군거리기도 한다. 한 씨는 "한국어를 배우면 한국어반이라고 하지, 왜 다문화반이라고 해 아이들에게 낙인을 찍는지 모르겠다"며 답답해했다. 또 "보충학습은 도움이 필요한 사람들이 와서 배우는 곳이 아닌가. 왜 아이들을 다문화란 이름으로 구분 짓고 장벽을 만드는지 이해할 수 없다"고 반문했다. 결혼이주여성 홍모 씨(48)도 비슷한 생각이다. 그는 올해 중학교에 입학한 아들(13)에게 "넌 한국에서 태어나고 자란 한국인이다. 선생님이 다문화 누구냐고 물어봐도

대답하지 마라"라고 교육했다. 초등학교 때 아들에게 다문화라는 꼬리표가 붙었던 게 싫어서였다. -중략

　다문화가정 자녀들의 문제나 결혼이주여성의 한국어교육 문제점을 제기하는 기사는 주로 국가의 지원 내용과 관련하거나 지방 자치 단체의 활동에 대한 내용을 담고 있다. 2005년부터 2011년까지의 신문 보도를 분석한 이상린(2011:542)에 따르면 이 기간에 다문화 관련 한국어 정책을 보도한 횟수는 374건으로 다른 한국어교육 관련 정책에 비해 상당히 높은 것을 알 수 있다. '한류'와 '다문화'는 한국어교육으로 인해 파생된 사회 현상은 분명 아니다. 하지만 한국어교육이 담당하고, 책임져야 할 부분이 많다는 사실 역시 부인할 수 없는 사실이며, 지원과 책임이 충분할 때 한국어교육의 외적인 성장과 내적인 원동력이 발생할 수 있다는 것을 잊지 말아야 할 것이다.

1.3. 소결론

　본 장에서 사용한 모든 신문기사는 사설을 제외한 순수 보도 기사를 바탕으로 했다. 이를 통해 '교육기관 설립과 선교사의 활동', '통치 수단으로서의 조선어', '외국어로서의 한국어교육 성립과 국외 보급의 시작', '한국어 위상의 변화', '한국어교육 환경의 변화', '다문화와 한류'라는 여섯 가지 표제어를 중심으로 지난 시대 한국어교육의 큰 변화를 되짚어 보았다. 물론 지난 시기를 몇 개의 표제어로 묶는 것은 한계가 있다. 이를 위해서라도 교육과정이나 교재 등과 마찬가지로 한국어교육사에서도 일정한 기준을 적용해 변인을 살펴볼 수 있어야 할 것이다. 아직까지 한국어교육사에서 정확히 지표로 삼아야 할 기준이 마련되어 있지 않기 때문에 무엇을 기준으

로 한국어교육사를 구분하고 나눠야 할지에 대한 연구에 어려움이 크다. 또한, 한국어교육사를 살피기 위한 체계적인 자료 수집과 정리가 필요하다. 신문기사가 하나의 방법은 될 수 있지만, 교육사 전체를 일별하기에는 어려움이 있다. 서적, 잡지와 같은 자료는 물론 인터뷰 자료나 교재와 같은 실증적인 자료가 필요할 것이다.

2. 교재사 관점에서의 시대구분[9]

2.1. 한국어교재의 시대구분

교육사를 교육에 관한 일종의 역사적 기술이라 할 때 시대구분은 이러한 역사를 이해하는 방법이 될 수 있으며, 한국어교육학의 현 시점을 파악하고, 한국어교육학 연구의 성과를 확인할 수 있는 지표가 될 수 있을 것이다. 그동안 한국어교육학에서 학문적 연구 성과가 축적되면서 한국어교육학이 학문 연구의 한 분야로 정착한 것은 사실이지만 한국어교육사 연구는 단편적인 사건을 중심으로 이루어지거나 시대구분에 대한 간략한 논의만 있을 뿐 교육사나 국어사와 같이 체계적인 논의가 이루어진 것은 아니다. 이 장에서는 한국어교재의 흐름과 변천을 살피는 과정의 일환으로 교재의 변천을 중심으로 시대구분을 살펴보고자 한다. 한국어교육사의 시대구분을 위해서는 한국어교육의 여러 가지 동인을 고려하여 경제, 사회, 문화 등의 교육 외적 요인과 교재, 교육기관, 교수자, 학습자 등의 교육 내적 요인을 살피는 것이 당연하다. 하지만 외적인 요인의 경우 일정한 기준을 마련하기 어렵고, 어디까지를 외적 요인으로 봐야 할지 명확한 잣대를 세우기

---

[9] 이 장의 내용은 고경민(2017)의 내용을 수정 보완한 것임.

어려운 상황이다. 이 글에서는 한국어교육사의 시대구분에 필요한 외적, 내적인 요인 중 비교적 명확한 실물 자료가 있는 교재를 중심으로 논의를 진행하고자 한다. 따라서 이 장의 목적은 '한국어교재'라는 내적 기준에 충실한 시대구분을 마련하는 데 있다고 볼 수 있으며, 이는 외적인 요인의 중요성을 간과하는 것이 아니라 내적 요인이 명확하게 자리 잡은 이후에 외적인 측면을 반영하기 위한 절차라 할 수 있다.

시대구분이란 지속성과 단절성을 동시에 지니는 역사 진행의 과정 속에서 발전관계의 특성에 따라 역사를 서로 다른 시대로 구분하는 것이라 할 수 있다. 오혁진(2010:83)에서는 시대구분의 방식에 대해 합리적이고 설득력 있는 시대구분 방식의 존재는 곧 그 분야의 발전과정에 대한 심도 있는 연구가 이루어졌음을 의미하는 것이고, 각 학문 분야는 그 분야만의 고유한 개념과 원리가 반영된 시대구분을 통해 자신들의 역사적 발전과정을 체계적으로 정리할 수 있다고 밝힌 바 있다. 또한 차하순(1995:27)에서는 시대구분이 역사가가 제시한 일종의 가설적 성격을 가지며 일반인들에게 역사과정의 단계를 정확히 이해시킬 수 있는 인식수단이 될 수 있다는 의견을 제시하기도 했다. 시대구분이라는 것이 주관성을 지닌 것이기에 논리적이라는 명분만으로 간단명료한 정의나 설명이 가능한 것이 아니다. 시대구분의 대상이 되는 역사가 어느 시점을 기준으로 앞과 뒤가 분명히 구분되는 것도 아니고, 이를 위해 절대적인 기준을 내세우는 것 역시 위험한 판단이 될 수도 있다. 하지만 시대구분을 통해 각 시대가 갖는 독특한 특징이나 성격을 이해할 수 있고, 역사 발전을 체계적으로 이해하고 파악하는 데 도움을 준다는 것은 부정할 수 없는 사실이다.[10]

---

10 박선영(1981:45)에서는 시대구분의 원리에 대해 여섯 가지로 논의하고 있는데 이 가운데 세 번째가 '시대구분에 논리적인 일관성이 있어야 한다.'이다. 본

역사학에서는 시대구분의 기준을 왕조나 특정 주제, 특정의 사건, 사회 구조의 발전과정을 기준으로 사용했으며, 상황에 따라 사회 발전과 왕조사를 혼합하는 방법이나 지배 세력과의 관계를 고려하기도 했다. 국어사나 국어학사의 경우 역사학과 달리 어느 하나를 절대적인 기준으로 제시하기 어렵고, 언어학이나 문자사와의 관계까지 포함해야 한다는 어려움이 있었고, 이로 인해 아직까지도 연구자마다 의견이 분분하다. 한국어교육사의 경우도 시대구분의[11] 기준이 명확하지 않고 여러 요인을 고려해야 하는 상황에서 혼재된 양상을 보일 수밖에 없었으며, 국어학사가 언어 외적인 면과 국어 자체의 내부적 변화를 기준으로 삼은 것과는 차이가 있었다.

그동안 교육사를 기술하는 과정에서 시대구분은 두 가지 유형으로 이루어져 왔다. 첫째는 일반적인 시대구분을 따르되 시대의 교육적 특징을 병기하는 방식이고, 둘째는 교육변천과정에 의거해 새로운 시대구분을 시도하는 방식이다. 정은해(2000:178)에서는 이러한 시대구분의 방식과 기준이 한국교육의 교육적 특징을 잘 드러내지 못한다는 점에서 문제가 될 수 있음을 지적하였다. 즉, 교육의 독자적이고 고유한 성격의 변화과정을 반영한 것이 아니라 주로 정치·사회적 환경의 변화에 의해 어떻게 교육이 수동적으로 이루어졌는가를 살펴보았던 것을 문제로 보았던 것이다. 이러한 문제 제기는 이 연구가 교재 변천을 시대구분의 기준으로 삼는 논의의 출발이라 할 수 있다. 교육이 외적인 측면에 의해 변화가 이루어질 수도 있지만

서에서 교재를 기준으로 한국어교육사의 시대구분을 시도하는 가장 큰 이유 중 하나가 논리적으로 일관될 수 있는 시대구분의 근거를 마련하기 위해서이다.

[11] 홍윤표(1994:135)에서는 시대구분은 성실하게 정리된 언어사실을 토대로 한 체계에 의해 이루어져야 할 것이고, 그 구분이 언어사실에 대응되지 않는 추상적인 체계에 의해서 시도되어서는 안 될 것이라고 보고 있다.

교육의 내적인 측면에 의한 능동적인 변화 과정을 찾는 것이 선행되어야 하기 때문이다. 이 글에서는 능동적인 변화를[12] 이끌어내는 동인을 교재로 보고 교재의 변천을 한국어교육의 변화 과정으로 보고 있다.

한국어교육사 혹은 한국어교육 발달사에 대한 논의는 백봉자(2001), 조항록(2003, 2005), 이지영(2003, 2004), 민현식(2005), 고경민(2012)에서 이루어진 바 있으며, 직접적인 시대구분을 논의한 것은 아니지만 앞선 연구자들의 관점을 잘 정리한 연구로 강남욱(2005)의 논의를 살펴볼 수 있다. 한국어교육의 역사가 길지 않고, 학문 분야로서의 정체성 정립이 오래지 않아 학자마다 차이는 있지만 앞선 연구자들의 이러한 시도가 한국어교육의 정체성 확립과 학문 분야로서의 입지를 다지는 데 분명히 영향을 미칠 것으로 생각한다.

한국어교육사 논의에 대해 조항록(2005:30)에서는 한국어교육이 체계적으로 정리되고 역사적 의미가 평가되어야 할 시점임을 밝히면서 한국어교육사 연구를 통해 향후 발전을 위한 대안의 모색이 자연스럽게 이루어질 수 있을 것이라 보았다. 다음은 선행 연구자들의 시대구분 기준과 근거를 정리한 것이다.

백봉자(2001)는 한국어교육의 시대를 크게 넷으로 구분하고 있다. 먼저

---

[12] 교재의 변천을 교육의 능동적인 변화로 보는 근거는 다음과 같다. 서종학·이미향(2010:13)에서는 한국어교재의 의미를 규명할 기본 항목으로 교육과정, 교육 목표, 교육 내용, 교사, 학습자, 교육 정책, 교육 철학을 제시하면서 '교재'는 이를 실체적으로 구현하는 '총체물'이며, 교육 목표를 달성해 나가는 '도구'로 쓰인다고 보고 있다. 이 글에서는 교육의 내적인 측면으로서 교재가 지닌 총체적인 의미를 바탕으로 시대구분의 기준으로 삼았다. 즉 단순한 교재의 변천이 아닌 교재에 담긴 과정, 목표, 내용, 학습자, 정책, 철학 등의 변천을 시대구분의 기준으로 삼은 것이다. 이 글에서는 교재에 담긴 이와 같은 내용의 변화가 교육의 능동적인 변화를 이끌어내는 것으로 보았다.

바탕기(1959~1975)는 연세대학교 한국어학당의 설립을 시작으로 보고 있으며, 이후를 태동기(1976~1988), 발전기(1989~2000), 도약기(2001~)로 구분하고 있다. 네 단계의 시대구분에 문제가 있는 것은 아니지만 이러한 구분의 기준이 다소 명확하지 않다는 점은 논의가 필요한 부분이다. 외적인 요인과 내적인 요인[13]이 혼재된 부분들이 보이는데 발전기의 시대적 특징을 『An introductory Course in Korean』이나 『Elementary Korean』과 같은 교재로 설명하다가 교수법의 변천을 기준으로 삼거나 경제 성장이나 개발[14]이 시대구분의 중요한 기점이 되는 경우가 그것이다. 또한 바탕기의 시작으로 보는 1959년 이전의 한국어교육과 관련한 활동들이 시대에 포함되지 않는다는 점도 아쉬운 부분이라 할 수 있다. 이는 연구자가 1959년의 한국어학당 설립이 한국어교육의 시작이라 보는 관점에서 비롯된 것이라 생각한다.

조항록(2005)[15]의 경우 한국어교육의 시대구분을 크게 국내와 국외로 나누고, 이를 다시 태동과 점진적 발전기, 도약기, 안정적 성장 및 확대기로

---

[13] 내적인 측면과 외적인 측면의 구분은 다음과 같다. 외적인 측면은 한국어교육의 발전 과정을 외부와 연결시켜 보는 것으로 흔히 한국의 경제적 성장이나 정치, 사회의 변화, 한국어 관련 정책이나 교육 기관 등과 관련시켜 보는 것이다. 내적인 측면은 교재, 교수 학습법, 교육대상 등의 변화와 한국어교육의 발달 단계를 연결지어 살핀 것이다.

[14] 이러한 견해에 대해 강남욱(2005:165)에서는 한국의 경제적 성장을 한국어교육의 시대구분의 주요 근거로 사용하기는 어려우며, 특히 경제적 발전의 기준이 모호하고 부분적으로 적용되었다고 문제점을 지적하고 있다.

[15] 여기서는 한국어교육사의 시대구분의 기준을 네 가지 기준으로 보고 있다. 첫째는 한국어교육이 갖는 국가적, 사회적 기능, 둘째는 한국어교육의 목표를 실현하기 위한 제도화의 과정으로 보았다. 셋째는 한국이 내적역량을 구축하여 발전의 주체로 자리 잡았는지를 보았으며, 넷째는 한국어교육의 발달과정에서의 주요 행위자의 발전모델의 양상을 기준으로 보았다.

구분하고 있다. 국내와 국외로 구분한 기술과 교재, 교육기관, 교육과정, 교수법 등 다양한 요인을 종합적이고, 거시적인 관점에서 살피고 있으며, 이전에 중요하게 살피지 않았던 태동기의 특징을 면밀히 고찰하고 있다. 태동과 점진적 발전기(1897~1970)의 특징으로 러시아 상트페테르부르크 동방학 연구소의 설립이나 연세대학교 한국어 학당의 설립, 박창해의『한국어 교본』간행 등을 기술하였다. 이후 도약기는 1980년대부터 1990년대까지로 구분하였으며, 이때의 특징으로 다수의 한국어교육기관의 설립을 꼽고 있다. 안정적 성장 및 확대기는 1990년대 이후로 학습자 목적별 교재의 편찬이나 기관별 교재의 편찬, 국가별 교재의 차별화 등 교재의 변화도 중요한 시대적 특징으로 설명하고 있다.

이지영(2004)의 경우 앞선 연구자와 같이 교재를 비롯해 한국어교육기관의 설립이나 연구 성과 등을 기준으로 시대를 구분하고 있다. 바탕기는 근대계몽기부터 1958년까지로 1959년 한국어학당의 설립 이전까지로 시기를 설정하였으며, 외국인들의 한국어 연구와 교재 출간, 일본의 정책적 차원의 한국어 연구를 시대적 특징으로 기술하고 있다. 태동기는 1959년부터 1985년까지로 설정하였으며, 연세대학교 한국어학당을 비롯한 국내 한국어교육기관의 설립을 중요한 특징으로 꼽고 있다. 태동기 이후는 3기로 1986년부터 1997년까지 설정하였고, 이 시대의 특징으로 한국어 학습자의 증가와 교재 개발의 확대를 제시하고 있다. 4기는 1998년 이후로 이 시기는 통합교재가 개발되었다는 점, 멀티미디어 교육이 활성화되고, 학습자의 국적과 목적을 고려한 교재가 제작되었다는 점을 특징으로 꼽고 있다. 이지영(2003)의 논의는 실질적인 교재 분석을 바탕으로 한국어교육이 이루어진 전 시기에 대한 가늠과 파악이 이루어진 연구라 할 수 있다.

민현식(2005)의 경우 교육 외적인 요건과 한국어교육의 시대적 상황, 내적인 요소를 결합한 구분을 시도하였으며, 크게 전통 교육기와 근대 교육기, 현대 교육기로 시대를 나누고 있다. 전통 교육기는 고대부터 1860년까지로 주변 국가 중심의 역관 대상 교육을 특징으로 서술하고 있다. 근대 교육기는 1870년부터 1945년까지로 개항과 기독교 문화의 수용, 현대적 교육의 출발점이라는 것을 특징으로 설명하고 있다. 현대 교육기는 다시 '도약기', '발전기', '성장기'로 세분하고 있다. 도약기는 1945년부터 1980년 이전까지로 한국인 주도의 한국어교육을 가장 큰 특징으로 꼽고 있으며, 발전기는 1980년부터 1989년까지로 올림픽 등의 대외적 요인을 주요 특징으로 기술하고 있다. 마지막으로 성장기는 1990년부터 현재까지로 한국어교육기관의 확대 설치와 유학생의 증가를 시대적 특징으로 제시하고 있다.

고경민(2012)에서는 교재의 외적·내적 특징을 바탕으로 여섯 시대로 구분하고 있는데 역학중심교육기, 근대 태동기, 양적 팽창기, 현대 교재의 도약기, 현대 교재의 발전기, 세계화시대가 그것이다.

역학 중심 교육기는 1870년 이전의 시대로 『노걸대』, 『박통사』를 비롯한 각종 유해류 서적과 역관 중심의 어휘 교재를 이 시대의 특징으로 서술하고 있다. 근대 태동기는 1870년부터 1910년까지로 외국인 연구자들의 한국어교재 편찬과 회화 교재의 편찬 등을 시대적 특징으로 제시하고 있다. 세 번째 양적 팽창기는 1910년부터 1945년까지로 문법서 중심의 한국어 교재 편찬과 단원 구성, 교재 체제의 변화 등을 특징으로 꼽고 있다. 현대 교재의 도약기는 1946년에서 1988년까지로 광복 이후 미국인 대상의 한국어교재 편찬, 박창해의 『한국어교본』 간행, 구조주의적 입장의 청화식 교재의 개발 등을 주요 특징으로 기술하고 있다. 현대 교재의 발전기는 1989년부터 1999년까지를 설정하고 있으며, 한국어교육기관에서 편찬한 기관

교재의 증가와 의사소통식 교수법을 반영한 교재의 개발, 사회언어학적 요소나 문화적 요소가 반영된 교재의 제작을 이 시기의 특징으로 설명하였다. 마지막으로 한국어교재의 세계화 시대는 2000년부터 현재까지의 시대로 정부 산하 기관이나 대학 기관, 개인 연구자 간의 활발한 교류를 통한 범용 교재의 개발, 멀티미디어 활용 교재의 등장, 학습자의 언어 및 목적을 반영한 학습자 중심 교재의 개발 등을 특징으로 꼽고 있다.

선행연구에서 주목하고 있는 것처럼 사회, 경제적 변화 및 한국의 위상 등의 외적인 환경은 한국어교육이 성장하고 발전할 수 있는 동력이 되어 왔으며, 현재까지 영향을 미치고 있는 것이 사실이다. 또한 이러한 환경의 변화가 한국어교육의 수요를 이끌어 내고 이것이 교재와 같은 내적 요인을 변화시킨다는 논의에도 큰 이견이 있는 것은 아니다. 한국어교육에서의 시대 구분 역시 이러한 외적인 요인을 배제하고 이루어질 수는 없으며, 가장 바람직한 시대구분은 외적·내적인 요인을 모두 고려한 구분이라는 점에도 동의한다.[16] 이렇듯 한국어교육사의 시대구분이 다양한 관점을 고려해서 이루어져야 하는 것은 사실이지만 국내외의 사정이 다르고, 각 시대마다 교육기관이나 외적인 요인이 바뀔 수 있기 때문에 전체를 고려한 시대구분은 쉬운 일이 아니다. 또한 외적인 요인을 어느 수준까지 적용하는가의 문제도 쉽게 해결될 수 없는 부분이다. 정치, 경제, 사회, 문화 등의 다양한 외적 요인들을 어디까지 반영하고 무엇을 기준으로 구분할지가 정해지지 않은 상황에서 외적인 요인과 내적인 요인을 모두 반영한 시대구분 연구는 어려움이 따를 수밖에 없다. 시대구분의 문제는 무엇이 옳은가의 문제가 아닌 무엇을 중심으로 고찰했느냐를 보는 것이 조금 더 타당한 결론을 낼

---

[16] 또한 국내와 국외를 모두 포함할 수 있어야 할 것이다.

수 있을 것이라 생각한다.

2.2. 교재 중심의 한국어교육사 시대구분

교재 변천을 시대구분의 기준으로 삼는 일이 다른 기준과 차이를 보일 수 있는 점은 교재의 제작 목적을 통해 통일된 기준을 마련할 수 있다는 점이다. 근대 이전의 교육 상황을 정확히 알 수 없고, 근대 이후에도 동일한 기준을 마련하기 어렵다면 '학습을 목적으로 하는 도구'의 사용 여부와 발전 여부가 일정한 기준을 제시해 줄 수 있기 때문이다. 물론 교재가 아닌 구두로 전달된 경우도 찾을 수 있고,[17] 교육이 이루어진 시대에 정확히 해당 교재가 사용되었다는 점을 찾기가 어려울 수도 있다. 하지만 교재를 기준으로 이러한 내적 기준이나 외적인 영향을 고려해서 시대의 윤곽을 잡아내는 과정은 충분히 가능할 것이다. 앞서 살핀 바와 같이 교재에 담긴 교육과정, 교육 목표, 교육 내용, 교사, 학습자, 교육 정책을 기준으로 이러한 요인이 변한 시점을 찾을 수 있다면 교재가 중심이 된 시대구분이 가능할 것이다. 시대구분을 위해서는 한국어교육의 흐름을 드러낼 수 있는 개별적 '언어사실'이 필요하며, 이를 바탕으로 시대구분이 이루어져야 한다는 사실을 확인할 수 있었다. 한국어교육사에서 이런 역할을 할 수 있는 '언어사실'의 하나가 교재이다. 교재에는 이미 교재가 편찬될 당시의 언어관이나 교육체계, 방법, 대상 등이 고려돼 있으며, 이를 구체적인 문자를 통해 제시하고 있기 때문이다.[18]

---

[17] 『속일본기』에서는 신라 사람들이 신라어를 일본인에게 가르쳤다는 언급이 있는데, 이러한 교육이 교재를 통해 이루어졌다고 보기는 힘들 것이다. 그렇기 때문에 본서에서는 바탕기의 자료들을 한국어교재로 보고 있지 않으며, 1장에서 따로 다루고 있다.

[18] 예를 들어 특정 기관에서 제작한 중국인 초급 학습자를 대상으로 쓰인 문법

교재가 변하고 있다는 사실은 연구자뿐만 아니라 교사와 학습자도 금방 체감할 수 있는 부분이다. 다만 어떻게 바뀌고 있으며, 어떤 이유로 바뀌고 있는지를 아는 것은 쉬운 일이 아니다. 변화 이전의 교재 양상과 체제나 내용을 변화 이후의 교재와 비교할 수 있어야 하며, 이를 비교하기 위해서는 비교 기준이 필요하다. 또한 비교 준거가 될 만한 충분한 양의 각 시대별 교재도 필요하며, 당시의 교재가 제작된 배경이나 저자, 목적 등도 파악할 수 있어야 할 것이다.

교재의 내용 분석을 바탕으로 시대구분을 하는 데 가장 주요한 기준이 된 것은 교재의 내용을 교재의 외적 구성(체제, 부록, 언어, 시각적 장치), 교재의 내적 구성(목적, 내용, 방법, 평가), 사회 언어학적 요소, 문화적 요소에 따라 구분하는 일이다.[19]

시대를 구분하는 작업은 각 교재의 특징을 앞서 제시한 교재의 내적 구성과 외적 구성으로 분석하고, 비슷한 특징을 지니는 교재를 묶어 하나의 시대로 구분하는 것에서 시작된다. 이 과정에서 공통된 교재 집단과는 다른 양상의 교재가 등장하게 되고, 이러한 교재가 연속해서 등장할 때 이를 새로운 시대로 구분하였다. 예를 들어 근대에 편찬된 교재와 일제강점기에

교재만 살펴보더라도 교재를 통해 학습자, 교육기관, 학습자 수준, 교육 내용, 교육 과정을 파악할 수 있는 것이다.

[19] 교재를 분석하고 평가하는 항목 중 내적 구성과 외적 구성으로 구분하는 기준은 이미 이해영(2001)에서 언급한 바 있다. 여기서는 교재 평가 항목을 '교수·학습 상황 분석', '내적 구성', '외적 구성'으로 분류하고 내적 구성으로는 교재 구성 목표, 학습 내용 분석, 학습 활동 분석으로 살폈고, 외적 구성으로는 책의 외관, 가격, 배치, 기관 정보 및 개발자의 교수적 특성 등을 기준으로 제시하였다. 또한 서종학(2001)에서는 교재를 '형식', '학습자', '교수법', '학습 내용', '교육과정'으로 크게 나누었으며, 이 글에서는 두 연구자의 내용을 바탕으로 전체 한국어교재에 적용하여 목록화 할 수 있는 기준을 제시하고자 했다.

편찬된 교재의 경우 내용면에서 뚜렷한 구분이 어려울 수 있다. 이런 경우에는 교재의 편찬 목적이 구분의 기준이 된다. 또한 현대에 와서 목표가 비슷한 교재들이 출간되는 경우에는 교재의 체제나 방법이 분류의 기준이 되기도 한다. 본서에서는 이와 같은 기준을 근거로 다음과 같이 교재 중심의 한국어교육사를 구분하고 있다.

시대	단계	기간	주요 근거 및 특징
바탕기		1870년 이전 시대	• 『鷄林類事』, 『朝鮮館驛語』와 같은 역관 대상이나 역관 편찬 교재 • 『老乞大』, 『朴通事』를 비롯한 각종 유해류 • 어휘 비교 중심으로 서술
태동기 (1870~1945)	1기	1870년 ~1908년	• 어휘 위주의 전통적 교재에서 벗어나 문법과 회화 중심으로 교재 편찬 • 교재를 구성하는 기본적인 편제가 마련됨 • 교재를 구성하는 언어 및 교육대상이 분명해짐
	2기	1909년 ~1945년	• 체계적인 문법 기술 및 품사, 서법 등의 깊이 있는 접근 • 한국어 학습 외의 다양한 교재 편찬 목적(선교, 정치 등) • 편찬 교재의 증가 • 단원, 장, 절 등의 교재 편제 안정화
성장기 (1946~1999)	1기	1946년 ~1988년	• 전문적인 언어교육 기관 사용을 목적으로 교재 제작 • 문법, 회화의 단편적인 구성에서 벗어나 학습자를 고려한 '연습', '활용'의 삽입 • 교재에 시각적 장치가 고려되기 시작 (사진, 삽화 등)
	2기	1989년 ~1999년	• 의사소통 교수법을 활용한 통합교재 발간 • 학습자의 목적 및 학습자의 언어권을 고려한 다양한 교재 제작 • 문화적인 측면을 고려해 교재 내용이 편성

발전기 (2000년 이후)	2000년 이후	• 정부 기관 주도의 대규모 교재 편찬 • 다양한 언어권 교재의 발간(학습자의 국적, 목적, 직업까지 고려) • 멀티미디어를 활용한 교재 제작 • 요리, 방송, 여행 등 다양한 주제를 활용한 교재 편찬

〈표 II-2-1〉 교재 중심의 시대 구분

표에서 제시한 시대별 특징을 조금 더 상세히 살펴보면 다음과 같다.

1) 바탕기

근대 이전의 시대는 '바탕기'로 이 시대의 특징은 역학 중심의 교육과 어휘 자료가 주를 이뤘다는 점이다. 국어사전에는 역학을 역사 용어로 "조선시대에, 외국어의 학습·교육·연구·통역 따위의 분야를 통틀어 이르던 말"이라고 풀이하고 있다. 사전적인 의미를 고려한다면 역학은 조선시대의 통역학을 의미하는 것으로 볼 수 있지만 『鷄林類事』나 『朝鮮館驛語』를 비롯한 각종 외국어 교육서까지 포괄적으로 살펴본다면 근대 이전 외국어와 관련한 서적은 직·간접적으로 역학과 관련이 있는 것으로 볼 수 있다.

바탕기의 가장 큰 특징은 '어휘' 교육 중심의 문헌들이 편찬되었다는 점이며, 특히 바탕기와 태동기의 사이에 편찬된 『交隣須知』의 경우 어휘항 제시와 함께 문장 단위로 한국어 학습을 할 수 있게 구성하고 있는데 이는 『交隣須知』가 역학 중심의 어휘집에서 회화 교재로의 가교(架橋) 역할을 하고 있는 것으로도 볼 수 있다. 『交隣須知』는 생활 중심의 한국어 어휘를 중심으로 교육하였고, 이후 편찬되는 한국어교재에 상당히 큰 영향[20]을 미친

---

20 『交隣須知』에 영향을 받은 교재로 대표적인 것이 게일이 지은 『ᄉ과지남』이다. 그 외에 『한어회화』에서는 주제별 어휘 제시 방식이 같으며, 『조선어학독안내』

교재이다.

이 시대를 한국어교육의 첫 번째 시기로 보고자 할 때 가장 큰 의문점은 역사서, 역관 대상의 어휘집 등의 문헌이 한국어교육과 얼마만큼의 상관성을 가질 수 있는가이다. 언어를 학습하기 위한 첫 단계는 해당 언어를 학습하기 위해 필요한 학습 동기이다. 시대와 대상은 다르지만 손성희(2011:143)의 실험에서 '한국인에 대한 태도'와 '문화에 대한 관심' 등은 학습동기로서 유의미한 값을 보여주었다. 추측만으로 논리의 부족함을 메울 수는 없지만 근대 이전의 문헌 자료와 어휘집[21]에 등장한 한국어 어휘나 지명, 물명 등은 당시 문헌을 집필한 외국인들과 이를 접한 사람들에게 충분한 관심과 동기유발의 대상이 됐을 것으로 추측해 볼 수 있다.

이 시대의 특징을 개괄적으로 살펴볼 수 있는 자료로 『鷄林類事』나 『朝鮮館驛語』, 『朝鮮偉國字彙』와 같은 어휘 자료집과 유해류 역학서, 『交隣須知』와 같은 회화서를 살펴볼 수 있다.

2) 태동기

태동기는 제1기가 1870년에서 1908년까지, 제2기가 1909년부터 1945년까지이다.[22] 1기와 2기의 구분은 교재 내용의 차이보다는 목적의 차이가

    등의 교재에서는 『交隣須知』와 내용이 같은 예문을 찾아볼 수 있다.

[21] 어휘 자료집의 가치는 단순히 어휘를 나열하고 소개하는 것에서 그치지 않는다. 『鷄林類事』와 『朝鮮館驛語』에서 제시하는 어휘들은 실생활 관련 어휘가 대부분이다. 이러한 어휘 자료집의 어휘 제시 방식은 이후 『노걸대』, 『박통사』와 각종 유해류까지 자연스럽게 이어졌으며, 근대 초기에 편찬된 한국어교재에서도 이러한 어휘 제시 방식을 찾아볼 수 있다.

[22] 고경민(2012), 고경민(2017)에서는 1기를 1870년에서 1909년까지 설정하고 있는데 수정 보완을 하는 과정에서 당시 고민했던 점을 반영하여 시기를 조정하였다. 이는 1909년에 간행된 교재가 정치적 목적에서 저술되었거나 통치와

크며, 교재의 편찬 목적이 '선린'이나 '교린'의 차원에서 '통치수단'으로의 변화를 의미하는 것이다. 1기와 2기를 '태동기'로 묶을 수 있는 것은 이 시기의 교재 내용이나 저자, 교재의 체계, 단원 구성 등에서의 유사한 특징 때문이다. 태동기의 1기에서 2기로의 변화는 없던 것에서 새롭게 생성된 것이 아닌 구성이나 체계가 교육 목적에 맞게 더 분명해진 변화라 할 수 있다.

제1기는 전통적인 어휘 중심의 역학서에서 벗어나 문법 중심의 한국어 교재가 편찬되었으며, 외국인 연구자들의 활발한 연구가 진행된 시대이다. 이 시대는 체계적인 교재의 형태가 잡힌 시대로 문법서와 회화서 같이 편찬 목적이 뚜렷한 교재가 등장하기 시작했으며, 한국어 학습과 더불어 선교 목적이 명확한 교재가 등장하기 시작했다. 이 시기에 편찬된 문법 교재에는 처음으로 한국어의 품사나 서법 등에 대한 기술이 등장하며, 이러한 기술은 후대 한국어교재에 토대를 마련하는 역할을 했다. 또한 문법범주에 대한 논의도 이 시대부터 시작되었는데, 대표적으로 Underwood의 『한영문법』(1890)에서는 시제, 경어법, 서법 등 범주별 다양한 내용을 살필 수 있다. 또한 회화서의 경우 근대 이전에 편찬된 어휘 자료집과 유사한 특징을 찾을 수 있으며, 시대적 상황과 관련이 있는 회화문 등을 찾아볼 수 있다. '태동'이란 명칭이 시작을 의미할 수 있겠지만 여기서는 단순한 시작이 아닌 '본격적인 움직임'의 시작이라 할 수 있을 것이다. 이 시대의 기점이 될 수 있는 교재는 Ross(1877)의 『Corean Primer』로 볼 수 있다.

태동기의 2기는 1기에 비해 교재 편찬의 수가 증가했으며, 불특정한 교

관련한 내용이 발견되었기 때문이다. 모든 교재가 그런 것은 아니기에 이전에는 외적인 요인을 고려해 1910년을 2기의 기점으로 잡았으나 본서 집필 과정에서 이를 수정하였다.

육대상이 특정 대상의 교육으로 바뀌었다는 특징을 찾아볼 수 있다. 일제 강점기라는 시대적 상황으로 인해 질적인 성장보다는 양적인 증가가 많았기에 고경민(2012)에서는 이 시기를 '양적 증대기'로 명명하기도 했다. 교재 자체의 변화로는 문법 체계의 확립과 단원 구성의 명료성을 들 수 있겠다. 이때 출간된 교재를 중심으로 회화와 단어 제시 위주로 구성되었던 교재들이 품사와 문법범주에 대한 체계적인 기술과 대화 형태의 회화문 구성으로 바뀌게 된다. 또 표기상의 변화도 찾을 수 있는데 특히 1912년, 1921년, 1930년, 1933년에 나온 표기법과 관련된 정책에 의한 변화를 한국어 교재에서도 찾아볼 수 있다. 교재 체제와 단원의 구성에서도 변화를 포착할 수 있는데 이전 시대의 교재에서 단원을 구성하지 않고 기술한 교재를 보았다면 이 시대의 교재들은 단원의 개념이 더 확실해졌고, 단원 안에서의 설명이나 예문, 연습 등의 구분이 분명해졌다. 회화 내용에서도 시대를 반영한 주제가 등장했고, 관리나 경찰관, 우체국 직원 등 전문적인 업무와 관련된 회화 내용도 찾아볼 수 있었다. 2기의 기점이 되는 교재는 조의연(1910)의 『日韓·韓日言語集』으로 상권에서는 각 글자에 대한 발음을 중권에서는 단어와 문장을 다루고 있으며, 하권에서 품사와 문법범주에 대해 설명하고 있다. 또한 부록에서는 한국의 풍습과 문화를 설명하고 있어 앞선 시대의 교재보다 체계적인 교재의 형태를 띠고 있다고 할 수 있다.

3) 성장기

성장기는 1946년부터 1999년까지의 시기로 태동기 이후 한국어교육과 한국어교재의 변화와 성장이 이루어진 시기이다. 태동기 이후 약 50년의 시간이 지나면서 그동안 간과되었던 '교수법'이나 '교육과정' 등이 교재에 반영되기 시작한 시기이며, 학습자의 교육 목적과 학습 상황, 숙달도가 교재 편찬의 기준이 된 시기라 할 수 있다.

성장기 1기는 '외국어로서의 한국어교육'을 목적으로, 한국인에 의해, 한국의 교육기관에서 사용하기 위해 교재가 편찬된 시기이다. 이전에는 '외국인' 혹은 외국인 연구자들의 입장에서의 '자국인'이 교육의 대상이었으나 이 시대부터는 어학당에서 언어연수를 하는 연수생이나 학문목적의 유학생으로 대상이 바뀌게 된다. 이 시대를 기점으로 교수자나 저자 중심의 교재가 학습자 중심으로 바뀌게 되었으며, 실용적인 문형 중심의 교재와 대화 중심의 회화서가 편찬되었다.[23] 이 시대부터는 단원 구성에 있어 '본문-단어-문형 설명-연습(활용)'의 틀을 갖추게 되었고, '과' 단위로 문법이나 회화 내용을 담는 구성으로 바뀌게 되었다. 또한 문법과 회화, 읽기나 쓰기가 함께 다뤄지고 연습이나 활동이 첨가되면서 '혼합 교재[24]'로서의 성격을 갖게 된다. 이 시대의 교재는 문법서, 회화서, 독본류, 종합 교재 등으로 살펴볼 수 있으며, 그중에서도 한국인이 순수한 언어 교수 목적으로 만든 『한국어 교본』이 가장 대표적인 교재로 볼 수 있다.[25]

성장기의 2기는 1989년부터 1999년까지로 다른 시기와 비교하면 비교

---

[23] 이를 확인할 수 있는 근거로 '학습활동'이나 '연습문제' 등 학습자 스스로 해 볼 수 있는 구성이 늘었다는 점을 들 수 있다.

[24] 고경민(2014:289)에서는 통합교재의 원리를 개발 방향과 교육과정(curriculum)에서의 '통합 지향성', 언어 기능 간의 연계성, 영역 간의 통합 정도, 실제적인 '과제'와 '활동' 등 네 가지로 제시하며, 통합교재와 혼합교재를 구분하고 있다. 여기서는 '여러 기능들이 한 단원에 들어 있지만 하나의 기능으로 통합된 형태가 아닌 개별적인 기능을 중심으로 구성된 교재'를 '혼합교재'로 설정하고, 이를 통합교재와 구분하고 있다.

[25] 이 교재는 1960년 연세대학교 한국어학당의 학생들을 가르치기 위한 목적으로 간행된 문법, 회화의 종합 교재로 이후 많은 한국어교재가 본서를 바탕으로 교재 체제와 내용을 구성했으며, 600시간 학습으로 완료할 수 있다는 교재 계획을 서문에서 살펴볼 수 있다.

적 짧은 기간이라 할 수 있다. 성장기의 2기는 교재 편찬을 대학의 언어 교육기관에서 주도하면서, 해당 기관의 수업에 사용되는 교재 편찬이 많았던 시대이다. 또한 각 기능 간의 연계 및 통합 활동을 수행할 수 있는 '통합 교재'가 본격적으로 등장하기 시작했고, 학습자의 수준을 고려한 교재가 편찬되기 시작했다.[26] 다른 시대에 비해 비교적 짧은 시간이지만 한국어 수요층이 큰 폭으로 증가하고 대학 기관에서의 교육이 활성화되면서 한국어 교재의 발전에 디딤돌 역할을 톡톡히 한 시기로 볼 수 있다. 이 시대는 교수요목을 바탕으로 교재가 간행되기 시작했으며, 각 교육 기관이 자신들의 기관에서 연수를 받는 학생들에 대해 맞춤 교재의 형태로 교재를 제작하였다. 또한 이 시대 교재부터는 한국 문화에 대한 항목을 따로 설정하고 있으며, 교재에서 제시하고 있는 활동 역시 이전 시대와 달리 쓰기와 말하기, 읽기와 듣기 등을 결합한 형태의 다양한 활동을 제시하고 있으며, 대표적으로 이화여자대학교 언어교육원에서 출판한 『외국인을 위한 한국어』(1991)[27]와 서울대학교 어학연구소에 나온 『한국어』(1993)[28]를 살펴볼 수 있다.

---

[26] 이전에 초급이나 중급으로 단순 구분되었던 교재들이 1급에서 6급까지 학습자의 수준이나 교육과정을 고려해 개발되거나 일반목적과 학문목적의 학습자를 학습 목적을 고려한 교재 개발이 그것이다.

[27] 이 교재는 간행 전 3년간의 현장 결과물을 바탕으로 한 것으로, 60분 수업으로 일주일에 여섯 번 수업해서 10주에 끝날 수 있도록 만들어졌다. 또 전체 8단계로 이루어졌기 때문에 2년에 걸쳐 학습을 할 경우 모든 과정을 마칠 수 있도록 하였다.

[28] 이 교재 역시 서문에서 현재 서울대학교의 외국인을 위한 한국어교육이 4학기로(각 10주) 운영되고 있으며, 총 800시간의 학습을 받도록 되어 있다고 기술한 후 본 교재가 하루에 4시간씩, 1주일에 5일, 총 10주간에 200시간의 집중적인 훈련을 받도록 편찬되었다는 것을 밝히고 있다.

4) 발전기

 마지막으로 '발전기'는 2000년 이후의 시기로 세계화 시대와 한류, 다문화라는 시대적 상황이 교재에도 고스란히 반영된 시기라 할 수 있다. 또한 멀티미디어와 인터넷을 활용한 교육 방안이 그간 교재 자체이기도 했던 인쇄물을 대신해 웹이나 게임기, 앱의 형태로 개발된 시기이기도 하다.

 '발전기'의 첫 번째 특징으로 정부 산하 기관의 체계적인 교재가 편찬되고, 학문 목적의 유학생 대상에서 벗어나 학습자의 연령, 국적, 직업 등을 고려한 다양한 교재가 편찬되었다는 점을 들 수 있다. 정부 산하 기관의 대표적인 통합 교재로 'KLEAR'에서 2000년에 펴낸 『Intergrated Korean』을 살펴볼 수 있다. 이 교재는 5등급으로 나뉜 본 교재 10권과 초급, 중급의 워크북 4권, 부교재 6권, 교사용 지침서 1권, 문법 사전 1권 등 총 22권이 개발되었다. 이 밖에도 이 시대는 분권식 교재(말하기, 읽기, 듣기, 쓰기, 어휘, 발음, 문법, 문화)와 특화 교재[29]를 살펴볼 수 있으며, 의사소통 능력을 신장하기 위한 목적, 취업 목적, 학문적인 목적, 민족 교육 목적 등 다양하고도 전문적인 목적을 띠고 교재가 편찬되었다. 교육대상의 변화는 교재의 형태나 내용뿐만 아니라 개발 기관, 소재면에서도 많은 변화를 이끌었으며, 다양한 장르의 교재가 편찬될 수 있는 계기를 마련해 주었다. 이 시대는 교재의 변화뿐만 아니라 기존의 완성되지 못했던 교재의 체계와 형식이 자리를 잡고 이 상태를 유지하고 있는 기간으로도 볼 수 있다.

 고경민(2016)에서는 2000년 이후 가장 많이 편찬된 교재 유형은 '통합형

---

[29] 특화 교재는 기존의 학문 목적 학습자를 대상으로 했지만 다양한 소재를 활용하거나 학문 목적 학습자 중에서도 전공별로 개발된 교재를 말하는 것으로 의료, 유머, 영화, 드라마, 요리 등 다양한 소재를 활용한 교재를 지칭하는 의미로 본서에서 사용하고 있다.

교재'이며, 통합형 교재로 살펴본 저자 유형은 대학 기관이 375권으로 전체 628권의 통합 교재 가운데 60%를 차지했다고 제시한 바 있다. 교재의 수준과 등급에서는 수준이 명확하게 표기된 1308권의 교재 가운데 초급이 707권으로 54%의 비중을 차지했고, 등급으로 봤을 때는 1급 교재가 등급이 표기된 전체 562권의 교재 가운데 27%를 차지했다. 또한 교재의 대상에서는 전체 1526권의 교재 가운데 69.4%가 학문목적의 학습자 대상으로 편찬되었고, 일반목적 대상이 352권(23%), 특수목적 가운데 다문화 교재가 90권(5.9%), 직업목적 교재가 24권(1.5%) 편찬되었다.

'발전기'의 또 다른 특성 가운데 하나는 전문적인 주제로 특화된 교재가 편찬된다는 점이다. 한류, 인터넷, 여행, 요리, 드라마, 만화, 한자 등 다양한 주제를 활용한 교재가 편찬되었으며, 학습자의 흥미뿐만 아니라 대학 생활과 관련한 글쓰기, 보고서 관련 교재 등 전공이나 적성을 고려한 교재도 편찬되었다. 또한 '성장기'에는 영어와 일본어권 학습자를 고려해 영어나 일본어를 병행 표기한 교재가 등장했다면 '발전기'에는 영어나 중국어, 일본어 외에도 2000년 이전에는 찾아보기 어려웠던 베트남어권, 몽골어권, 러시아아권, 태국어권 등 다양한 언어권을 고려한 교재가 편찬되었다.

2.3. 소결론

손인수(1987:56)에서는 시대구분을 어떻게 처리하느냐 하는 것은 곧 그 역사가가 역사를 인식하는 태도 내지 방법을 말하여 주는 것이라 기술하면서 역사서술에서 시대를 어떻게 구분하는가 하는 것은 역사 연구의 결과로서 얻어지는 것이며, 역사연구가 도달한 이정표라고 볼 수 있다고 하였다. 시대구분은 연구자의 관점과 기준에 따라 달라질 수 있음을 앞서 언급한 바 있다. 1967년 12월 8일과 9일에 이루어진 '한국사의 시대구분 문제'라는 주제로 이루어진 학술 대회에서 10명의 발표자가 모두 다른 시대구분에 관한 의견을 발표하였으며, 이에 대한 논의를 검토하기 위해 모인 1968년 3월 30일의 모임에서도 13명의 참가자가 5시간의 토의 끝에 이렇다 할 결론을 내리지 못한 일이 있었다. 이것은 '시대구분'의 문제가 간단명료하게 해결될 수 있는 문제가 아님을 보여주는 일화라 할 수 있다.

  이 장에서는 그동안 논의되었던 한국어교육사의 시대구분에 대한 선행 연구자들의 의견을 살펴보고 그에 대한 대안으로 '교재'를 중심으로 한 시대구분을 제시하였다. 교재라는 내적인 기준을 바탕으로 교재를 분석하고 분석한 내용을 바탕으로 공통의 특징을 묶어 하나의 시대로 구분하고자 했다. 이를 토대로 크게 네 가지 시대로 교재사를 구분할 수 있었으며, 각 시대별 특징을 교재의 변천과 관련지어 설명하고자 했다. 교재사의 측면에서 한국어교육사의 시대구분에 대해 고찰하면서 시대구분의 기준에 대한 표준안이 마련되지 않는 이상 시대구분에 차이가 생길 수밖에 없다는 점을 느낄 수 있었다. 시대구분 자체가 칼로 무를 잘라내는 것처럼 명쾌하게 이루어질 수 없는 것은 사실이나 최대한 객관적이고, 분명한 기준을 통해 어느 정도 유연성 있는 시대구분이 가능함을 이 글을 통해 살피고자 했다. 다만 앞서 밝힌 바와 같이 해외에서의 한국어교육사를 되짚어 보고 이를 시대구분에 반영하지 못했다는 한계와 더불어 시대적 상황 및 역사적 사실을 반영할 수 있는 포괄적이고 통합적인 시대구분이 필요함을 논의를 통해 절감할 수 있었다. 또한 교재를 시대구분의 기준으로 보기 위해서는 교재가 가지고 있는 교육의 여러 동인과 더불어 교재가 만들어진 환경까지 내적 동인에 포함하고 살펴보는 것이 필요하다는 결론을 내릴 수 있었다. 이를 위해서는 교재에 담긴 역사적 사실에 대한 연구가 필요하며, 해외 자료의 확보 및 추가적인 교재 분석 등의 후속 연구가 활발히 이루어져야 할 것이다.

들이
릐무쇠
다닐넛다
은슉쟝이외나룸롱도
들이무되왓슴도외슴
국사람보시사람
볼니두보지못하갓다 보지못
마시볼게엽소 외니가근시하는

III. 학습 대상별 교재에 따른 고찰

1. 서양인 학습자 대상의 교재[1]

1.1. 서양인 연구자들의 한국어 연구

외신(外信)은 외국으로부터 온 통신을 일컫는 말로 보통은 국외의 언론 단체나 방송 등에 해당 국가의 특정 사건이나 상황을 소개할 때 사용하는 말이다. 시대와 상황에 따라 '외신'의 역할이나 주체가 달라질 수는 있겠지만 그래도 변하지 않는 특징을 하나만 꼽자면 그것은 아마도 외신 보도가 갖는 '객관성'이 아닐까 싶다. 물론 여기서의 '객관성'은 완전한 객관성이 아닌 상대적인 것이겠지만 외신의 역할은 이렇듯 객관적인 시선을 통해 대내외적 균형을 맞추는 것이라 할 수 있다. 개항 이후 근현대 한국에서 이러한 역할을 맡았던 이들은 주로 북미나 유럽에서 온 선교사들이었다. 선교사들이 마치 특파원처럼 조선을 직접 방문하여 관찰한 이들이라면 자국에서 이들의 관찰기를 보며, 분석하고 기술한 이들도 있었다. 분명한 것은 이들의 내한 목적과 관계없이 당시 한국의 상황을 세계에 알리고, 한국어와 한국 문자 체계를 소개하는 중요한 창구가 되었다는 점이다.

---

[1] 이 장은 고경민(2021)의 내용을 수정 보완한 것임.

이번 장에서는 한국과 한국어를 알린 당시 서양인 연구자들의 한국어 인식 단계부터 구체화 단계까지 살피는 것을 목적으로 한다. 특히 저자들의 한국어에 대한 인식 과정이 구체적인 교재의 형태로 구현되는 과정을 포착하고, 기술하는 것에 초점을 맞춰 진행할 것이다. 한국어를 연구하고, 한국어교육을 위해 저서를 집필한 연구자가 한국어를 인식하고 이를 한국어교재로 편찬하기까지의 과정을 '인식-이해-구체화'라는 단계로 살펴보았다. 한국어라는 낯선 언어를 처음 접하고 하나의 독립된 언어 체계로 인식하는 단계부터 연구자가 한국어의 체계와 특징을 이해하는 단계로, 나아가 이를 하나의 교육대상으로 삼아 이해한 내용을 구체화 시키는 단계까지 살피고자 한다. 각 단계의 기준은 다음과 같이 설정하였다.

단계	기준(내용)
인식 ↓ 이해	• 해당 언어의 형식적 특성을 파악하는 것 • 어휘와 발음(원리가 아닌)과 같이 표면적으로 드러나는 부분을 외부에 소개하는 것 • 주변 언어에 대한 연구 가운데 한국어의 특징을 구분하여 제시하는 것(단순 비교) • 해당 언어와 모국어와의 관련성 내지 비교가 이루어지는 것 • 해당 언어의 언어 체계 및 문법을 이해하는 것 • 언어 분석이나 해석 과정에서의 결과물이 있는 것
구체화	• 해당 언어의 언어 사회적 맥락을 이해하는 것 • 해당 언어를 객관화(대상화) 할 수 있는 것 • 제3자의 해당 언어 이해를 목표로 하는 것

〈표 Ⅲ-1-1〉 한국어의 인식, 이해, 구체화의 분류 기준

다만 여기서 한 가지 짚고 넘어가야 할 부분은 '인식-이해-구체화'의 진행이 연속성을 갖는 것이 아니며, 단계마다 각각의 유의미한 가치를 획득

할 수 있다는 점이다. 즉, 구체화가 되지 않은 '인식'과 '이해'의 단계가 미완성이 아니고, 그 자체의 의미를 충분히 가지고 있다는 말이다. 한국어를 연구하는 모든 연구자의 최종 목적이 한국어교재를 펴내는 것이 아니며, 한국어교육을 위한 교재 편찬과는 별개로 한국어 연구가 최종 결과물일 수 있다는 점이다. 따라서 인식과 이해 이후의 구체화는 선형적 결과물이 아닌 또 다른 '가지'로 보는 것이 바람직할 것으로 보인다.

1.2. 한국어에 대한 인식과 이해

1) 한국어에 대한 인식

서양인들에게 한국이 알려지고, 한국어라는 문자가 소개되기 시작한 것은 선교사들의 몫이 크다. 로스(Ross)의 경우 영국(스코틀랜드)의 선교사였고, 리델(Ridel)의 경우 프랑스의 신부이며, 언더우드(Underwood)는 미국, 게일(Gale)은 캐나다의 선교사였다.[2] 이들은 모두 선교를 목적으로 조선에 입국하여, 포교 활동 가운데 한국어교재를 편찬한 이들이다. 하지만 이러한 한국어교재의 편찬이 하루아침에 이루어진 것은 아니며, 한국어에 대한 관심과 열정이 선교사들에게 한정된 것도 아니다. 역사학자이자 언어학자였던 클라프로트(Heinrich Julius Klaproth)는 이들보다 앞선 1823년에 발

---

[2] 게일은 초창기 캐나다 소속 선교사로 활동하다 이후 활동비 지원 등의 이유로 1895년 미국 북장로회 소속으로 옮긴 것으로 알려져 있다. 김승태(2006:41)에서는 당시 한국에 파송된 개신교 선교사들에 대해 소속 국적별 통계를 제시하고 있다. 1945년 이전 개신교 선교사 파송이 가장 많은 국가는 미국(1059명), 영국(199명), 캐나다(98명), 호주(85명), 기타(88명)으로 전체 1529명으로 파악하고 있다. 흥미로운 점은 이 시기 가톨릭 신부들(파리 외방전교회)이 저술한 『조선 천주교 그 기원과 발전』(1924, 2015)을 보면 '현재 조선에서 천주교를 위협하는 것'으로 '개신교'의 전파를 꼽고 있으며, 개신교의 성공적인 전파의 이유로 막대한 재원과 인원, 개신교의 융통성, 지도층에 대한 영향력 등을 언급하고 있다.

음 설명을 붙인 수백 개의 한국어 단어를 학술 저널인 『Asia polyglotta』에 게재하였으며, 의사였던 지볼트(Siebold)는 한국어 문법과 음운의 특징을 유럽어 문법의 관점에서 파악하고, 각종 서적에 한국과 한국어를 소개하기도 했다. 영국의 외교관이었던 애스턴(Aston)도 「A Comparative Study of the Japanese and Korean Language」에 한국어의 음성과 문법적 특성을 기술하였으며, 독일인 상인이었던 오페르트(Ernst Jacob Oppert)는 1886년에 간행된 「Ein Verschlossenes land : Reisen nach Korea」에 한국어와 한글에 대한 기록을 남기기도 했다. 또한 프랑스의 동양학자 로니(Leon de rosny)는 학술 저널인 『Journal asiatique』 4월호에 「Apercu de la langue coreene」를 발표하였는데 이는 후에 달레(Dallet)의 한국어교재 편찬에 지대한 영향을 미쳤다.

이들이 한국어를 인식한 계기는 다양하다. 어떤 이들은 선교의 목적으로 어떤 이들은 정치적인 목적으로, 또 어떤 이들은 비즈니스를 목적으로 하기도 한다.[3] 앞서 〈표 Ⅲ-1-1〉에서 제시한 바와 같이 '한국어 인식' 단계에서 필자가 가장 중요하게 생각한 기준은 '기술의 범위와 정도'이다. 이 기술의 범위와 정도에 따라 한국어를 인식하는 수준에서 이해하는 수준으로 전환되는 것이라 판단하였다. 이 시기 대표적인 '한국어의 인식'과 관련한 학술 저술은 다음과 같다.

---

[3] 오인영(2013:274)에서는 1880년대 중반 이후 한국에 와서 거주하게 된 서양인들을 상주 목적에 따라 분류하였는데 선교 활동을 위한 거주자가 가장 많았고, 공사와 영사를 비롯한 외국 공관원 및 고문관과 교사들이 뒤를 잇고 있으며, 상업적 목적으로 상주한 서양인도 소수 있었음을 제시하고 있다.

제목	저자	시기	주제
Asia Polyglotta nebst sprachatlas	Klaproth	1823	한국어 어휘
Nippon, Archiv zur Beschreibung von Japan und dessen Neben-und Schutzlaendern	Siebold	1832	한국어 소개 (문법, 비교)
Remarks On the Corean Language	Charles Gutzlaff	1832	한국어 소개 (문자, 음운)
The Corean Syllabary	Charles Gutzlaff, Morrison	1833	한국어 소개 (음절)
Aperou de la Langue Coreenne	de Rosny	1864	한국어 음운과 어휘
Des affinités du japonais avec certaines langues du continent asiatique(8VO)	de Rosny	1869	일본 언어와 아시아 언어
A Comparative Study of the Japanese and Korean Languages	W. G. Aston	1879	한일 언어 비교
A Comparative Study of Korean and Japanese	W. G. Aston	1879	한국어와 일본어 음운, 어휘비교
A Proposed Arrangement of the Korean Alphabet	W. G. Aston	1880	한국어 소개 (음운)
On the Corean, Aino and Fusang Writings	Terrien de Lacouperie	1892	문자와 표기 비교
Touching Burmese, Chinese and Korean	E. H. Parker	1893	한중 언어 비교
The Onmun-When Invented	W. G. Aston	1895	한글 창제
Notes sur les differents systemes d'ecriture employes en Coree	M. Courant	1895	어휘 관련
Writing, Printing and the Alphabet in Corea	W. G. Aston	1896	한글의 기원
Notes sur les etudes coreennes et japonaises	M. Courant	1899	한국어와 일본어 학습 방법

〈표 Ⅲ-1-2〉 19세기 한국어 관련 학술 논문

위에서 제시한 자료 외에도 한국 전반의 소개에 한국어가 부분적으로 들어가 있거나 역사를 다루는 과정에서 한국의 문자를 언급하는 논의도 있으나 표에는 넣지 않았으며, 한국어 학습과 관련한 교재는 뒤에서 다루기로 한다.[4] 이 시기 한국어에 대한 관심의 동기가 지적 호기심을 충족시키거나 종교적 목적에 있다 하더라도 이 시기 한국어에 대한 다양한 저술은 외부에 알려지지 않았던 한국을 소개하는 통로 역할을 톡톡히 했다. 특히 한글의 존재와 창제 원리는 연구자들의 주목을 끌기에 충분했던 것으로 보인다. 중국에서 영향을 받았다거나 산스크리트어를 모방했다거나 심지어 일본의 신대 문자에서 발전했다는 주장[5]까지 다양하다. 하지만 중요한 것은 이러한 논의가 한글과 한국어에 대한 본격적인 연구와 논의의 출발점이자

---

[4] 한국을 소개하는 가장 오래된 자료는 아마도 우리에게 익숙한 하멜의 『하멜 표류기』(Narrative of an Unlucky Voyage and Imprisonment in Korea)(1668)를 들 수 있을 것이다. 이후에는 『Commercial History of Corea and Japan』(1771), 『Nachrichten von der Halbinsel Corea in Asien』(1796), 『Voyage de La Perouse autour du Monde public conformient au decret』(1797), 『Voyage of His Majesty's Bhip "Alceste" along the Coast of Corea to the island of Lewchew』(1817), 『Account of a Voyage of Discovery to the West Coast of Corea and the Great Loo-choo Island』(1818), 『Memoires sur l'electro puncture consideree comme moyen nouveau de traiter la goutte, les rhumatismes et affections ner- veuses, et sur l'emploi du moxa japonais en France 』(1825), 『Nippon, Archiv zur Beschreibung von Japan und dessen Neben-und Schutzlaendern』(1832) 등 20종 이상이 있음을 연구자가 확인하였으나 단순히 한국을 언급하거나 한국어 어휘 몇 개를 기재한 정도이다. 이는 한국어에 대한 인식으로 보기 어렵기 때문에 표에서는 제외하였다. 또한 메드허스트가 엮은 『Translation of a Comparative Vocabulary of the Chinese, Corean, and Japanese Languages』(1835)를 비롯한 사전류 역시 목록에서 제외하였다. 다수의 한국어 연구가 실린 『Korean Repository』 잡지와 『Korea Review』는 뒤에 다시 언급하기로 한다.

[5] 애스턴(1895:508)에서도 이러한 문자 기원 논쟁에 대해 다루고 있는데 이 가운데 "일본 신대문자에 대한 논의는 개연성 있는 것이 아니며, 이러한 논의는 완전히 해체되어 프랑스 학자 de rosny를 제외하고는 어떤 지지자도 존재하지 않는다."는 흥미로운 내용도 살펴볼 수 있다.

한국어를 인식하는 계기가 된다는 점이다. 특히 '언문일치'를 비롯한 자국어 인식이 이제 막 성립되기 시작한 당시의 한국과 달리 이러한 제약이 없거나 적었던 서양의 연구자들에게 한국의 언어 체계는 매우 흥미로운 소재였다고 할 수 있다.

1892년 발간을 시작한 『코리안 리포지토리』 1권에서 헐버트(Homer Bezaleel Hulbert)는 한글에 관한 두 편의 학술 논문을 게재했다. 「The Korean Alphabet」이란 제목의 글에서 헐버트는 한국의 문자 체계의 기원[6]과 발전에 대한 내용을 다루고 있다.[7]

(1) 당시 한국인들은 문자 창제를 위해 어떤 원천들을 사용했던 것인가? 첫 번째는 우리가 따로 살펴보아야 하는 중국의 문어이다. 상상의 나래를 펼치지 않고도, 우리는 한글이 중국의 표의문자에서 진화한 것이라고 생각할 수 있다. 두 번째는 절들에 있던 티베트의 경전들이다. 불교는 그리스도의 시기, 혹은 약간 더 이후에 한국에 도입되었으며, 이후부터는 한반도에서 항상 중요한 역할을 했다. 국가

---

[6] 헐버트 본인의 생각인지 분명하게 밝히고 있지 않지만 같은 제목의 두 번째 글에서 헐버트는 한국인 사이에 구전되는 내용이라고 하면서 한글의 '창문상형기원'에 대한 내용을 싣고 있다. 에카르트 신부가 처음 제시했다고 하는 이 가설의 시작은 사실 헐버트에서 시작된 것으로 보인다. 헐버트가 여기서 "우리는 어떤 문자도 이보다 더 단순하게 고안될 수 없을 것이며, 또한 이보다 더 실제로 과학적인 계획을 따를 수 없을 것이라는 점을 인정해야 한다. 완벽한 문자는 가장 높은 정도의 단순성과 가장 광범위한 범위의 소리를 내는 힘을 결합하는 문자이기 때문이다."라고 기술하면서 이러한 구전(interesting tradition)에 상당 부분 신빙성을 가지고 있었음을 알 수 있다. 헐버트의 다른 논의에서도 산스크리트어나 티베트어와 한글 창제의 관련성을 언급한 내용을 볼 수 있으며, 익명의 한국인 학자 'Yi Ik Seup'과 이와 관련해 격렬한 논쟁을 벌이기도 한다.

[7] 이를 계기로 게일(Gale)과 지면을 통해 한글 창제에 대해 치열하게 다투게 된다.

의 역사에서 우리는 불교 신앙이 중국에서 비롯되었다는 저서들을 빈번하게 읽었다. 산스크리트 경전들 또한 들어왔지만, 훨씬 더 적은 숫자였다. 이러한 것들은 수 세기 동안 국가에 존재했던 순수한 문자들이며, 한글의 원천을 찾기 위해 우리가 본능적으로 향하게 되는 저서들이다. Hulbert(1892),「The Korean Alphabet」,『Korean Repository』Vol. I, pp. 8-9. 저자 역

헐버트는 이 글에서 내적인 동기와 함께 외적인 동기를 살피는 일이 '한글' 창제의 기원과 의미를 밝히는 데 중요한 일임을 기술하였다. 여기서 주목할 점은 이전에 나왔던 논의와는 다르게 '한글 창제'의 역사적 근거를 찾으려는 노력을 시도했다는 점이다.[8] 한국의 문자가 중국의 영향을 받았다는 논의는 이전에도 여러 차례 언급된 바가 있다. 독일의 선교사인 귀츨라프(Gützlaff)나 영국의 외교관인 애스턴(Aston), 프랑스의 언어학자인 로니(rosny) 역시 저술에서 이러한 내용을 밝히고 있다. 다만 중국 문자와의 관련성과는 별개로 한국의 문자 체계를 하나의 독립된 고유 문자 체계로 인식하고 있다는 점[9]은 주목할만한 점이라 할 수 있다.

---

8   인용한 글에 앞서 선사시대부터 삼국시대, 주변국과의 관계, 사대주의 등 역사적 배경에 대해 비교적 상세하게 기술하고 있다.

9   근대에 접어들면서 자국어에 대한 인식이 여러 방면에서 나타나기 시작했고, 특히 동아시아 지역에서 두드러지게 나타나게 된다. 장윤희(2015:172)에서는 표음 문자를 보다 발전한 문자로 보는 인식이 근대 이행기의 한중일에서 모두 발견되는 것으로 일본의 경우 '로마자 국자론'이 제기되거나 중국의 경우 한자의 표음 기능을 보완하고 독음을 통일하기 위한 병음 부호 창안 과정에서 중국 문자를 병음 문자로 대체하자는 주장 등을 사례로 제시한 바 있다. 다만 한국의 경우 중국이나 일본에서와는 달리 로마자나 다른 문자로 대체하자는 주장이 나타나지 않은 이유로 국문이 서구 알파벳과 같은 성격의 음소문자이기 때문일 것으로 추정하고 있다. 고경민(2017:14)에서는 근대 국문 사용의 필요성을 기술한 헐버트의『사민필지』를 인용하여 당시 국문의 표준화는 모국

(2) 이러한 여러 국가들이 중국의 문장 방식을 채택했을 때 이들은 또한 문자의 본래 음들을 도입했다. -중략. 대부분의 백성들은 중국 문어를 읽는 방법에 대해 알고 있었지만 그럼에도 불구하고 이들은 더 큰 편의를 위해 자신들의 음성 기관에 고유하게 맞추어진 문자를 사용하기 시작했다. 이는 일본의 음절 체계에 대한 이론과 유사하다. Gutzlaff(1832), 「Remarks on the Corean language」, 『Chinese Repository』 Vol. I, pp.277-278. 저자 역

이 밖에 특이할만한 점으로 애스턴(Aston)의 논의를 살펴볼 수 있다. 얼마 전 논란이 된 『동려』(東麗)라는 한글 창제와 관련한 서적에 『홍무정운』의 '반절' 원리가 훈민정음에 음운학적 영향을 주었다는 내용이 담겨 있다.[10] 이전에도 중국의 음운 체계나 형식적 틀이 훈민정음 창제에 직간접적인 영향을 주었다는 점은 학자들 사이에서 언급된 부분이지만 1895년 영국의 외교관인 애스턴이 이를 기술한 점은 꽤 흥미로운 부분이 아닐 수 없다.[11]

어 글자의 통일이라기보다 국문을 중심으로 글을 쓰고, 국문 사용을 활성화하자는 의미로 보는 것이 맞을 것으로 기술하고 있다. 헐버트는 『사민필지』에서 "죠션 언문은 본국 글ᄌ 뿐더러 션비와 빅셩과 남녀가 널니 보고 알기 쉬오니 슬프다 죠션 언문이 즁국 글ᄌ의 비ᄒ야 크게 요긴ᄒ것마ᄂ 사ᄅᆷ들이 긴ᄒᆫ 줄노 아지 아니ᄒ고"라고 하며, 한국어와 문자에 대한 견해를 제시한 바 있다. 근대계몽기 국문론과 관련한 연구는 허재영(2010)에서 상세히 다루고 있다.

10 사실관계를 더 파악해야 할 부분이겠지만 현재 이 서적은 훈민정음 상주본 소장자로 알려진 배익기 씨의 소장으로 알려져 있으며, 관련 기사는 다음과 같다. 「중국 홍무정운 '반절' 원리, 훈민정음에 음운학적 영향」, 『매일신문』, 2019-12-05 기사
(https://news.imaeil.com/Society/2019120416490353958)

11 이밖에 산스크리트어와의 관련성에 대한 언급에서도 유교 국가인 조선에서 의도적으로 불교와 관련한 언급을 피했기 때문에 드러나지 않은 것으로 기술하고 있다.

(3) 단연코 한국 문학의 가장 중요한 부분은 중국어이며, 물론 이러한 문학은 중국 문자로 적혀있다. - 중략. 그러나 아마도 창제자는 'Hung-wu sound'로 알려진 중국 한자 소리 분류를 고려했을 것이다. 이 한자 소리 분류는 산스크리트어 문자 연구를 기반으로 한 것이다. - 중략. 한 가지 측면에서 한글(저자는 언문)은 중국의 한자를 모방하고 있다. 문자들을 음절로 묶는 것은 중국 한자가 쓰이는 획과 동일한 순서, 즉 왼쪽에서 오른쪽으로 그리고 위에서 아래로의 순서를 따른다. Aston(1896), 「Writing, Printing and the Alphabet in Corea」, 『Journal of the Royal Asiatic Society of Great Britain and Ireland』 Vol. 27, pp 508-510. 저자 역

서양인 연구자들의 한국어 인식을 비교해 볼 수 있는 준거 자료로 이들이 한국에 오기 전에 또는 한국어에 대한 저술 이전에 다른 언어에 대해 저술한 내용을 살펴볼 수 있다.

중국의 최초의 문법서로 알려진 『Arte de la Lengua Chio Chiu』(1620)[12]의 구성을 살펴보면 1장에서 발음 2장에서 어형변화를 다루고 있고, 3장에서 동사의 활용, 4장에서 부사, 5장에서 불변화사, 6장에서 접속사, 7장에서 부정, 8장에서 질의응답으로 이루어져 있다. 19세기 후반에야 비로소 본격적인 한국어 문법서가 출간되었으니 시기적으로는 꽤 차이가 난다.[13]

---

[12] 기존에는 『Grammatica sinica』(1696)가 최초의 중국어 문법서로 알려졌으나 조경환(2017)에서 이러한 내용을 밝힌 바 있다. 저자는 아직 미발굴된 자료 가운데 이보다 앞선 문법서가 있을 수 있다는 점을 언급하였다. 본서에 기술된 『Arte de la Lengua Chio Chiu』의 구성 소개는 조경환(2017)의 내용을 인용했다.

[13] 최초의 한국어 문법서를 하나로 단정 짓기는 어려우나(문법서의 기준이 다르므로) 1877년에 간행된 로스(Ross)의 『A KOREAN PRIMER』와 1881년에 간행된 리델(Ridel)의 『Grammaire Coreene』를 최초의 문법서로 볼 수 있을 것이다.

중국에서 저술 활동을 한 연구자 중에는 한국어에 대한 연구를 함께 진행한 연구자들이 있는데 대표적으로 앞서 살핀 귀츨라프(Karl(Charles) Friedrich August Gützlaff)와 모리슨(Robert Mirrison), 에드킨스(J. Edkins)를 살펴볼 수 있다. 귀츨라프가 처음 한국어에 대한 서술 활동을 한 것이 1832년에 게재한 「Remarks on the Corean language」인데 중국에서 중국어 문법서를 펴낸 것은 1842년이다. 그가 저술한 『Notice on Chinese Grammar』의 구성을 살펴보면 이미 문법서에서 다루어야 할 품사와 서법 등을 상세히 다루고 있음을 알 수 있다. 1832년에 잠시 다녀간 조선의 언어를 기술하는[14] 데 있어 중국어 문법서와 직접적인 비교는 어렵겠지만 귀츨라프의 한국어 관련 논문은 구체화되지 않고, '인식'의 단계에서 멈춘 사례로 볼 수 있겠다.

알렉산드로 아파나시예비치 포테브냐(2016:39)는 사고와 대상 간의 일치는 인간 노력의 지속적인 목표이며, 인간은 무엇보다 먼저 자신의 주관적인 방법을 통해 그 목표에 가까워지고, 이후 가능한 한 그 사물을 그 주관성으로부터 해방시키려 한다고 언급한 바 있다. 즉 앞선 한글에 대한 연구자들의 주관적 경험(아마도 자신의 지식을 바탕으로 한 체험적 가치)은 끊임없는 객관성 확보를 목표로 한 것이며, 이러한 객관성 확보의 결과물이 한국어를 단순한 인식의 단계에서 교육의 대상으로 이끈 주요한 원인 중의 하나로도 볼 수 있다는 것이다. 이와 같은 관점은 언어 연구에서 말하는 '객체로서의 언어에 대한 인식'으로도 설명이 가능하다. 안예리(2019:43)에서는 안토니오 데 네브리하(Antonio de Nebrija)의 저작인 『라틴어 입문』

---

14 대조적으로 중국에 머물면서 선교 활동을 했던 로스(J. Ross)의 경우 최초의 한국어 성경 번역 작업은 물론 앞서 제시한 『A Korean Primer』(1877)과 『Korean Speech, with Grammar and Vocabulary』(1882)를 저술하였다.

(1481)과 『카스티야어 문법서』(1492)를 객체로서의 언어에 대한 인식을 대표적으로 보여준 사례로 제시하고 있다. 여기서 말하는 '객체로서의 인식'의 근거는 '도구적 언어관'과 '규범화 의식'이 바탕이 된 근대적 언어관의 확립이다. 물론 이러한 규범화가 반드시 근대화는 아닐 것이며, 근대화가 곧 언어의 객관화(객체화)가 되는 것도 아니다. 여기서 언어의 근대화 또는 근대적 언어관의 정립에 대해 논의할 것은 아니지만 분명한 것은 이러한 언어의 객관화가 단순한 호기심과 인지의 차원에서 '분석적 인식'의 단계로 나아갈 수 있게 하다는 점이다. 새로운 무언가를 연구하는 일은 결국 내가 알고 있던 무언가와의 비교[15]를 전제로 이루어지는 것이며, 그러한 차이점이 모여 하나의 새로운 특징을 포착하는 것이라 할 수 있다.

2) 연구 대상으로서의 한국어

한국어에 대한 인식의 다음 단계로 상정할 수 있는 단계는 '한국어에 대한 이해 단계'이다. 여기서는 '이해 단계'를 구체적으로 알 수 있는 사례로 이 시기 서양인 연구자들의 '학술 논문'을 살펴보고자 한다. 앞서 '한국어 인식'의 기준으로 제시했던 것이 한국어의 형식적 특성을 파악하거나 어휘와 발음처럼 비교가 가능한 것, 그리고 주변국의 언어적 특징을 포착하는 과정에서 한국어와 비교하는 것 등이다. '한국어 이해'의 단계는 여기서 더 나아가 한국어와 모국어와의 관련성을 살피거나 비교가 이루어지는 것

---

[15] 보통 중국이나 일본에 먼저 입국한 선교사들에 의한 저작은 당연하게도 그들이 먼저 익힌 중국이나 일본어와의 비교 연구에서 출발하는 경우가 많다. 앞서 언급한 '귀츨라프'나 '에드킨스' 같은 경우가 대표적이라 할 수 있겠다. 에드킨스(Joseph Edkins)는 중국과의 관련성 외에도 그의 글 「Korean Affinities」에서 구문론에 관한 한 한국의 언어는 다코타 인디언들과 밀접한 관련이 있다고 언급한 바 있다.

과 한국어의 언어 체계 및 문법을 이해하는 것, 언어 분석이나 해석 과정에서의 결과물이 있는 것으로 제시한 바 있다. 앞에서 '한국어 인식'과 관련한 학술 논문들이 주변국의 언어와 비교하거나 어휘를 제시하거나 형식적인 문자 체계를 중심으로 서술된 것이라면 여기서 살펴볼 논문은 문자를 포함한 한국어의 언어 체계 및 품사, 문법적인 내용을 포함한 것이다.[16]

19세기 후반 선교사들이 입국하고, 포교 활동을 하면서 자연스럽게 종교적인 목적[17]과 한국에 대한 정보 공유를 목적으로 한 간행물이 만들어지게 된다. 이 중 한국 최초의 영문 잡지로 알려진 『Korean Repository』는 감리교 선교사 올링거(Ohlinger)에 의해 간행이 시작된 잡지[18]로 유영렬(2004)에서는 한국의 정치, 경제, 문화, 풍습, 종교, 언어 등을 해외에 알리는 데 공헌하고, 외국인들에게 한국 사회에 대한 인식을 심어준 데 커다란 역할을 한 것으로 소개하고 있다. 『Korean Repository』 이후에는 한국의 민속학을 중심으로 편찬된 『The Korea Review』나 한국학연구의 종

---

[16] '한국어 인식'과 '한국어 이해'가 명확하게 구분되는 것도 아니고, 실제 명확하게 구분을 한다고 해서 이것 자체가 학술적 의미를 갖는 것은 아니다. 구분을 위한 것이 아닌 '한국어교재'라는 구체화된 결과물을 조금 더 면밀하게 살피기 위한 과정의 일환으로 보는 것이 맞을 듯하다.

[17] 여기서의 '종교적 목적'에 해당하는 간행물은 '개신교'를 말하는 것으로 실제 가톨릭에서 발간한 월간 기관지가 없는 것은 아니나 언어에 대한 전문적인 글은 찾아볼 수 없어 제외하였다. 성골롬반외방선교회의 월간지인 『극동』이 그러한데 『극동』은 1933년 11월부터 1953년 12월까지 총 90편의 글이 실린 가톨릭 잡지이다. 박경일 외(2018:8)에서는 이 잡지가 조선 천주교 신앙의 초기 정착 과정과 조선의 문물, 생활양식, 산업, 선교사들의 조선 생활 체험담들, 일제의 조선 통치하의 선교활동 등을 다루고 있으며, 현재의 광주교구와 춘천교구를 중심으로 활동하던 선교사들을 중심으로 집필되었다고 기술하고 있다.

[18] 삼문출판사를 설립한 아펜젤러(Henry Gerhard Appenzeller)가 올링거(Ohlinger)가 함께 발간을 맡았으며, 이후 헐버트 등이 발간에 참여한 것으로 알려져 있다.

합 학술지라 할 수 있는 『TRANSACTION』, 선교 중심 잡지인 『Korean Mission Field』, 『The Korea Magazine』 등이 간행되었다. 현재까지 계속 출간되고 있는 왕립아시아학회 한국지부의 『TRANSACTION』을 제외한 나머지 4종의 잡지를 검토한 결과 『Korean Repository』에서는 총 22편의 한국어 관련 연구를 살펴볼 수 있었고, 『The Korea Review』에서는 20편, 『The Korea Magazine』에서 26편, 『Korean Mission Field』에서 4편의 한국어 및 한국어교육과 관련한 연구가 이루어졌음을 확인할 수 있었다. 본서에서는 이 가운데 한국학 연구가 본격적으로 이루어진 『Korean Repository』를 중심으로 사례를 살펴보기로 한다.[19]

전체 22편의 글 가운데 한국어 문자에 대한 글이 9편으로 가장 많으며, 특히나 한글 창제 원리에 대한 논의가 가장 활발하다. 특히 한 사람의 저자가 해를 거듭하며 보완된 논리와 자료를 통해 한국어 연구에 대한 보편성과 특수성을 획득하는 과정을 볼 수 있다는 점에서, '한국어 인식' 단계의 논의들과 시기적으로는 큰 차이가 없지만 아래의 논의들을 '한국어 이해' 단계의 논의로 분류하였다.[20]

---

[19] 다른 학술지에 실린 상세한 내용은 이후 별도로 논의하기로 하며, 여기서는 간략한 정보만 기재한다. 목록에 있는 'Yi Ik Seup'은 익명의 한국인 학자로 서양인 연구자는 아니지만 헐버트와의 관련 논의가 있어 제외하지 않았다.

[20] 『Korean Repository』를 기점으로 이전의 논의들 전부가 '인식' 단계에 머물렀다거나 이후의 논의들 모두가 '이해'의 단계에서 집필된 것은 아니며, 이는 연구자 개인의 연구 역량이나 한국어 경험, 연구 환경 등에 따른 것으로 표에서 제시한 글 중에도 개별적으로 보면 전문적인 한국어 연구로 보기 어려운 내용도 포함되어 있다. 예를 들어 존스(Geo. Heber Jones)는 「Studies in Korean – Korean Etymology」(1892)에서 달, 구름, 눈, 이슬 등의 어원을 제시하고 있는데 '달(Moon)'은 "스며들거나 퍼지는 것을 의미하는 동사 'tal hata'의 어간"에서 온 것이며 '구름(Cloud)'은 "kur=높음과 그림자 혹은 어두움으로 옮길 수 있는 eum(음)에서 비롯된 말"로 '눈(Snow)'은 "쌓아올리다는 nu(누)와

	제목	출판시기	저자	중심 주제
1 2	The Korean Alphabet (1-9), (69-74)	1892	H. B. Hulbert	한국어 문자
3	Review English-Korean Dictionary	1892	H. G. Appenzeller	어휘 비교
4	Standard for Spelling Korean Proper Names	1892	편집부	한국어 문자
5	Romaniztion of Korean	1892	편집부	한국어 표기
6	Notes on The Korean Alphabet	1892	편집부	한국어 문자
7	The Alphabet (Panchul)	1892	Yi Ik Seup	한국어 문자
8	Studies in Korean - Korean Etymology	1892	Geo. Heber Jones.	한국어 어휘
9	The Inventor of The Enmoun	1892	J. S. Gale	한국어 문자
10	Korean Reforms	1895	H. B. Hulbert	한국어 문자
11	Romaniztion of Korean Sounds	1895	W. M. Baird.	한국어 발음
12	A Korean Katakana	1895	W. H. Wilkinson.	한국어 문자
13	Kinship of The English and Korean Languages	1896	Arraisso.	한영 언어비교
14	Review of The Gospel of Mark	1896	W. M. Baird.	한국어 어휘
15	Korean Affinities	1896	J. Edkins.	한국어 특성
16	The Korean Alphabet	1896	H. B. Hulbert	한국어 문자
17	Monosyllabism of The Korean Type of Language	1896	J. Edkins.	한국어 음절
18	Sanscrit in Korea	1897	J. Scott.	한국어 문자
19	Difficulties of Korean	1897	J. S. Gale	한국어 문법

eun(은)=silver이 합쳐진 것으로 한국인들의 생각은 쌓인 은"으로 '이슬(Dew)' 은 "이점을 뜻하는 I(이)와 열매를 맺게 만드는 seul(슬) 혹은 sil(실)에서 파생된 것"으로 기술하고 있다. 이와 달리『Korean Repository』이전에『The china Review』에 실린 논문 중 한국어 문법과 다른 나라(투라니아) 문법을 비교한 로스(J.Ross)의「The corean Language」(1878)나 한국어 문법과 구결에 대해 상세히 다룬 매킨타이어(John Macintyre)의「Notes on the corean Language」 (1880, 1882)는 한국어에 대한 매우 깊은 이해를 바탕으로 저술된 논문이다.

20	Korean Writing	1897	J. Edkins.	한국어 쓰기
21	The Korean Verb "To Be"	1898	W. M. Baird.	한국어 문법
22	Etymology of Korean Numerals	1898	J. Edkins.	한국어 어휘

〈표 Ⅲ-1-3〉「Korean Repository」에 실린 한국어 학술 논문

인식에서 이해로의 전환을 살펴보기 위해 사례로 살펴볼 연구자는 헐버트이다. 헐버트는 앞에서 살핀 것처럼 1892년에 두 편의 글을 게재한 바 있다.

(4) 한글을 독특하게 각진 형태라고 단언하는 것이 정확하다. 이러한 점에서 한글은 도표에 있는 다른 세 개의 문자들과 크게 차이를 보인다. 이러한 각진 형태의 원인은 쉽게 발견되며, 이는 다른 문자들이 한글의 잠재적 기원일 가능성을 가로막지 않는다. -중략. 티베트어와 산스크리트어를 비교하게 되면, 전자가 후자로부터 파생되었다는 주장의 증거를 금세 볼 수 있으며, 우리는 또한 파생된 문자가 항상 이전 모델보다 더 단순하다는 법칙의 증거를 볼 수 있다. 내적 증거는 한글의 기원으로 산스크리트어보다는 티베트어를 강하게 가리킨다. -중략. 우리가 고려한 모든 것들은 한글이 티베트어에서 대부분의 자음 형태를 가져온 반면 독창적인 모음을 고안해냈으며, 문자들을 조합하는 자체 방법을 창조했을 뿐 아니라 자체적인 거센소리와 된소리 방법을 창조했으며, 다소 놀라운 것은 순전히 표음 방식의 맞춤법을 생각해냈다는 점이다. -후략. Hulbert(1892), 「The Korean Alphabet」, 『Korean Repository』 Vol. I, pp. 71-74. 저자 역

이후 1896년에 같은 제목으로 글을 게재하였는데 기술한 내용의 정확성과는 별개로 앞선 글에서는 찾아볼 수 없었던 자료의 출처나 부족했던 논리를 보완한 점을 확인할 수 있다.

(5) 나는 내 이론을 확증하기 위해 제공할 새로운 자료가 없었기 때문에 지금까지 그대로 있었으며, 이제 나의 입장을 뒷받침해 줄 역사 기록을 인용할 수 있게 되어 매우 기쁘다. -중략. 언문 창제에 두 개의 원천들이 사용되었다는 사실은 세종대왕이 음을 만들어낼 때 음성기관의 모습을 보여주는 형태에 따라 문자들을 만들어냈다는 이익섭의 주장 혹은 상상을 반박한다. -중략. 이것은 자모, 혹은 '자식과 어머니'로 불렸으며, 여기에서 자음들은 자, 모음들은 모에 해당되었다. 즉, 모음들은 기준을 형성하며, 여기에 자음들이 붙여진다. 이는 한글이 만주어, 몽골어, 티베트어, 산스크리트어, 팔리어, 셈어와 달리 본질적으로 소리 문자라는 의견을 확인시켜준다. -중략. 중국어와 티베트어에서 빌려온 것은 무지하거나 맹종적인 것이 아니었으며, 유용한 부분들에 대한 세심한 선택이자, 과학적 계획에 따른 개조였다. 이에 따른 결과는 현존하는 가장 단순하면서도 이해하기 쉬운 완벽한 문자이다. Hulbert(1896), 「The Korean Alphabet」, 『Korean Repository』 Vol. III, pp. 233-237, 저자 역

1896년에 게재한 글에는 앞선 글에 대한 보완은 물론 1892년 논문을 반박한 글을 재반박하는 내용도 포함하고 있다.[21] 훈민정음 창제에 대해 기술한 내용의 사실 여부를 떠나 한국인과 훈민정음 창제에 대해 논쟁을 벌일 만큼 헐버트의 한국어에 대한 이해와 연구 수준이 상당함을 알 수 있다. 또한 앞선 글에서 티베트 문자 기원에 대해 강하게 주장했던 것과 달리 모음을 중심으로 견해의 방향을 바꾼 점이나 표음 문자의 특성에 기인한 설명 등이 추가되었음을 볼 수 있다.

한국어에 대한 언어 체계와 문법을 이해한 사례는 베어드[22]의 글을 확인

---

[21] 익명의 학자 'Yi Ik Seup'과 헐버트의 논쟁에 대한 상세한 내용은 이상현(2016)을 참고할 수 있다.

[22] 베어드 선교사의 부인인 Annie L. Baird(한국이름 안애리)에 의해 간행된 『fifty helps for the beginner in the use of the korean language』의 초판 발행일이 1896년임을 감안할 때 교재 출간 이후에도 베어드 선교사의 한국어 연

해 볼 수 있다. 베어드의 「Romaniztion of Korean Sounds」(1895)는 한국어의 발음에 대한 연구로 현대 국어의 '표준 발음법'과 같이 자모의 발음을 상세히 다루고 있다. 특히 단모음과 이중모음을 정확하게 구분하고, 두 개의 음소가 결합해 이루어진다는 점을 기술하고 있다. 일반적으로 현대 국어에서 분류한 이중모음 체계와 비교해도 크게 다르지 않다.

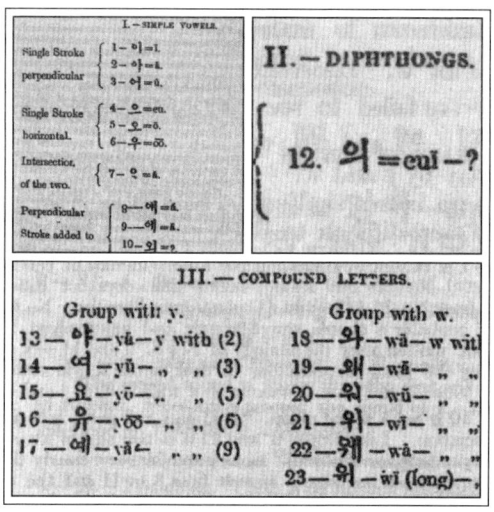

〈그림 Ⅲ-1-1〉 「Romaniztion of Korean Sounds」(1895)에 실린 모음 체계

이에 대해 저자는 다음과 같은 설명을 덧붙이고 있다.

(6) 복합 문자(Compound letters)는 자연스럽게 두 개의 그룹으로 나뉜다. 'y', 'w'가 앞에 붙어 형성된다. 이를 편의상 이중모음이라

구가 계속되었음을 알 수 있다. 이 교재에 대한 분석은 오대환(2020)에서 자세히 볼 수 있다.

고 부를 수도 있겠지만 웹스터[23]가 보여주듯이, 처음의 'y'와 'w'는 모음이 아니라 자음이다. 따라서 그들은 진정한 이중모음이 아니라 단순히 문장에 있어서 받침의 형태가 아닌 결합의 하나이며, 2, 3, 5, 6, 9번 문자[24]에 'y' 소리가 한 획 더해진 것이다. William M. Baird(1895), 「Romaniztion of Korean Sounds」, 『Korea Repository』 Vol. Ⅱ, pp. 161-175, 저자 역

모음 체계에 대한 언급은 이전 시기에 나온 달레(Dallet)의 「La Language Coreenne](1874)[25]를 비롯해 다른 논문이나 교재에도 나온 적이 있지만 현대 국어에서 말하는 '반모음'(활음)의 결합을 통한 이중모음 체계를 이렇게 상세히 다룬 논의는 찾아보기 힘들다. 같은 저자가 1898년에 게재한 「The Korean Verb "To Be"-a monograph on 이오 and 잇소」는 한국어 동사 '있다'의 활용과 쓰임에 대해 논의한 글이다. 여기서는 '잇소'와 '이오'를 '평서'(현재-미래-과거)[26], '의문'[27], '가정'[28], '양보'[29], '명령'[30], '인과(원인)[31]', '동사적 명사'[32], '분사'[33], '연결'[34], '다양한 형태'[35]로 분류하여 이를 자세히 설명하고 있다.[36] 이 시기 나온 학술 논문이나 교재에서 한국어의 문

---

[23] 1828년 출간된 『Webster's Dictionary』를 말하는 것으로 보임.
[24] 단모음 아, 어, 오, 우, 에
[25] 여기서는 'Diphtongues'로 분류하고 13개의 모음을 제시하고 있다.
[26] 잇소(이오), 잇겟소(이겟소), 잇섯소 등
[27] 잇더냐(일더냐), 잇스릿가(이릿가) 등
[28] 잇ᄉ면(이면), 잇겠ᄉ면(이겠더면), 잇겟거든(이겟거든) 등
[29] 잇ᄉ도(이라도), 잇거니와(이어니와) 등
[30] 잇거라, 잇자, 잇셰 등
[31] 잇눈고로(인고로), 잇기에(이기에), 잇기로(이기로) 등
[32] 잇기(이기), 잇슴(임) 등

법범주가 현대 국어와 같이 분류되어 나오는 것은 아니지만 서법과 시제의 개념을 적용한 연구이자 한국어에 대한 이해 수준을 엿볼 수 있는 논의라 할 수 있겠다.

1.3. 한국어교재의 구체화

1) 이해와 구체화의 경계

앞서 학술 논문을 '인식과 이해'라는 단계로 보고, 이러한 특징을 살펴볼 수 있는 사례를 살펴보았다. 인식에서 이해로 나아가는 단계는 분명 학술적으로 발전된 논의로 이어지는 것이며, 한국어에 대한 심층적 연구의 결과로 볼 수 있을 것이다. 하지만 앞서 언급한 바와 같이 '인식과 이해' 단계의 다음 단계가 '구체화'가 되는 것은 아니다. 우리는 근현대에 저술된 다수의 한국어교재가 '인식과 이해'의 단계를 거치지 않고, 간행되었다는 점을 알고 있으며, '구체화'의 선행 단계로 '인식과 이해'를 필수적으로 요구하지 않음도 알고 있다. 그럼에도 불구하고, '인식과 이해'가 선행된 한국어교재의 체계와 내용이 그렇지 않은 교재와 분명한 차이가 있을 것도 충분히 예상해 볼 수 있다. 여기서는 구체화의 사례로 게일의 저술을 살펴볼 것이다.

게일(James Scarth Gale)은 1889년 캐나다 토론토에서 파송 임무를 받아 한국에 오게 되었다. 이전에 한국어 학습에 대한 다른 기록이 없는 것으로 보아 게일이 한국어를 본격적으로 배우게 된 것은 1889년부터이며[37],

---

[33] 잇눈(인), 잇던, 잇게 등
[34] 잇거놀(이어놀), 잇고(이고), 잇지(이지) 등
[35] 잇눈가(인가), 잇던지(이던지), 잇거니(이거니) 등
[36] Annie L. Baird가 발간한 『Fifty helps for the beginner in the use of the korean language』(1896, 1911)보다 분류 기준이 더 상세하다.
[37] 김수진(2010:71)에서는 게일이 1889년 3월 한글을 배우기 위해 황해도 장연

이로부터 3년 뒤 한국어와 관련한 논문과 저서를 출판하기 시작한다. 한국의 언어를 비롯해 한국 문화, 역사, 고전문학에 이르기까지 게일은 선교사라는 직업 이상의 업적을 남긴 인물이다.[38] 게일의 한국어 관련 연구에서 저자가 가장 관심을 많이 갖고 집필한 내용은 한국어 문법에 대한 것이다. 또한 이러한 연구의 결실로 집필한 것이 『Korean Grammatical Forms』(亽과지남)이라는 문법 중심의 한국어교재이다. 1894년 초판이 나온 이후 1903년 재판, 1916년 개정판이 나왔다.

우선 교재로 편찬된 『Korean Grammatical Forms』(이하 사과지남)의 초판(1894)과 간행본(1916)의 서문을 살펴보면 교재의 편찬 목적에서 작은 변화가 있었음을 알 수 있다.

(7) 서두를 대신하는 것으로 나는 누군가 한국어의 동사 어미와 연결사(접속사)를 배우기 전까지는 번역을 하거나 일반적인 말하기를 정확하게 사용하는 것도 불가능하다는 점을 말하려고 한다. -중략-
마지막의 문장들은 동사의 형식을 분명하게 보여주는 동시에 한국인들을 잘 이해하기 위해 한국의 관습과 미신, 그리고 필요한 것들을 학생들에게 소개하려고 선택하였다. -중략. 이러한 연구가 다른 사람들에게도 유용하길 바라며, 한국어 지식에 도달하기 위한 하나

에 있는 소래교회로 향했고, 여기서 만난 한학자 이창직에게 한국어를 배웠다고 기술하고 있다.

[38] 게일을 포함한 초기 선교사 집단이 저술한 내용의 바탕에는 종교관의 차이에서 발생한 '한국'에 대한 오해나 불편한 시선 역시 포함하고 있다. 또한 제국주의적 언어관이 투영된 모습도 찾아볼 수 있는데 이는 이후 '제국주의와 언어관'이라는 주제로 후속 논의하기로 한다. 김재용(2019:197)에서는 구미의 오리엔탈리즘이 유럽에 국한되지 않고 일본의 오리엔탈리즘으로까지 확산되었고 이로 인해 식민지 조선을 비롯한 아시아 지역들이 복합적인 억압을 겪었다고 기술한 바 있다. 게일의 한국학 전반에 관한 면밀한 분석과 평가는 황호덕·이상현(2012)을 참고할 수 있다.

의 과정(단계)으로 이 책을 제공한다. - 후략. Gale(1894), 『사과지남』, 서문, 저자 역

먼저 초판본의 서문을 살펴보면 한국어교재라는 점을 명확하게 밝히고 있지 않다는 점을 알 수 있으며, 본인의 '연구'가 다른 이들에게 도움이 되길 바란다고 기술하고 있다. 또한 이 연구가 한국어 지식을 쌓기 위한 하나의 과정(단계)이라고 마지막에 언급한 것은 독자를 대상으로 말한 의도도 있겠지만 그것보다 저자 본인이 저술을 통해 연구와 이해의 폭을 넓혀가고 있다는 의미로도 볼 수 있을 것이다. 이와 달리 1916년의 간행본에서는 가장 처음에 책의 목적을 분명히 제시하고 있다.

(8) 이 책의 목적은 한국어를 배우는 학생이 한국어 구어를 쉽고 현명하게 사용할 수 있게 돕는 것이다. 이 책은 말하는 이들을 힘들게 하는 문제를 다룰 뿐 완전한 문법을 다룬다고 할 수 없다. - 후략. Gale(1916), 『사과지남』 개정판, 서문, 저자 역

이러한 서문의 변화는 교재 내용에서도 그 차이를 볼 수 있으며, 그 기간 본인의 활발한 한국어 관련 학술 활동이 그 차이를 만든 것으로 볼 수 있다. 아래는 게일의 한국어 관련 연구와 저작물을 정리한 것이다.

제목	출처 및 출판	시기	목적
The Inventor of the Enmon	Korean Repository Vol. I, The Trilingual Press.	1892	학술 논문 (한글 창제)
Korean Grammatical Forms	Trilingual Press	1894	한국어교재 (문법서)
Korean-English Dictionary	Kelly & Walsh	1897 1911 1931	사전 (영한사전)
Difficulties of Korean	Korean Repository Vol. IV, The Trilingual Press.	1897	학술 논문 (동사 '하다')
The Ni-t'u (Translation from Courant "Bibliographie Coreenne")	Korea Review Vol. I, METHODIST PUBLISHING HOUSE	1901	학술 논문 (한국의 한자 발음과 표기)
The Introduction of Chinese Into Korea	Korea Review Vol. I, METHODIST PUBLISHING HOUSE	1901	학술 논문 (한문의 도입)
The Korean Alphabet	Korea Branch R.A.S. Vol Ⅳ Part1.	1912	학술 논문 (한글 문자 체계 전반)
Korean Grammatical Forms, rev.ed.	The korean religious tract society	1916	한국어교재 (문법서)
Difficulties in Korean (전체 5편)	Korea Magazine I, YMCA Press	1917	학술 논문(한국어 소개 및 회화, 문법, 어휘 등 간략한 정보 제공
Modern Words and Korean Language	Korea Magazine I, YMCA Press	1917	학술 논문 (어휘 및 회화 일부)
The Korean Language (전체 4편)	Korea Magazine I & II, YMCA Press	1917	학술 논문(한국어 소개 및 회화, 문법, 어휘 등 간략한 정보 제공
Korean Language Study (전체 10편)	Korea Magazine II, YMCA Press	1918	학술 논문(한국어 문법 중심으로 한국어 학습 내용 제공)

〈표 Ⅲ-1-4〉 게일의 한국어(한국어교육 포함) 관련 저술

〈표 Ⅲ-1-4〉에서 보듯 게일은 한국어 문법이나 어휘와 관련해 다양한 논문은 물론 사전까지 간행하였고, 1916년 이후에는 본격적으로 한국어교

육 목적의 연속적인 학술 논문을 게재하였음을 알 수 있다.

교재로의 구체화는 두 가지 면을 살펴보고자 한다. 우선 학술 논문으로 게재한 내용이 실제 교재에는 어떤 형태로 실렸으며, 내용의 변화가 있거나 보완된 내용이 있는지 살펴볼 것이다. 다음으로 1894년 간행된 교재와 1916년에 간행된 교재가 '구체화'라는 측면에서 어떤 변화가 있었는지 알아볼 것이다.

1894년 『사과지남』 초판이 나오기 전에 게일의 공식적인 한국어 관련 저술은 『Korean Repository』 1권에 실린 한국의 문자(한글 창제)와 관련한 논의뿐이다. 따라서 교재 저술이 이 논의를 구체화한 것으로 보기는 어렵다. 『사과지남』 초판의 구성은 크게 동사의 활용 부분과 예문으로 구성이 되어 있는데 활용 부분은 '하다'를 중심으로 어미의 결합 형태와 의미에 대해 다루고 있고, 예문은 분야를 나눠 제시하고 있다. 문법부는 164개의 활용형에 대한 설명을 실었고, 예문부는 1098개에 해당하는 분야별 예문을 싣고 있다. 특히 예문부에 제시한 문장 중 활용에 해당하는 부분에는 번호를 붙여 문법부의 설명을 참고할 수 있게 한 점은 다른 교재에서는 볼 수 없는 학습자에 대한 배려로 볼 수 있다. 다만 서문에서 밝힌 것처럼 게일 본인이 참고할 수 있는 한국어 자료(특히 구어 자료)가 많지 않았기 때문에 『사과지남』 초판본에 실린 예문부는 이 시기 한국어 학습용으로 많이 사용되었던 『交隣須知』의 예문을 다수 차용해 실은 것을 볼 수 있다.

학술 논문의 내용들이 교재로 구체화된 내용들은 사전이 편찬된 1897년 이후부터 살펴볼 수 있다. 주목할 만한 논의는 1897년 『Korea Repository』에 실린 「Difficulties in Korean」 논문이다. 이는 이후 1917년 『Korea Magazine』에 같은 제목으로 확장된 논의가 이루어졌고, 같은 시기 게재한 「The Korean Language」와 더불어 1916년에 간행된 『사과지남』의 개정판과 상당히 밀접한 관계가 있다. 먼저 1894년에 간행된 『사과지남』의 초판본 있는 'ᄒᆞ여'와 'ᄒᆞ니'에 대한 교재의 내용을 살펴보면 다음과 같다.

먼저 '하여'에 대해서는 '하다'의 과거 형태이자 '여'를 결합한 연결어로 'having'이나 'and'로 번역할 수 있으며, 결과로 이어지는 경우 'as', 'because', 'since', 'and'로 번역될 수 있다고 간략하게 설명했다. 예문으로는 '운수가불힝ᄒᆞ여봉피ᄒᆞ엿소', '날이더워못견듸겟소' 등을 수록하였다. '하니'에 대해서는 형용사와 함께 동사 'to be'의 의미로 사용된다고 기술하고, '비가오니갈수업다', '날이더우니불ᄶᅥ지마라', '쥬역을보니쯧시오묘ᄒᆞ더라'와 같은 예문을 함께 제시하고 있다. 교재라는 관점에서 본다면 해당 문형의 '의미'와 '기능', '형태'가 명확하게 드러난 설명은 아니라고 볼 수 있다. 이후 1897년에 나온 「Difficulties in Korean」에서는 '하여'와 '하니'에 대한 저자의 기술이 달라졌음을 확인할 수 있다.

(9) 원인과 결과에 관한 한 우리는 많은 절들이 '하여'에 의해 연결된다는 것을 발견하게 된다. "아이는 개에게 물려서(하여), 울고 있다." 이것은 우리에게 '하니'를 사용하게 한다. '하니'의 기능은 원인과 결과를 연결하거나 서술과 설명을 연결하는 것이다. '하여'는 연결을 더 긴밀하게 만들며 결과를 강조하는 반면 '하니'는 원인을 강조한다. -중략. '하여'와 '하니'는 처음에는 기능이 중첩되는 것처럼 보이지만 더 긴밀히 들여다보면 이들이 약간 다른 방식으로 기능한다는 것을 발견하게 된다. 토착민에게 "시내에서 왜 그 난리가 났습니까?"라고 물으면, 그는 "동료가 술을 마셔서(하니) 소란을 피웠습니다."라고 말한다. 이것은 원인을 강조한다. 다음날 다시 "오늘 시내는 어떻습니까? 라고 물으면, "그가 다시 술을 마셔서(하여) 시내

에 난리가 났습니다."라고 답한다. 여기에서는 지난 구절에서 강조된 것처럼 원인이 아니라, 시내의 전반적 상태가 강조된다. - 후략. Gale(1897), 「Difficulties in Korean」, 『Korea Repository』 Vol. Ⅳ, pp. 254-257. 저자 역

이 논문에서는 '하고', '하니', '하여'의 기능과 의미를 중심으로 자세하게 설명하고 있는데 현대 국어에서의 쓰임이나 설명과는 다소 차이가 있지만 1894년에 교재에서 기술한 내용보다 꽤 자세한 설명이 보충되었다는 것을 알 수 있다. 이러한 내용은 이후 1916년에 간행된 『사과지남』 개정판에 구체적으로 실려 있는 것을 볼 수 있다.

(10) Examples - (of and)
와셔닐너주시오 come and tell me
주어보내시오 Give it and send him away
(since, as, because, so)
더워못가겟소 It is hot so I cannot go.
비가와셔길이지오 As it has rained the roads are muddy
흉년이져서쌀갑시비싸오 Since it is a year of famine the price of rice is high

'하여'에 대한 설명은 1894년 초판과 크게 다르지 않으나 예문을 제시하는 방식에 있어 의미와 기능에 따라 예문을 구분하여 제시하고 있음을 볼 수 있다. (11)은 '하니'의 기능을 중심으로 제시한 모습이다.

(11) Examples: (active verbs)
비가오니싸못감니다 As it is rainning we cannot go.
소를모니싸잘갓소 Because I drove the cow, it went well.
(Descriptive verbs)

오늘날이더우니싸불안씨엿소 It is warm to-day, and so we have not built a fire
물이깁흐니싸못건너가겟소 Since the water is deep, we cannot cross.
(Expressing sequence)
내가그칙을보니싸즈미만소 I have read the book, and it is very interesting.
그길노가니싸대단히험흡데다 I travelled that road, and it was very rough.

현대 한국어교육 현장에서 '하여'와 '하니'에 해당하는 '아/어/해서'와 '니(까)'를 비교할 때 의미나 기능의 차이보다는 주로 제약(명령이나 청유문의 가능이나 주어의 인칭)에 중점을 두고 설명하는 것과 차이도 있고, 게일의 설명이 한국어 문법을 정확하게 설명하고 있다고 보기 어려운 점도 있다. 다만 여기서 주목할 점은 초판본에서 개정판으로의 변화의 요인이 무엇이며, 그것이 어떻게 교재에 구체화되어 나타났는지의 여부이다.

'구체화'의 범주나 대상이 반드시 '학술 논문→교재'가 아닌 '교재→교재', '교재→학술 논문'으로 볼 수 있는 것이기에 1916년 『사과지남』 개정판의 출간은 이후 1917년과 1918년 저술에도 상당 부분의 영향을 미쳤다. 이는 개정판이 나오기 전에 게일의 학술 논문의 내용이 문자의 기원이나 영어 문법과의 차이 등을 다룬 것에서 '한국어 사용'의 측면의 논의로 바뀌고, 학술 목적에서 교육 목적으로 변화된 것과도 관계가 있는 것으로 보인다. 또한 이러한 변화는 게일의 한국어에 대한 '인식과 이해'가 깊어진 결과이며, 한국어에서 한국어교육으로 구체화된 전환의 결과로도 볼 수 있을 것이다. 이는 1894년 『사과지남』의 초판과 1916년 개정판의 비교를 통해 조금 더 상세히 살펴볼 수 있다.

2) 교육대상으로서의 한국어

이번에는 1894년 게일의 『사과지남』 초판과 1916년 개정판의 변화를 '구체화'라는 관점에서 살펴보고자 한다. 초판이 나오고 개정판이 나온 사례는 언더우드의 『한영문법』에서도 찾아볼 수 있으나 단순히 통시적 변화를 살피는 것이 아닌 '인식과 이해'의 변화와 구체화를 보기 위해 같은 저자의 연속 간행물을 사례로 제시할 것이며, 교재의 편제 방식이나 분량, 새로 추가된 요소보다는 초판과 개정판의 교재로서의 구체성의 차이를 중심으로 살펴보기로 한다.

앞서 『사과지남』의 초판과 개정판의 서문을 통해 저자가 해당 저서의 목적과 역할을 어떻게 인식하고 있는지 살펴본 바 있다. 물론 서문의 내용만으로 교재의 목적이나 역할을 단정 짓기는 어려운 일이나 이를 통해 교재의 내용 분석에서 작은 변화를 시도해 볼 수 있을 것 같다. 한국어 학습을 목적으로 한다는 점에서는 큰 차이가 없으나 한국어에 대한 이해와 지식이 깊지 않았던 초판본이 저자의 한국어 이해 과정에서의 중간 결과물이라면 개정판은 학습을 위한 구체화의 결과물이라는 점에서 차이가 있다. 특히 어휘와 문법의 다양한 쓰임을 이해하고, 상황에 따른 용례를 싣고 있는 점이나 학습자를 위한 설명 방식의 변화는 1장에서 제시한 '구체화'의 기준에 상당 부분 부합된 사례로 볼 수 있다.

먼저 1894년의 초판은 'ᄒᆞ다'를 중심으로 164개의 항목을 예문을 중심으로 나열하고 있는 것을 볼 수 있다. 문법적인 설명을 곁들이고는 있지만 교재라는 점을 고려할 때 설명이 부족하기도 하고, 나열한 항목들이 기준 없이 제시되어 혼란스러운 부분이 있다. 이에 반해 1916년의 개정판에서는 38개로 기준을 나눠 제시하고 있고, 기준 항목도 문법적인 특성을 고려해 과거-미래와 같이 시제를 고려하거나 서법, 품사 등을 고려해 더 구체적으로 학습할 항목을 제시하고 있다. 또한 한국어교육의 관점에서(또는 목적에서) 초판에서는 다루지 않았던 어미의 활용이나 결합에 대한 설명을 제시하고 있는데 아래 예문 (12)는 능동과 수동에 대해 제시한 내용이고, 예문 (13)은 모음의 결합에 따라 달라지는 동사의 형태를 설명한 부분이다.

(12) Examples: -
달다 이번에례비당에등을다랏소
hang up, We have now hung up electric lights in the church. (a)
달니다 밤송이가겨을이지나도록달녓소
to be suspended. The chestnut-burs have remained hanging all through the winter.

개정판에서는 'ACTIVE AND PASSIVE VOICES' 단원에서 61개의 어휘에 대한 능동과 피동(수동) 형을 제시하고 있다. 현대 국어에서 피동 접미사라 할 수 있는 '-이-', '-히-', '-리-', '-기-' 가 아닌 '-이-', '-니-', '-히-', '-기-', '-치-', '-초-'를 피동을 만드는 요소로 제시하고 있는데 이는 문법 교재 역할을 위한 중요한 학습 항목이 추가된 것이라 할 수 있다.

(13) Examples: -
밧다   밧아   보다   보아
to take – having taken   to see – having seen (95p)
Examples: -
가다   가   서다   서
to go –   gone   to stand – stood
Examples: -
보다   보아   쏘다-쏘아   쑤다-쑤어
to see   to sting   to cook(gruel, paste)

예문 (13)에서는 개정판에 실린 'NOTES ON THE VERB'의 내용인데 현대국어의 '모음조화'에 해당하는 내용을 비교적 자세하게 설명하고 있다.[39] 또한 이렇게 'ㅏ'와 'ㅓ'가 결합된 형태가 과거분사의 기능으로 사용될 수 있음을 제시하고 있다. 이 밖에도 문장 종결이나 높임, 부정 등 현대 한국어 문법교육에서 주요하게 다루는 내용들이 개정판에 추가되었는데 이는 문법 교재로서 충분한 역할을 할 수 있다는 점에서 큰 변화라고 할 수 있다.

또 하나 문법 교재로서의 중요한 변화로 문법 항목의 구분을 꼽을 수 있다. 단순히 초판에 비해 개정판에서 다루는 문법 항목이 많아진 것이 아니라 의미와 기능에 따라 구분을 다시 하고 있다는 점은 눈여겨볼 점이다. 초판에서는 같은 문법 항목으로 다루었던 내용을 개정판에서는 의미를 구분해야 할 문법으로 재편성한 것이다.

(14)

| (129) Enmoun (ㅎ)도록 홀ㅅ록 | Spoken (ㅎ)도록;수록 | A connective marking a point of time or expression of duration, translated by-"by", "till", "during", "the more-the more" |

(14)는 초판에서 '하도록'과 '할수록'을 설명한 부분으로 위와 같이 설명한 뒤 구분하지 않고 두 개의 예문을 덧붙이고 있다.

---

[39] 원문에서는 "those having the stem vowels ㅗ and ㅏ add 아, and those having the stem vowels ㅓ and ㅜ add 어."로 기술하고 있다.

(15)

| 210. - 홀ᄉ록;홀수룩 This connective makes a degree of progress followed by a comprative form as the more...the more |
| 211. - ᄒ도록 This connective markes a point of time or expression of duration. it is translated by by, till, during, while. |
| Note:- The difference between 수룩 and 도록 is easily distinguishable, one marks the time during which, and the other the limit or point to which. |

(15)는 개정판에 실린 설명으로 초판에서는 같은 문형으로 다루었던 '하도록'과 '할수록'을 구분하여 제시하고, 두 문형의 의미 차이를 추가로 기술하고 있다. '도록'에 대한 설명에 부족한 부분은 있지만[40] 두 문형의 의미 차이를 명확히 제시한다는 점에서 초판과는 크게 달라진 부분이라 할 수 있다.

마지막으로 살펴볼 부분은 초판과 개정판의 예문부에 실린 내용이다. 고전적인 문법 교육이든 현대의 문법 교육이든 문법 항목을 제시하고 교육하는 방법으로 연역적인 제시 방법과 귀납적인 제시 방법을 꼽을 수 있다. 문법 항목의 의미와 기능, 형태를 미리 설명하고, 여기에 따른 예문을 덧붙이거나 반대로 예문을 먼저 제시하고, 해당 문법의 의미와 기능을 추측하게 하는 것인데 학습자의 수준이나 교육 내용에 따라 현장에서도 혼합하여 사용하고 있다. 예문의 제시 순서에 차이는 있겠지만 교육할 문법 항목의 의미와 기능을 학습자가 온전히 익히기 위해서는 잘 만들어진 예문이 필요하

---

[40] 일반적으로 '-도록'의 의미를 교육할 때 '앞에 오는 말이 뒤에 오는 말에 대한 목적이나 결과'의 의미를 먼저 제시하는데 게일(1916)에서는 목적의 의미에 대한 언급은 없고, '동작이나 작용의 정도나 한계를 나타낸다.'는 의미만 제시하고 있다. '심부림가더니히지도록아니온다'와 같은 예문을 덧붙여 제시하고 있다.

다. 게일은 『사과지남』 초판 서문에서 한국인들이 많이 사용하고 있는 구어 예문을 취합하고, 선별하는 일의 어려움을 밝힌 바 있다. 본서에서 제시한 교재로의 구체화 기준 중 '제3자의 해당 언어 이해를 목표로 하는 것'을 고려할 때 교재에 제시하는 예시 문장의 발전과 변화는 저자의 한국어에 대한 이해 능력이 구체화된 가장 좋은 사례로 볼 수 있다.

『사과지남』 초판은 크게 문법부와 예문부로 나눌 수 있는데 예문부의 내용은 앞서 언급한 것처럼 『交隣須知』의 분류와 내용을 상당 부분 차용하고 있다. 초판의 예문부는 총 1,098개의 문장과 그에 대한 영어 번역문을 싣고 있으며, 예문의 구분은 천문(Astronomy)을 시작으로 첩자(duplicate forms)까지 56개의 분야로 나눠서 제시하고 있다. 다양한 분야의 예문을 실었다는 점과 300번까지 예문과 앞에 제시한 문법부를 연결했다는 점은 의의가 있지만 예문의 실제성이나 앞선 내용과의 연관성은 크게 떨어지는 편이다.[41]

개정판에서는 이러한 점을 보완하고, 학습한 내용이 구체적으로 포함된 예문을 실은 것을 볼 수 있다. 개정판은 문법부로 볼 수 있는 238개의 문법 설명 이후 능동과 수동에 대한 설명과 예문을 추가로 제시한 'ACTIVE AND PASSIVE VOICES', 특수어휘에 의한 높임법 실현 예문을 제시한 'SPECIAL HONOURIFIC FORMS', 실용문 중심의 'ONE HUNDRED SENTENCES ,FOR BEGINNERS', 자주 사용하는 속담을 담고 있는 'KOREAN PROVERBS'을 싣고 있다. 특히 속담 편은 다른

---

[41] 전체 1,098개의 예문 가운데 300번까지는 아래와 같이 예문을 적고 문장 위에 밑줄을 그은 뒤 번호를 표시하였다. 예를 들어 96번 페이지를 펼치면 '(ᄒ)나', '_나', '이나'에 대한 설명을 볼 수 있다.
(1) 희가발셔경오나되엿스련마ᄂᆞᆫ날이흐리니조셰이알수업다
　　　96　130　100

연구자들과 달리 속담 문장을 더 쉬운 한국어 문장으로 설명한 문장도 함께 제시하고 있다.[42] 속담 이후에는 초판에 실었던 예문부의 일부를 가져온 'MISCELLANEOUS SENTENCES'를 싣고 있으며, 마지막에는 '사자성어 표현'을 중심으로 한 'COLLOQUIALMOON-JA SENTENCES'을 싣고 있다. 개정판에 실린 예문부의 변화는 한국어뿐만 아니라 한국의 역사나 고전에 대한 저술[43]과도 깊은 관련을 맺고 있으며, 이러한 내용이 개정판에 구체화되어 나타난 것으로 볼 수 있다.

1.4. 소결론

태어나서 한 번도 접해본 경험이 없는 언어를 배우고, 이를 몇 년도 되지 않은 시점에 학술 논문이나 교재로 편찬한다는 점은 결코 쉬운 일이 아닐 것이다. 더군다나 체계적인 교과 과정이나 교재, 교사가 없는 상황에서 이러한 결실을 맺는다는 것을 지금으로서는 쉽게 상상하기 어렵다. 비단 그것이 특수한 목적에 기인한다고 해도 이들의 연구와 노력을 되짚는 과정은 한국어교육과 한국어교재의 출발을 확인한다는 점에서 의미 있는 일이라 생각한다.

이번 장에서는 서양인 선교사들을 중심으로 근현대에 이루어진 서양인

---

[42] 이 시기 한국어 속담에 대해 저술한 내용들이 일반적으로 한국어 문장과 그에 해당하는 영어 번역문 정도를 적는 것에 비해 『사과지남』 개정판에서는 본래 속담 문장→속담 원문의 영어 번역문→한국어로 풀이→한국어 풀이에 대한 영어 번역문의 형태로 제시하고 있다는 점에서 차이가 있다.
돌면삼키고쓰면비얏는다 (If sweet, we swallow it; if bitter, we spit it out) 리만취ᄒᆞ랴ᄂᆞᆫ쟈를ᄀᆞᄅᆞ친말 (we accpt only what is agreeable or profitable to us)

[43] 이 시기 선교사들의 한국 관련 저술에 대한 내용은 이진숙 외(2017)를 참고할 수 있다.

학습자 대상의 학술 논문과 교재를 '인식-이해-구체화'의 관점에서 살펴보았다. 특히 근현대 한국어 학습서를 편찬한 서양인 연구자들의 한국어에 대한 인식과 이해의 과정, 그리고 저자의 한국어 이해가 구체화되는 과정을 사례를 통해 제시하였다. 이 시기의 저술을 인식, 이해, 구체화로 명확히 구분할 수 있는 것은 아니지만 저자의 관점에서 한국어 관련 연구가, 그리고 교재 편찬까지의 과정이 어떻게 이루어졌을지 재구하는 과정은 교재의 변천을 살피는 통시적 연구에서 변화를 줄 수 있는 지점이 된다고 생각한다. 이러한 접근 방법을 통해 이 시기 연구자들과 저서에 대한 실증적인 접근이 이루어질 것을 기대해 본다.

2. 일본인 학습자 대상의 교재[44]

2.1. 일본인 연구자들의 한국어 연구

일본인 최초의 한국어교육에 대한 기록은 일본 헤이안 초기의 역사서인 속일본기(續日本紀)에서 살펴볼 수 있다. 또한 조선시대에 편찬된 일본어 교재인 『捷解新語』(1676)나 『隣語大方』(1790)이 일본에서는 거꾸로 한국어 교재로 이용되었다는 기록도 찾아볼 수 있다. 비단 이러한 내용이 아니더라도 두 나라의 역사와 관계는 오랜 시간에 걸쳐 형성된 것이고, 특히 근대 이후의 수많은 변화는 이 시대를 살아가는 사람들 누구나가 인지하는 사실일 것이다. 개항 이후 이러한 관계의 본질적인 목적과 내용이 바뀌고, 한국어 연구에 대한 입장 역시 바뀌었지만 역설적이게도 이 시기는 지난 수 세기를 합한 것 이상의 한국어 관련 서적이 편찬되고 연구가 이루어진 시기

---

[44] 이 장은 고경민(2018)의 내용을 수정 보완한 것임.

이다.[45]

그동안 이 시기의 일본인 대상의 한국어와 관련한 연구는 주로 일본어학을 전공하는 연구자에 의해 이루어지거나 국어교육 차원에서 이루어졌다. 일본인의 한국어 및 한국어교재에 대한 선행 연구[46]가 있었음에도 일본인 대상의 한국어교재에 대한 통시적인 고찰이 필요하다 판단하였다. 연구의 필요성을 몇 가지로 제시하면 다음과 같다.

일본인 대상의 한국어교재의 목록과 관련한 부분이다. 한국어교재 목록

---

[45] 근대의 일본인의 한국어 학습 이유를 단순히 침략 기반을 다지기 위한 것으로 본다거나 일제강점기의 한국어 학습을 통치수단으로만 규정하는 것은 당대의 사실적이고 객관적인 자료를 바탕으로 내린 결론은 아니다. 조선어장려정책 등의 정책적이고 제도적인 강제 학습이 이루어지던 때에도 실제 다양한 이유와 목적을 갖고 한국어를 학습하려는 학습자 및 교재를 찾아볼 수 있다. 야마다(2014:207)에서는 이를 ① 생활상의 필요 ② 제도적인 강제 ③ 개인적인 이익 ④ 내선융화로 구분해서 제시하고 있으며, 제도적·정치적 목적 이외의 한국어 학습과 학습자에 대한 내용을 소개하고 있다.

[46] 근현대 일본인 대상 한국어교재와 관련하여 다양한 논의가 이루어졌는데 본 논의와 관련한 대표적인 선행 연구를 시기별로 살펴보면 다음과 같다. 먼저 김혜정(2003)에서는 일제강점기 조선어교육의 역할과 기능에 대한 상세한 분석이 실린 연구이며, 이지영(2004)은 한국어교육사의 시기 구분 및 사적 흐름에 대한 고찰이 담긴 연구이다. 정근식(2007)에서는 통역의 관점에서 시기적 특징을 포착하였으며, 편무진(2009)에서는 이 시기 교재의 개별적 특징을 구체적으로 기술하고 있다. 강남욱(2009)에서는 근대 초기의 시기적 특징 및 교재의 편찬 배경과 체계를 포괄적으로 기술하였으며, 정승혜(2011)는 근대와 강점기 한국어교재에 대한 전반적인 정보를 제공하고 있다. 오현아·박민신(2012)에서는 강점기 조선어 교재의 분석 관점과 기초적 점검 사항을 명확히 제시한 연구이며, 허재영(2012)에서는 이 시기 교재의 내용적 특성 및 어휘 선정에 대한 체계적 분석을 시도한 연구이다. 고경민(2013)에서는 이 시기 교재의 주제와 체계 분석이 이루어졌으며, 최영철·허재영(2014)에서는 시기적 변천 과정과 학습자의 배경에 대한 고찰이 이루어졌다. 마지막으로 김정숙·최호철(2015)에서는 교재 분석 항목과 주제별 회화 항목에 대해 상세히 논의가 이루어졌다.

이 다수 확인되었으나 대부분의 목록화 작업은 일본인 연구자인 야마다의 목록[47]을 그대로 인용하거나 실제 자료를 확인하지 않은 연구가 상당수이다. 선행 연구자의 목록을 바탕으로 목록 정리가 필요하다 판단하였다.[48] 또한 취합된 자료의 분석 및 해석에 있어 교재의 관점에서 살펴야 할 점이 있다는 것이다. '교재론'에서는 교재의 역사를 비롯해 체계, 형식, 내용, 평가, 개발 등 다양한 연구가 이루어질 수 있다. 근대와 일제강점기의 교재를 살피는 일 역시 '교재론'의 차원에서 다뤄질 필요가 있다. 단순한 서지 사항을 살피거나 부분적인 번역만으로는 해당 교재의 교육적 가치나 활용을 파악하기 힘들다. 이 장에서는 한국어교육의 교재론이라는 연구 분야 가운데 교재사의 관점에서 연구를 진행하였으며, 이 시기 일본인 대상 한국어교재의 내용에 초점을 맞춰 진행하였다.

2.2. 근현대 일본인 대상 한국어교재 개관

1) 시기적 특성

일본의 이즈하라[49]에 '한어학소'(韓語學所)가 설치된 것은 1872년 10월로, 한어학소는 일본에서 공식적으로 설치한 최초의 한국어교육기관이다.[50] 이즈하라의 한어학소는 1873년 10월에 부산에 있던 '초량공관'(草梁

---

[47] 山田寬人, 「朝鮮語学習書·辞書から見た日本人と朝鮮語-1880年~1945年」, 『朝鮮學報』, 천리대학조선학회, 1998, 53-83면.

[48] 이는 부록에서 제시하기로 한다.

[49] 일본 대마도의 남쪽에 있는 도시.

[50] 성윤아(2015:142)에서는 이때 설립된 한어학소 설치의 의의를 다음과 같이 보았다. "이는 세습이었던 쓰시마통사 제도가 전국규모로 통역사를 선발하는 체계적인 한어교육(韓語敎育)의 시행으로 변화되었으며 이는 근대적인 외교의 시작을 의미했다."

公館)내의 '첨관옥'(僉官屋)으로 이전하여 외무성 '초량관어학소'(草梁館語學所)로 개칭되었다.[51] 이후 1880년 9월에 문부성 관할의 동경외국어학교에 조선어학과가 설치됨에 따라 부산 초량관어학소가 폐지되고, 초량관어학소의 교수와 학생은 동경외국어학교 '조선어학과'로 합류하게 된다. 이후 러일전쟁이 일어나면서 외국어 및 한국어에 대한 관심이 더욱 높아지고, 그러한 시대적 상황을 반영하듯 일본 곳곳에 한어를 교육하는 기관들이 증가하게 된다. 개항 이후 일본에서는 오도리 공사의「5개조 내정개혁방안강령」(1894.7.3)이나 오카쿠라의「朝鮮國民敎育新案」(1894.8.31) 등이 발표되었지만, 당시 일본에서는 한국에 대한 다양한 의견을 가진 사람들이 서로 충돌하는 상황이었으며, 이때까지 한국에 대한 입장은 '교린'과 '침탈'의 목적[52]이 뒤섞인 상황이었다고 볼 수 있을 것이다.[53]

국내에서 한국어교육에 대한 관심은 공립학교의 설치로 이어져 1877년 부산을 시작으로, 1885년에 인천, 1888년에 원산, 1889년에 경성에서 각각 개교하였다. 특히 1880년 7월에 당시의 부산 초대 영사 곤도(近藤眞鋤)가 세운 '희재학교'(喜齋學校)와 1881년 3월에 인가된 '수재학교'(修齋學校)

---

[51] 편무진,「개화기 한국에서의 일본어교육과 일본에서의 한국어교육」,『개화기 한국과 세계의 상호 교류』, 국학자료원, 2004, 111-134면.

[52] 정근식(2007:11)에서는 이 시기의 한국어 학습의 목적에 따른 시대 구분을 다음과 같이 제시하였다. 한국어 학습의 목적이 변질되어 메이지정부가 한국침략을 준비하는 시기(1872-1880), 관과민의 서로 다른 목적의 한국어 학습이 병존하는 시기(1880-1894), 청일전쟁과 러일전쟁을 계기로 일본인의 한국어 학습이 지배를 위한 수단으로 변화되면서 일본어의 공용어화가 강화되는 시기(1894-1911)로 구분하였다.

[53] 한용진,「갑오개혁기 일본인의 한국교육 개혁안 고찰」,『敎育問題硏究』33, 고려대학교 교육문제연구소, 2009, 77-97면.

등에는 한어과가 설치되어 약 2년간 한국어교육이 실시되었다.[54] 이렇듯 곳곳에 들어선 공립학교에서 수업 내용의 대부분을 차지하는 것은 '한국어'를 익히는 것이었다. 강점기 이후의 일본인 대상의 한국어교육 연구가 비교적 다양한 자료를 바탕으로 이루어진 데 반해 근대계몽기 일본인 대상의 연구는 그렇지 못한 경향이 있다. 강점기 이전 일본인 대상의 한국어교육은 '침탈을 위한 준비'나 '교류'를 위한 목적', '생계나 사업을 위한 목적' 등 다양한 차원에서 이루어졌을 것이다. '침탈'을 위한 목적만은 아니지만 1894년의 청일전쟁이나 1904년의 러일전쟁이 교재의 편찬에 큰 영향을 준 것만은 분명한 사실이다. 이러한 내용은 실제 교재의 편찬 현황을 통해 어느 정도 확인해 볼 수 있다.

---

[54] 당시 한국에 거주하던 일본인에게 있어 한국어 학습은 단순한 '교린'이나 '선린'의 목적이 아닌 직접적인 생계와 관련이 있었을 것이며, 한국어를 배우는 일이 상당히 시급한 일이라는 것을 짐작할 수 있다. 제점숙(2012:200)에서는 언어를 통한 조선인과의 섞임은 이렇게 외국어 학습을 통해 나타나고 있었고, 이러한 한국어 학습에 대한 요구의 절실함은 뒤에 조선어를 배운 사람들에 의해 조선어 학습서 간행까지 이어졌다고 살핀 바 있다. 예를 들어 우라세 교정 증보(浦瀬裕校訂增補)의 『交隣須知』, 『隣語大方』은 1881년 간행되었고, 우라세 교정 증보의 재간(再刊) 『交隣須知』와 호세코 교정(宝迫繁勝校訂) 『交隣須知』는 1883년 부산에서 간행되었다. 이들 책에는 조선의 문화와 생활을 알 수 있도록 전통적인 요소들을 그대로 살렸으며, 한글 읽기에 일본어 가나는 붙이지 않았다. 대신 어휘 부분에 한자와 한글을 병행하였다.

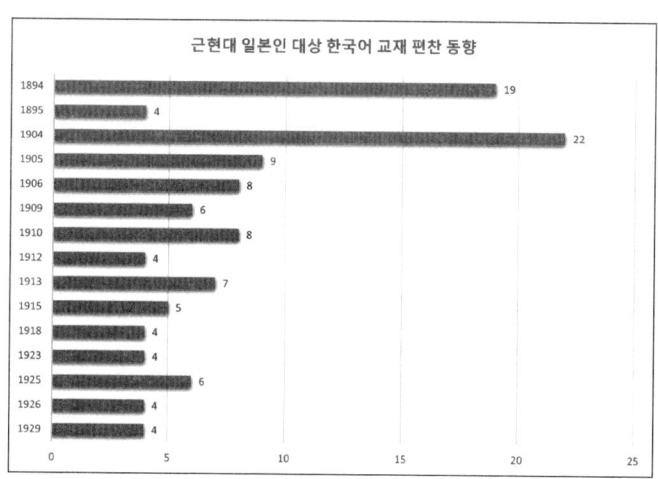

〈그림 Ⅲ-2-1〉 근현대 편찬된 일본인 대상 한국어교재 (상위 10)

    그림에서 보는 바와 같이 1894년은 근현대를 통틀어 일본인 대상의 한국어교재가 두 번째로 많이 편찬된 때이다. 1904년의 편찬이 러일전쟁의 영향을 받은 것이라면 1894년은 청일전쟁의 영향이 큰 것으로 추측해 볼 수 있다. 하지만 앞서 언급한 바와 같이 모든 교재의 편찬을 '전쟁'과 관련지어 생각하는 것도 위험하고 편협한 판단이 될 수 있다. 그렇기 때문에 다양한 목적[55]으로 편찬된 한국어교재를 직접 확인하고, 내용을 살피는 과정이 필요하다. 이는 강점기에 교과 교육으로서의 조선어 교육이 근대적 문

---

[55] 1901년 동경외국어학교의 한어학과에 교수로 부임한 가나자와는 일본인이 조선에서 조선인에게 일본어를 가르치기에 앞서 조선어를 공부해야만 제대로 가르칠 수 있다는 입장을 가지고 있었다. 이러한 내용은 石川遼子(2001, 정근식 2007 재인용)에 실린 가나자와의 1905년 기고문을 통해 확인해 볼 수 있다. "장래에는 통역관 양성을 위해 조선어를 교수할 필요가 있음은 물론이고, 그 외에 직접 조선의 행정, 사법, 교육 등에 종사하는 사람을 양성하기 위하여 법문과 대학을 시작으로 <u>각종 고등전문학교에서 전문 학술 수련과 함께 조선어를 수련할 필요</u>가 있다"

식성 획득을 위한 것과 일본어 학습을 위한 매개 언어 혹은 교수학습 언어로서의 효용 때문에 이루어진 것과는 분명한 차이가 있기 때문이다.[56]

실제 근현대 일본인을 대상으로 한국어(조선어)를 교육한 기관은 15곳이 확인되었는데, 초기에는 주로 『交隣須知』와 『隣語大方』과 같은 교재가 주로 사용되었다.[57] 같은 시기 서양인 선교사들이 국내에 거주하면서 편찬된 것과 달리 이 시기 일본인 대상의 한국어교재는 전부 일본에서 편찬된 것이다. 이러한 편찬 양상은 1910년 이전에 편찬된 교재 가운데 경성과 부산에서 출판된 교재가 각각 8종과 1종이며, 90% 이상은 일본에서 편찬된 것이라는 점에서 더 확연히 드러난다. 1910년 이후의 편찬 양상을 보면 전체 80종 가운데 경성에서 편찬된 교재가 45종이며, 대구와 광주가 각각 2종과 1종, 경성과 도쿄, 경성과 오사카에서 함께 발행된 것이 각각 1종이 있다. 국내에서 편찬된 교재가 전체 대비 62.5%에 달하는 점은 단순히 장소의 문제만이 아니라 학습 배경이나 교재의 내용에도 변화가 있다는 점을 짐작하게 하는 부분이다.

2) 한국어교재 목록

근현대 일본인을 대상으로 한 한국어교재의 자료 정리는 연구자에 따라

---

56 김혜정, 「일제 강점기 '朝鮮語 敎育'의 意圖와 性格」, 『語文硏究』 31, 한국어문교육연구회, 2003, 446면.

57 실제 편찬된 교재가 20종으로 파악되었음에도 주요 공립학교나 기관에서 위에서 언급한 것 외에 다른 교재가 교재로 사용되었다는 기록은 찾아볼 수 없었다. 이는 『交隣須知』와 같은 교재가 이미 당시를 기준으로도 100년 이상 한국어교재 역할을 해왔다는 점이나 당시의 출판 여건을 고려해 볼 때 충분히 가능한 일로 사료된다.

다소 차이가 있지만 일본인 연구자인 스에마쓰(1970)[58]와 야마다(1998)[59]를 토대로 만들어진 것이다. 일본인 대상의 한국어교재 목록과 관련한 연구 가운데 연구자가 목록을 제시하거나 목록에 대해 기술한 연구는 아래와 같다.

먼저 살펴볼 수 있는 목록은 야마다 간토의 목록으로 1998년에는 133종에 대한 내용[60]이 기술되어 있으며, 2004년에는 138종으로 5종이 추가[61]되었다. 미확인 교재까지 포함해 183종을 제시하였다. 다음으로 전형식의 목록[62]에서는 사전을 15종, 어휘를 19종, 문법이 8종, 회화서가 97종으로 집계하여 총 139종에 대한 목록을 제시한 바 있으며, 조사 시기는 1876년에서 1945년까지이다. 다음으로 성윤아의 목록에서는 1881년에서 1895년에 27종[63], 1900년에서 1912년이 48종[64]으로 제시한 바 있으며, 이후 1881년에서 1926년 사이에 편찬된 교재를 102종으로 기술[65]한 바 있다.

---

58 末松保和編, 「朝鮮研究文献目録 : 1868~1945 単行書篇 中」, 東京大學東洋學文獻歡 センター, 1970, 302면.

59 현재 관련 연구자들이 가장 참조를 많이 하고 있는 목록으로 확인이 가능한 133종과 미확인된 45종을 목록화하여 제시하고 있다.

60 山田寛人, 「朝鮮語学習書・辞書から見た日本人と朝鮮語−1880年~1945年」, 『朝鮮學報』, 천리대학조선학회, 1998, 53−83면.

61 山田寛人, 『植民地朝鮮における朝鮮語奬勵政策』, 不二出版, 2004, 266면.

62 전형식, 「일본인의 한국어 연구에 대한 고찰 및 데이터베이스 구축」, 『日本學報』72, 韓國日本學會, 2007, 113−125면.

63 성윤아, 「明治前期における朝鮮語会話書の特徴とその日本語」, 『일본문화연구』 31, 동아시아일본학회, 2009, 73−86면.

64 성윤아, 「근대 일본에서의 조선어회화 학습 열기」, 『아시아문화연구』25, 경원대학교 아시아문화연구소, 2012, 67−91면.

65 성윤아, 「근대 일본인의 조선어회화 학습서『실용일한회화독학』에 대한 고찰」, 『日本語文學』65, 한국일본어문학회, 2015, 59−78면.

마지막으로 이강민[66]에서는 메이지 전기와 후기, 다이쇼기로 구분하여 각 교재의 편찬 배경과 목록을 제시한 바 있는데 1880년에서 1926년까지 79종의 교재 목록을 제시하였다.

본서에서는 근현대 일본인 연구자의 한국어교재에 대한 총체적 접근과 분석을 위해 위에서 제시한 연구자들의 목록을 취합·보완하여 목록을 재정비하였으며, 중복되는 교재 및 한국어교재로 분류하기 어려운 교재는 목록에서 제외하였다. 그 결과 1880년 『韓語入門』을 시작으로 1943년 『實用內鮮大辭典』까지 전체 168종의 교재[67]를 재분류할 수 있었다. 또한 목록의 교재들을 분석하기 위해 현재 국내에서 영인되지 않은 69종의 교재[68]와 이미 영인된 23종의 원문[69]을 확보하여 분석 대상[70]으로 삼았다.

---

[66] 이강민, 「근대 일본의 한국어 학습서」, 역락, 2015, 281면.

[67] 재분류 목록에 대해 이전에는 온라인에 목록을 게재하였으나 해당 논의를 저서로 수정 보완하면서 부록에 게재하였다.

[68] 다수의 원문은 일본국립국회도서관(www.ndl.go.jp)에서 확인할 수 있으며, 한국사데이터베이스(http://db.history.go.kr/)와 독립기념관(https://i815.or.kr/), 인터넷 아카이브(https://archive.org/)를 통해서도 확인할 수 있다.

[69] 역대문법대계에 수록된 일본인 대상 한국어교재 19종과 『일본인을 대상으로 한 조선어 교육자료』 1권, 2권, 5권, 6권이다. (3권과 4권은 역대문법과 중복)

[70] 목록을 취합하는 과정과 분석 대상을 선별하는 과정에서 다음의 기준을 적용하였다. 첫째, 상권과 하권이 나뉘어 있으나 1책으로 이루어진 교재는 한 종으로 분류하였다. 예) 韓語入門, 일한 선린통화. 둘째, 교재의 주된 대상이 일본인이 아닌 한국인 학습자인 경우 목록에서 제외하였다. 특히 학교에서 사용된 교과서는 목록에 포함하지 않았다. 이러한 이유로 야마다의 목록에 포함되었던 교재 가운데 몇 권을 제외하였다. 예) 보통학교 조선어급한문독본, 여자고등조선어독본, 조선어독본 등. 셋째, 다수의 한국어 학습 내용과 글이 연재되었던 '월간잡지 조선어'는 하나의 교재로 목록에는 포함했으나 분석 대상에 포함하지 않았다. 이는 여기에 실린 글들의 한국어교재로서의 기능을 고려한 것으로 '월간잡지 조선어'의 내용은 후속 논의에서 따로 다루기로 한다. 넷째, 회화와 문법 내용이 담긴 교재 외에 어휘를 대조하고 있는 어휘집이나 어휘를 풀이한 사전류도 목록에 포함하였다. 예) 동문신자전, 일어류해, 조선어사전

2.3. 근현대 일본인 대상 한국어교재의 내용

1) 근현대 일본인 대상 한국어교재의 목적

　근현대 일본인 대상 한국어교재의 목적을 살피기에 앞서 이 글에서의 '목적'은 두 가지를 의미하고 있음을 밝힌다. 먼저 학습 내용 측면에서의 목적이다. 한국어교육을 말하기나 듣기, 읽기, 쓰기와 같은 기능교육 차원으로 구분하거나 어휘나 문법, 문화, 발음과 같이 특정 영역이나 범주로 구분하는 것과 같이 이 시기 한국어교재에서 어떤 내용을 가르치고자 했는지 살피는 것이다. 다음으로는 한국어를 학습하는 이유와 관련한 학습 의도 측면에서의 목적이다. '교린'이나 '선린' 목적, '생계' 수단으로서의 목적, '통치수단으로서의 도구'처럼 특정의 의도[71]를 갖고 편찬된 교재를 살피는 일도 교재의 목적에 포함할 수 있을 것이다. 이 가운데 이 글에서는 전자의 '목적'에 초점을 맞춰 논의를 진행하고자 한다.

(1) 문법 학습

　근현대 일본인 대상 한국어교재와 관련한 몇몇의 선행 연구에서 이 시기 한국어교재의 특징으로 문법서의 비중이 높음을 지적한 바 있다. 하지만 이러한 기술은 국내에 영인된 『역대문법대계』에 실린 교재를 분석 대상으로 삼은 것이 큰 이유가 아닐까 생각한다. 호세코의 『韓語入門』(1880)과 시게요시의 『實地應用 朝鮮語 獨學書』(1900)를 제외하고는 초기에 발행된 한

　　　등. 다섯째, 같은 저자의 같은 교재이지만 출간 시기가 다르고, 내용이 추가된 부분이 있을 경우 다른 종으로 분류하였다. 예) 일한통화(1893), 일한통화(1908)

[71] 편찬 의도 또는 편찬 배경과 관련한 사항은 본서에서 언급한 원문 자료를 중심으로 파악하였으며, 논의에 보탬이 되거나 추가적인 내용을 다루고 있는 자료에 대해서는 계속해서 번역 작업을 진행하고 있다.

국어교재 가운데 문법을 중심으로 다루는 교재는 찾아보기 힘들며, 본격적으로 문법서가 등장하기 시작한 것은 1905년 이후부터이다. 근현대 일본인 대상의 한국어교재 가운데 대표적이라 할 수 있는 문법 중심의 교재는 호세코(寶迫繁勝)의 『韓語入門』(1880), 곤도(近藤信一)의 『한어정규(韓語正規)』(1906), 안영중의 『한어(韓語)』(1906), 다카하시(高橋亨)의 『한어문전(韓語文典)』(1909), 야쿠시(藥師寺知矓)의 『한어연구법(韓語硏究法)』(1909), 마에마(前間恭作)의 『한어통(韓語通)』(1909), 시마이(島井浩)의 『실용한어학(實用韓語學)』(1909), 노기주와 이다(井田勤衛)의 『일한 한일 언어집(日韓韓日言語集)』(1910), 신조(新在順貞)의 『선어계제(鮮語階梯)』(1918), 노기주의 『응용자재조선어법상해(應用自在朝鮮語法詳解)』(1923), 이완응의 『조선어발음및문법(朝鮮語發音及文法)』(1926), 정국채의 『현행조선어법(現行朝鮮語法)』(1926) 정도이다. 이 시기 문법 중심 교재에서 중점적으로 다루고 있는 문법 내용은 시제와 높임법이며, 교재에 따라서는 서법과 태, 부정법 등을 함께 다루기도 한다. 특히 시제의 경우 3분법에서 6분법까지 다양한 논의가 이루어지고 있으며, 과거와 현재, 미래와 같은 일반적인 분류[72]에서부터 미정이나 완료, 대과거, 과거미래(추측)를 포함하여 논의를 진행하기도 하고[73], 반과거와 과거, 대과거를 함께 제시하기도 한다.[74]

높임법의 경우 상(上), 하(下) 내지는 존칭식과 대하급식(對下級式), 비경

---

[72] 『韓語正規』, 『韓語通』, 『實用韓語學』, 『韓語硏究法』에서 3분법으로 시제를 분류하고 있다.

[73] 『韓語』에서는 미정과 미래를 함께 다루고 있으며, 『韓語文典』에서는 현재완료형을 함께 제시하고 있다.

[74] 『鮮語階梯』에서는 반과거의 경우 밧침(받침)에 따라 '-ㄴ'이나 '-은'이 붙는 것으로 보았고, 과거는 '-던'을 대과거는 '-엇던'이나 '-엿든'을 붙인다고 기술하고 있다.

어와 경어의 2분법[75]부터 대등어, 대상어, 대하어의 3분법, 대하, 대등, 보통, 존경의 4분법까지 다양하며, 공통적으로는 '-시'를 붙여 높임을 만든다는 점과 특수어휘에 의해 높임이 실현된다는 점을 기술하고 있다. 또한 품사에 대한 다양한 논의도 살펴볼 수 있는데 단순히 품사를 분류하는 것에서 그치지 않고, 형태(형식)나 기능, 의미를 염두에 둔 논의도 찾아볼 수 있었다.[76] 대표적으로 '형태'를 중요하게 본 학습서로는 『韓語』(1909)를 살펴볼 수 있다. 여기서는 명사어미를 설정해 명사의 격변화에 대해 기술하거나 규칙동사와 불규칙동사에 대한 설명을 상세하게 하고 있다. 이러한 특징은 비단 해당 교재뿐만 아니라 다수의 문법서에서 발견할 수 있는 특징이기도 하다. 다음으로 '기능'과 관련해 설명한 교재는 호세코(寶迫繁勝)의 『韓語入門』(1880)과 야쿠시(藥師寺知曨)의 『한어연구법(韓語硏究法)』(1909)을 살펴볼 수 있다. 『韓語入門』에서는 정관사와 부정관사[77]의 개념을 도입해 '단수'와 '복수'를 설명하고 있으며, 『韓語硏究法』에서는 조사를 명사와 동사, 형용사에 붙는 조사로 분류하여 각각의 조사가 문장에서 어떠한 역할(기능)을 하고 있는지 기술하고 있다. 다음으로 '의미'와 관련한 논의로는 『한어문전(韓語文典)』(1909)을 살펴볼 수 있는데 '존재사'에 대한 설명이 흥미로운 점이다. 여기서는 '잇스'와 '업스'를 한국어의 존재사로 설정하고 있으며, 이를 다양한 형태로 제시하고 있다.

---

75 『實用韓語學』, 『韓語』, 『韓語文典』 등에서 2분법으로 구분하고 있다.

76 여기서 '형태'나 '기능', '의미'에 따라 기술한 학습서들이 단지 '형태'나 '기능', '의미' 한 가지만을 기준으로 품사를 분류하고 있지는 않다. 이 글에서는 일반적인 품사 분류를 따르고 있지만 특징적이라 할 수 있는 논의만 몇 가지 소개하였다.

77 이광정(2008:477)에서는 이 시기 교재들이 '관형사'를 독립품사로 설정하지 않고, '관사'와 '분사'를 독립 품사로 설정하고 있다는 점을 특징으로 제시한 바 있다.

이밖에도 용언이나 체언에 붙어 여러 가지 의미를 나타내는 것으로 '조동사'에 대한 논의도 찾아볼 수 있었는데 『韓語文典』의 경우 1종과 2종으로 조동사를 구분하여 설명하였으며, 『韓語硏究法』의 경우 조동사를 하나의 품사로 분류하여 종지나 등급, 의문, 명령 등의 형태로 제시하기도 했다. 위에서 제시한 두 종의 교재는 모두 접속사를 하나의 품사로 분류하여 단어와 구를 연결하는 기능으로 설명하고 있다.

외국인 선교사를 중심으로 편찬된 한국어교재들이 근대부터 일제강점기에 이르기까지 큰 변화가 없었던 것에 비해 일본인 대상의 한국어교재는 초기에 어휘를 중심으로 편찬되었던 교재들이 자국의 문법서 편찬에 힘입어 자국의 문법서를 기준으로 한국어 문법을 설명하는 형태로, 자국의 문법이 바탕이 되지만 한국어의 특징적인 부분을 설명하는 형태로 바뀌는 모습을 보여주었다.

(2) 회화 학습

초기의 회화서가 『交隣須知』나 『隣語大方』과 같이 전통적인 어휘 학습과 회화문이 함께 제시되는 형태였다면 이후의 회화서들은 주로 한국어와 일본어의 대역문 형태로 편찬되었다. 문법서가 대외적인 영향을 비교적 덜 받는 것에 비해 회화서는 시대적 상황과 밀접한 관계를 보여준다는 점에서 차이가 있다. 특히 '청일전쟁'이나 '러일전쟁' 시기에는 한국어와 일본어, 러시아어(노어), 중국어(청어)를 비교하여 제시한 회화서 편찬이 많았다는 점을 확인할 수 있었다. 주목할만한 점은 이렇게 삼국 또는 사국의 회화문을 제시하는 방식이 다른 회화서들과 차이가 있다는 점이다. 일반적인 회화서들이 앞서 언급한 바와 같이 대역문 형태로 회화문을 제시하는 것과 달리 삼국의 회화서들은 세 국가의 어휘를 나열하는 형태이며, 한국어를 표기하지 않고, 일본어로 발음만 제시하고 있다.

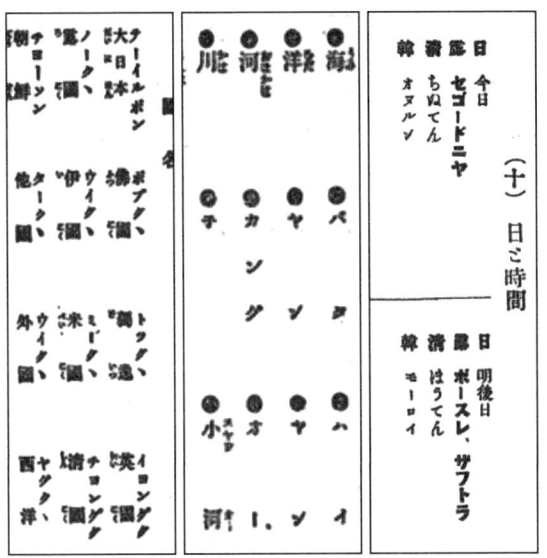

〈그림 Ⅲ-2-2〉 『日淸韓三國會話』(1894, 左)와 『日淸韓三国通語』(1894, 中),
『日露淸韓常話早まなび』(1904, 右)

〈그림 Ⅲ-2-2 左〉를 보면 '영국'의 경우 가장 우측에 '영국'으로 읽힐 수 있는 발음을 적고, 가운데 한자로 표기한 뒤 그 좌측에는 '영국'에 해당하는 일본어인 'えいこく'로 표기하였다. 러일전쟁 시기에 나온 교재도 이와 비슷한 양상을 띠고 있다. 〈그림 右〉를 보면 '오늘'이라는 어휘에 대해 일본어와 중국어, 러시아어에 해당하는 발음을 각각 표기하고 있다는 것을 알 수 있다. 또한 이 시기 회화서들은 일반적으로 생활과 밀접한 어휘나 대화문을 제시하는 다른 회화서들과 달리 시기적 특성을 반영한 내용을 살펴볼 수 있다. 예를 들어 『朝鮮語独習』(1901)에서는 다음과 같은 대화가 '적병(敵兵)'이라는 주제로 제시되어 있다.

(1) 뎍병이 어데잇소. 엇덧게 잇나보거오느라
그걸뵈여라. 안뵈스면결박ᄒᆞ다. 가만히ᄒᆞ여라
가만히아니ᄒᆞ면목버힌다

(1)에서 제시되는 상황은 적병을 붙잡았을 때의 대화를 가정한 것으로 '결박'을 하거나 '목을 벤다'는 표현은 다른 회화서에서는 찾아보기 어려운 내용의 대화이다. 이러한 내용은 청일전쟁 전후보다는 러일전쟁 전후에 간행된 회화서에서 자주 보이며, 단원을 따로 구성하여 제시하기도 한다.

(2) 바로 말하여라. 황숑하외다
네의살님은 무어시냐. 어느군ᄃᆡ의 간쟈냐
ᄃᆡ쟝은누구냐. 군사는멧명이냐. ᄃᆡ포는멧치냐
탄약은만흐냐. 냥식은어데로보ᄂᆡ느냐
긔병은몟사ᄅᆞᆷ가령이냐. 병든군사는업느냐

(2)는 1904년 편찬된 『日露淸韓會話自在法』의 대화를 옮긴 것으로 '대장은 누구인지', '군사가 몇 명인지', '대포나 탄약은 얼마나 되는지'를 상세하게 묻는 것을 볼 수 있다. 이후 이러한 내용은 강점기에 들어서면서 조선에 대한 침탈이나 통치에 대한 내용으로 바뀌게 된다. 1917년 조선총독부에서 발행한 『朝鮮語法及會話書』에서는 '관청' 단원에 다음과 같은 내용의 회화문이 실려 있다.

(3) 됴선총독부는 됴선의정치를 다사리는곳이올시다
ᄉᆞ령쟝을 밧으셧습닛가 오다가 도령에들너셔탓습니다

(3)에서는 총독부에 대한 내용을 다루고 있는데 이러한 내용은 '경찰'과

관련한 다수의 회화서에서도 동일하게 발견할 수 있다.[78]

회화서의 구성은 초기에 '천문'이나 '지리'와 같은 기본 어휘항을 설정하여 어휘항에 해당하는 어휘를 제시하는 방식에서 시작하여 어휘항과 예문을 함께 싣는 형식으로 바뀌었고, 이후에는 앞에서 어휘는 따로 제시하고 대화식의 회화문을 제시하는 구성으로 자리를 잡게 된다.

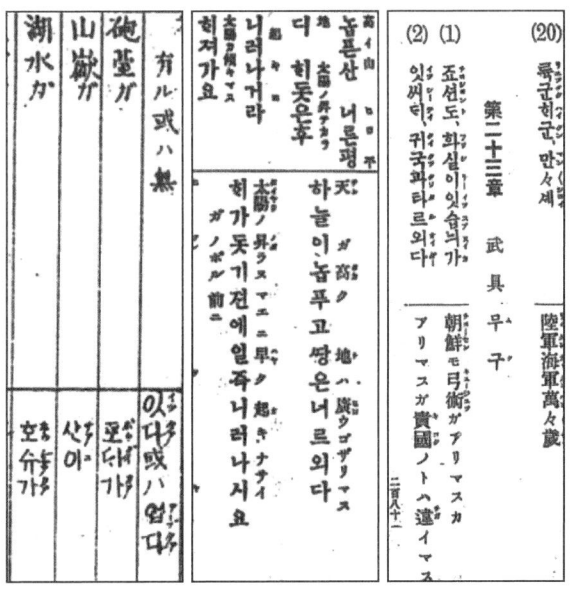

〈그림 Ⅲ-2-3〉『和韓会話独学』(1882, 左),『日韓通話』(1895, 中),
『日韓言語合壁』(1906, 右)

〈그림 Ⅲ-2-3 左〉를 보면 일본어 어휘를 제시하고 거기에 해당하는 한

---

[78] 경찰서 및 경찰관과 관련한 회화서로는『一日一時間一年卒業警察官朝鮮語教科書』(1929),『新訂警察官必携朝鮮語』(1931),『変体朝鮮語会話 : 警察官必携』(1935),『朝鮮語教科書』(1943) 등이 있다.

국어 어휘를 제시하는 방식에서 〈그림 Ⅲ-2-3 右〉와 같이 주제를 제시하고 대화 형태의 회화문을 싣고 있다는 점을 확인할 수 있었다.

회화문의 내용을 살펴보면서 알 수 있었던 점은 회화서의 내용이 시대적 상황이나 저자의 목적에 따라 바뀔 수 있다는 점이었다. 서양인 선교사들의 교재에서 '종교'와 관련한 내용이 중심을 이루는 것처럼 일본인 대상의 한국어교재도 '전쟁'이나 '침탈'과 관련한 상황이 회화서에 반영되고 있음을 확인할 수 있었다. 하지만 모든 회화서가 이러한 내용을 다루고 있는 것은 아니다. 서로의 문화에 대해 묻거나 물건을 거래하는 내용도 상당수 실려 있다. 또한 근대 초기 어휘를 통해 서로의 언어를 탐색하는 과정을 거쳐 대역문 형태의 '대화가 중심이 되는 회화서'로 변화하고 있다는 점도 살펴볼 수 있었다.

2) 근현대 일본인 대상 한국어교재의 구성
(1) 교재 구성 방식

교재의 구성 방식에서는 일제강점기 교재에서의 변화와 문법서의 구성을 중심으로 살피기로 한다. 먼저 문법서의 경우 근대에 편찬되었던 교재와 이후의 교재 간에 교재의 편제 방식이나 단원의 구성 방식에서 큰 차이를 보이지는 않는다. 대부분의 문법서들이 '장(章)'으로 편제가 되어 있으며, 교재에 따라 '편(編)'을 두고 그 아래 '장'으로 구성하기도 한다. 내용 구성에 있어서도 한국어에 대한 소개에서 시작하여 자음과 모음에 대한 설명, 발음, 품사에 대한 논의, 용언의 활용 등이 공통적으로 들어가고, 이후에 '단어' '장'을 만들어 단어를 따로 제시하는 형식을 취하고 있다. 아래의 표는 이러한 구성을 살펴볼 수 있는 문법서의 목차를 제시한 것이다.

第一章　諺文表	第壱章　文法略説/
第二章　諺文ノ由来	第一　仮名ノ成立及組織/
第三章　諺文	第二　諺文図解 /
第四章　綴字状態	第三　音調ノ解
第五章　綴字発音	第四　代名詞ノ解/
第六章　弖爾乎波	第五　動詞ノ解/
第七章　発音ノ変化	第六　接続詞ノ解
第八章　去声	第七　てにをは
第九章　単語, 名詞	第八　副詞
第十章　代名詞	第九　形容詞
第十一章　代名詞ノ例	第十　韓国諺文
第十二章　副詞	
第十三章　副詞ノ例	

〈표 Ⅲ-2-1〉『韓語正規』(1906, 左)와 『韓語学大全』(1910, 右)의 목차

　〈표 Ⅲ-2-1〉을 보면 처음에는 한국어에 대한 간략한 설명이나 소개를 하고, 이후 철자의 발음을 제시한 뒤 품사를 제시하는 것을 볼 수 있다. 이 시기 교재의 편제에서 중요한 부분을 차지하고 있는 것 중에 하나가 바로 '발음'에 대한 부분이다. 자음이나 모음의 형태 학습도 '철자법' '장'을 구성해 다루기는 했지만 발음을 더 중요하게 다루었으며, 형태의 변화에 대한 설명에서도 형태 변화보다는 형태 변화에 따른 발음을 상세히 설명한 교재가 상당수 보였다.

　또한 이 시기 일본인 대상의 한국어교재는 어휘나 회화문을 제시할 때도 세로쓰기 방식에서 벗어나지 않는데 문법서 가운데 몇 종의 교재는 문법 설명이나 예문을 제시할 때 완전한 가로쓰기는 아니지만 책을 돌려서 보

면 가로쓰기처럼 볼 수 있도록 구성한 교재[79]도 살펴볼 수 있었다. 문법서나 회화서의 이러한 표기 방식은 서양인 선교사들의 교재와 명확하게 차이가 나는 특징 중의 하나이다. 일본인 대상의 한국어교재 가운데 전체가 가로쓰기의 방식으로 이루어진 교재는 단 한 종도 찾을 수 없었으며, 일부분이 가로쓰기와 유사한 형태[80]로 제시한 것은 있었지만 처음부터 가로쓰기로 표기된 교재는 찾을 수 없었다. 이는 일본에서 간행된 영어 교재와 비교해 볼 때 흥미로운 부분으로 같은 시기에 간행된 일본의 영어 교재들이 대부분 가로쓰기 형태를 취하는 것과는 차이가 나는 점이라 할 수 있다.[81] 이는 표기 방식에 미치는 목표어에 대한 언어관이나 대상 국가와의 관계, 또는 자국어와의 유사성 등이 영향을 준 것은 아닐지 조심스러운 추측이 가능한 부분이다[82].

---

[79] 이러한 방식은 『韓語正規』에서 찾아볼 수 있다.

[80] 일부 문법 설명이 가로쓰기와 유사한 형태인 『韓語正規』의 경우 시제를 제시할 때 영어와 함께 제시한 부분들이 있는데 이렇게 영어가 함께 제시되는 경우 일부분이지만 가로쓰기가 사용되었다는 점을 확인할 수 있었다.

[81] 또는 당시 일본에서 출판된 영어 교재가 미국이나 영국에서 처음에 편찬된 것을 거의 바꾸지 않은 채 내용이나 구성 방식 등을 그대로 사용했기 때문에 이러한 차이가 있을 수도 있을 것이다.

[82] 실제 당시 한국에서 사용되었던 영어 교재들을 살펴보아도 세로쓰기 형태의 교재는 찾아볼 수 없었다. 이때 영어 교재로 가장 많이 사용되었다고 하는 『The New National Reader』(1888)이나 山田巌의 『新英語レッスンズ』(1919), 『Aoki's Grammar and Composition』(1938) 등 모두 가로쓰기 형태로 본문을 제시하고 있다. 한국어교재 가운데 『日韓英三国対話』(1892)를 봐도 삼국의 언어 가운데 영어를 제시하는 부분에서만 가로쓰기 형태를 취하고 있다.

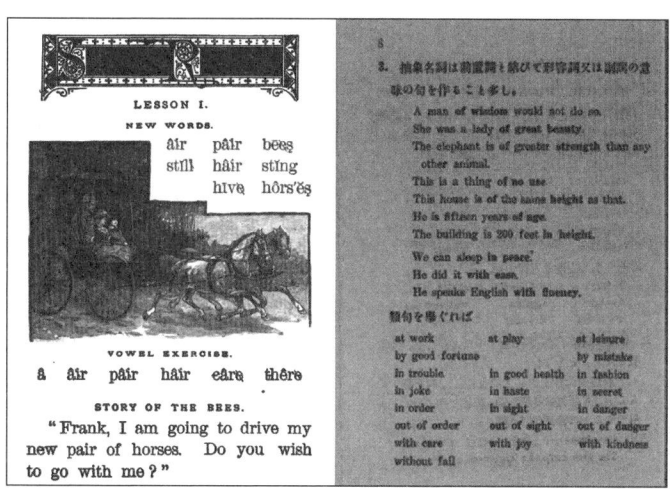

〈그림 Ⅲ-2-4〉 좌측부터 『The New National Reader』(1888),
山田巖의 『新英語レッスンズ』(1919)

회화서 역시 편제 방식에 있어서는 초기의 교재에서 크게 달라진 모습은 아니다. '천문'이나 '지리', '신체', '자연' 등의 어휘항이 하나의 단원명이 되어 관련 어휘를 나열하거나 회화문을 싣는 형태이다. 이러한 점은 근대 초기 서양인 선교사들이 회화서가 어휘항을 제시하고 회화문을 제시했던 방식에서 이후 상황이나 주제로 단원을 구성했던 점과는 다른 점이라고 할 수 있다.

(2) 회화문의 제시 방식

서양의 교수법을 바탕으로 한 한국어교재들이 문법번역식 교수법을 시작으로 청각구두식 교수법, 의사소통중심교수법, 과제중심교수법 등의 교수법을 바탕으로 제작되면서 여러 변화를 겪었지만 그 가운데 가장 큰 변화는 언어를 배우는 목적이 '의사소통능력의 향상'으로 바뀌었다는 점일 것이다. 지금처럼 '의사소통중심교수법'이 중심이 된 통합 교재는 언어의 기능과 영역을 실제성을 바탕으로 제시하는 것이 당연한 일이겠지만 이 시기 한국어교재에서 실제적인 의사소통을 고려했는지를 알기란 어려운 일이다. 회화문의 제시 방식을 살피는 일은 어휘를 제시하는 방식에서 실제 대화를 가정하여 제시하는 방식으로 변하는 과정을 살피는 일이다. 교재의 '변화'나 교재의 '발전'을 볼 수 있는 부분[83]이 여럿 있겠지만 회화문의 제시 방식이 변하는 부분은 실제적인 의사소통에 얼마만큼 가까워졌는지를 가늠해 볼 수 있는 척도가 될 수 있다.

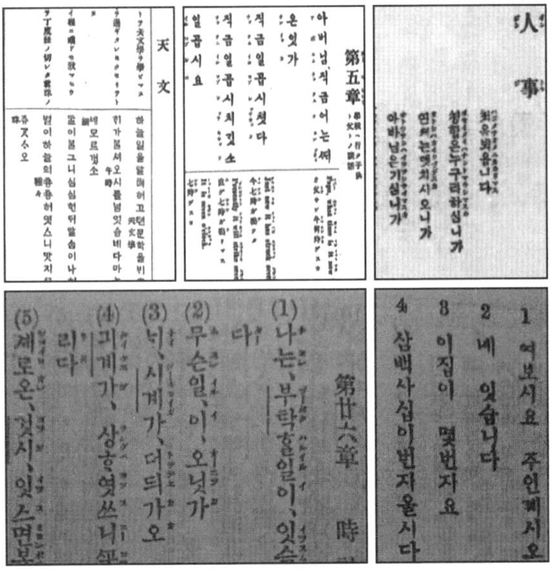

〈그림 Ⅲ-2-5〉 회화서 회화문의 제시 방식

---

83 이 외에도 단원 구성의 변화나 과제의 변화, 평가 방법의 반영, 연습문제나 활용의 제시, 통합성의 정도 등도 기준이 될 수 있겠으나 이 시기 교재의 변화를 감지하기에는 위의 사항들이 모두 반영될 수 없기에 이 글에서는 회화문의 제시 방식을 중요하게 살펴보았다.

〈그림 Ⅲ-2-5〉를 보면 상단 좌측이 1883년 호세코가 재간본으로 발행한『交隣須知』로 이미 100년 이상 한국어교재로 사용되던 것을 일부 수정하여 간행한 것이다. 어휘항을 제시하고, 어휘항의 예문을 나열하는 형태로 제시하고 있다. 상단 중앙의 교재는 1892년 편찬된『日韓英三国対話』로 '시간'을 주제로 연속적인 문장이 제시되어 있다. 이때의 회화문 구성을 보면 문답 형태를 취하고는 있지만 정확하게 질문과 답변이 나뉘어 있는 것이 아니라 질문이 여럿이거나 답변이 여럿이다. 이런 모습은 다른 교재에서도 자주 발견되는 것으로 상단 우측에서 볼 수 있는『日鮮解話辞典』(1926)을 봐도 '성함은 누구라 하십니까', '연세는 몇이십니까', '아버님은 계십니까'와 같이 여러 문장을 상황에 맞게 배열하는 것을 볼 수 있다. 강점기 이전에 편찬된 일본인 대상의 회화서들은 〈그림 Ⅲ-2-5〉의 상단에 제시한 교재와 같은 형태로 회화문을 제시하는 경우가 대부분이다. 이 시기의 회화서는 두 가지 유형으로 구분을 할 수 있는데 하나는 제시하는 주제에 대해 질문과 대답이 불규칙하게 이루어지는 유형이고, 다른 하나는 제시하는 주제에 대한 독백 내지 예문의 형태를 취하는 유형이다. 이와 달리 하단의 좌측 교재는 1937년 가네시마에 의해 간행된『對譯日鮮會話獨修』로 '시계옥'이라는 주제로 문답 형태의 대화가 이루어지는 것을 알 수 있다. 여기서 중요한 점은 대화문을 두서없이 제시하는 것이 아니라 번호를 붙여 제시한다는 점이다. 하단 우측의 교재는 1943년 간행된『朝鮮語教科書』인데 여기서도 '호구조사'라는 주제의 회화문이 문답식의 형태로 제시되어 있는 것을 볼 수 있다. 번호를 통해 질문과 대답이 1:1로 이루어진다는 점과 대화에서 중요한 순서교대가 지켜지고 있다는 점을 알 수 있다.

『鷄林類事』나『朝鮮館驛語』와 같은 어휘집이 교재로서의 일부 기능을 가지고 있었지만 교재로 보기 어려운 이유 중 하나는 어휘를 통한 의사소통에 한계가 있기 때문일 것이다. 이후 17세기와 18세기에 편찬된 『捷解新語』나 『隣語大方』이 교재 역할을 할 수 있었던 가장 큰 이유는 간략하게나마 담화 상황을 고려한 회화문이 실려 있기 때문이다. 회화서로서의 분명한 역할을 했는지 알기 위해서는 실제 담화 상황을 얼마만큼 고려하여 편찬된 것인지를 파악하는 것부터 시작해야 한다. 이러한 관점에서 본다면 어휘 중심의 회화서가 담화 차원으로 바뀌는 과정은 한국어교재사의 중요한 전환점이라 할 수 있을 것이다. 그리고 담화 차원의 대화문이 실제 대화와 어느 정도 가까워졌는지를 통해 '변화'와 '발전'을 가늠해 볼 수 있을 것이다.

2.4. 소결론

일본인 대상의 한국어교육과 관련한 일은 그 시대적·역사적 발자취만큼이나 정의를 내리기가 힘들다. 하여 일제강점기의 한국어교육과 관련한 내용은 마치 현재의 한국어교육과는 동떨어진 논외의 대상인 것처럼 다루어지기도 했다. 충분히 공감이 가는 부분이며, 전면 부인할 수도 없는 일이지만 한편으로는 더 정확하고 다양한 연구가 이루어지지 않은 채 시기적 특성에 묶여 있는 것은 아닌지 우려가 되기도 한다. 확보한 원문과 분석한 자료만으로 이 시기 전체를 정확히 조망하기는 어렵겠지만 교재사의 관점에서 근현대 일본인 대상 한국어교재에 대해 간략하게나마 다음과 결론을 내릴 수 있겠다.

첫째, 근현대 일본인 대상의 한국어교재는 서양인 대상의 교재와는 다른 시대적 특수성을 안고 있다. 서양인 학습자 대상의 교재가 '선교'라는 비교적 단순한 의도로 편찬된 것에 반해 일본인 대상의 교재는 '교린', '학술', '생계', '통치' 등 다양한 목적으로 편찬되었으며, 주변국과의 상황이나 외교·정치적 문제와 밀접하게 관련을 맺고 있다.

둘째, 서양인 학습자 대상의 교재가 저자 본인의 교수법을 바탕으로 하기에 문법번역식 교수법의 영향을 많이 받아 편찬되었다면 일본인 대상의 교재는 전통적인 교수법의 영향을 많이 받았다. 또한 전통적인 교수법의 영향과 자국의 문법서를 바탕으로 하고 있는 한국어교재는 같은 시기 일본인 연구자들이 편찬한 영어 학습서나 중국어 학습서와는 또 다른 형태와 양상을 보이고 있다는 점도 본문을 통해 확인할 수 있었다.

셋째, 초기의 문법서는 일본어 문법서를 바탕으로 한국어 문법을 분류한 것이기에 오류가 많았지만 이후 한국어의 특성을 반영해 편찬이 이루어졌으며, 회화서 역시 실제적인 내용을 담기 위해 변화된 모습을 볼 수 있었다. 일정 시기에 국한되어 편찬된 서양인 대상의 교재와 달리 50여 년 동안 200종이 넘는 다양한 편찬이 이루어지고, 오류가 있는 부분에 대한 수정이 이루어지면서 자연스럽게 생긴 결과로 보인다.

들어

네무순척는

다닐넛다

은슈장이외나돔용인

를이무뵈왓슴보왓슴

국사람보시사람이며

볼니두보지못하갓다보지못

마시볼게엽소왜니가근시하

IV. 교재 목적에 따른 고찰

1. 회화 학습 목적의 교재[1]

1.1. 근현대 회화서

한국어교육 연구가 활발해지고 학문적 성과가 축적되면서 한국어교육학 안에서 한국어교재에 관한 사적인 연구와 검토가 학문 연구의 한 분야로 정착되고 있다. 그동안 한국어교육사와 시기 구분에 대한 논의 못지않게 통시적인 한국어교재의 발전과 변천에 대한 연구가 이루어졌지만 아직까지 개별적인 특정 시기의 구체적인 연구가 활발하게 이루어지고 있는 것은 아니다. 이번 장에서는 근대 태동기 교재의 특성 중 회화 교재의 특성을 교재에 실린 회화문을 통해 살피고자 한다. 근대 태동기에 간행된 한국어교재 중 14권의 교재를 선정하여 회화문의 구성 방식과 회화문의 표기 방식을 살펴보고 이 시기 회화 교재의 특징을 개략적으로 알아보고자 한다.

태동기(1870~1945)의 한국 정세는 국제관계를 비롯해 국내에서의 군란과 정변에 이르기까지 혼란과 변화가 뒤섞인 시기로 볼 수 있다. 이 시기 한국어교재의 가장 큰 특징은 어휘를 중심으로 한국어를 소개했던 이전

---

[1] 이 장은 고경민(2013)을 수정 보완한 것임.

의 문헌들과 달리 분명한 목적을 가진 교재가 등장했다는 점이다. 이전처럼 한국의 문화와 풍습을 목적으로 하거나 역사 전달을 목적으로 하는 것이 아닌 한국어라는 언어교육이 주된 목적이라는 점에 주목할 수 있다. 내용 면에서도 어휘를 대조했던 이전 시기와 달리 문법 교수가 중심이 되어 편찬되었으며, 주로 품사 체계나 용언의 활용에 초점을 두고 발음이나 음운 체계에 대한 설명을 덧붙이는 형태로 간행되었다. 문법과 더불어 회화를 위한 교재도 등장해 주제별, 단원별로 회화문을 구성하고 있다는 점도 이 시기 교재의 내용적인 특징으로 볼 수 있다. 근대 태동기에 편찬된 문법 교재의 경우 자국의 문법 체계와의 비교를 중심으로 기술한 문법서들이 많으며, 표준화된 정책이나 공표된 사항이 없는 관계로 교재마다 상이한 내용을 교육하는 경우도 있다. 하지만 이 시기에 다져진 한국어 문법 체계와 교재 제작은 이후에 편찬되는 한국어교재와 한국어 문법에 직·간접적으로 영향을 끼치게 되며, 무엇보다 본격적인 언어교육을 위한 교재가 간행되었다는 의미를 찾을 수 있다.[2]

시대별 교재사 연구를 위해서는 각 시대 간의 맥락과 흐름을 찾을 수 있어야 한다. 이 시기 한국어 회화 교재는 이전 시기 표제어 중심의 단원 구성 방식을 계승 발전시키고 있지만, 여기에 그치지 않고 시대적 상황을 반영한 회화 내용을 담고 있다. 또한 이러한 회화 내용은 다음 시대까지 이어져 시대적 상황을 비롯한 특수 목적[3]의 회화서 간행까지 맥락을 이어가게

---

[2] 이는 이전 시기 역관 중심 교육이나 어휘와 문화, 풍습을 전하는 것에서 벗어나 '한국어교육'의 틀 안에서 '문법'과 '회화' 교육이 시작되었다는 것을 의미한다.

[3] 여기에서 특수 목적이란 전문 직종을 위한 회화서 편찬이나 정치적 목적으로 간행된 교재를 가리키는 것으로 대표적인 교재로 1943년에 경찰관강습소에서 간행된 『朝鮮語敎科書』와 1938년에 이토의 『朝鮮語遞信會話』 등이 있다.

된다.

1) 분석 대상 교재

　분석의 대상이 된 교재는 총 14종으로 서양인 연구자의 저서가 7종이며, 일본인 연구자의 저서가 7종이다. 서양인 연구자의 저서 중 Ross(1882, 1877)과 Scott(1882, 1893)은 같은 연구자의 저서이기는 하지만 단원 구성이나 문장 구성에서 차이가 있어 구분해서 실었다. 일본인 연구자의 교재 중 2종은 『역대 문법 대계』에 실려 있는 교재로 나머지 5종은 '일본 국회 도서관'의 '국립국회도서관디지털자료'(国立国会図書館デジタル化資料)[4]에 수록된 교재와 최근에 간행된 영인본 중에서 선정하였다. 교재 선별 기준은 회화문을 확인할 수 있는 회화 단원이 존재하고, 회화문의 표기 방식이나 단원 구성을 충분히 식별할 수 있는 교재로 선정하였다. 특히 일본인 연구자에 의해 편찬된 교재의 경우 시대적 상황이나 교재의 내용에서 분명한 차이를 드러내는 1909년의 교재[5]는 되도록 분석 대상에서 제외했다. 마지막으로 교재의 교육대상을 분명히 할 필요가 있었는데 통감부가 설치된 이후의 교재를 '외국인을 위한 한국어' 교재로 볼 수 있는지에 대한

---

[4]　http://dl.ndl.go.jp/

[5]　1906년 통감부가 설치되면서 이후에 간행된 교재들의 경우 제국주의 팽창 정책을 반영한 경우가 많았으며, 특히 1909년에 간행된 『文法註釋 韓語研究法』이나 『韓語文典』 등은 이러한 목적을 서문에서 분명히 밝히고 있다. 다만 이 논문에서 분석의 대상으로 삼은 『韓語正規』의 경우 통감시대 이후 교재의 정치적인 목적보다는 언어 교수의 목적이 더 분명해서 분석 대상으로 삼았으며, 『獨學 韓語大成』의 경우 당시의 회화서로서는 보기 드문 방대한 회화문과 내용을 싣고 있지만, 정치적인 목적이 뚜렷하게 드러나고 통감시대 이후 저술된 다른 교재와 같이 제국주의 팽창 정책이 회화 내용에도 영향을 끼치고 있기에 분석 대상에서 제외하였다.

여러 논의[6]가 있었으므로 통감부 설치를 기준으로 교재를 선정하되 통감부 설치 이후에 편찬된 교재 중에서도 언어 교수의 목적이 분명히 드러나고 회화부의 구성과 내용을 분명히 알 수 있는 경우 대상에 포함했다. 대상 교재는 다음과 같다.

ㄱ. Ross, 1877, 『Corean Primer』, 美長老敎書部, 『역대한국문법대계』 ② 2, 박이정, 2008.
ㄴ. 호세코, 1880, 『일한선린통화(日韓善隣通話)』, 알 수 없음, 『역대한국문법대계』 ② 28, 29, 박이정, 2008.
ㄷ. Ross, 1882, 『Korean Speech with Grammar and Vocabulary』, Kelly & Walsh Kelly & Co, 『역대한국문법대계』 ② 6, 박이정, 2008.
ㄹ. Scott, 1887, 『언문말칙』 (A Corean Manual or Phrase Book with Introductory Grammar), Statistical Department of the Inspectorate General of Customs, 『역대한국문법대계』 ② 8, 박이정, 2008.
ㅁ. Huart, 1889, 『Manuel de la Language Coreenne Parlee』, Imprimerie Nationale, 『역대한국문법대계』 ② 22, 박이정, 2008.
ㅂ. Underwood, 1890, 『한영문법』(韓英文法), The Yokohama Seishi bunsha, 『역대한국문법대계』 ② 11, 박이정, 2008.
ㅅ. Scott, 1893, 『A Corean Manual or Phrase Book: with Introductory Grammar』, English Church Mission Press, 『역대한국문법대계』 ② 9, 박이정, 2008.
ㅇ. 고쿠부, 1893, 『일한통화(日韓通話)』, 東京築地活版製造所, 일본국회도서관 소장본.
ㅈ. 마츠오카, 1894, 『조선어학독안내(朝鮮語學獨案內)』, 東京築地活版製造所, 일본국회도서관 소장본.

---

6 이점은 허재영(2009), 오대환(2009)을 참조할 것

ㅊ. Gale, 1894, 『Korean Grammatical Forms』, Trilingual Press, 『역대한국문법대계』 ② 14, 박이정, 2008.
ㅋ. 시마이, 1902, 『실용한어학(實用韓語學)』, 博文館, 『역대한국문법대계』 ② 30, 박이정, 2008.
ㅌ. 무라카미, 1904, 『한어회화(韓語會話)』, 大日本図書株式會社, 일본국회도서관 소장본.
ㅍ. 가네시마, 1905, 『한어교과서(韓語敎科書)』, 青木嵩山堂, 일본국회도서관 소장본.
ㅎ. 곤도[近藤信一], 1906, 『한어정규(韓語正規)』, 文求堂, 일본국회도서관 소장본.

2) 회화서의 구성 방식

(1) 회화 단원의 회화문 구성 방식

여기서 살펴볼 회화문 구성 방식은 회화문, 즉, 회화를 구성하는 대화가 어떤 방식으로 이루어졌는가를 비교하는 일이다. 현대 한국어교재의 경우 2인 혹은 그 이상의 대화 참여자가 대화를 주고받는 형태를 취하고 있으며, 이미 정해진 주제나 상황에 맞게 실생활에서 사용할 수 있는 대화문을 학습자가 익힐 수 있도록 구성한 경우가 대부분이다. 하지만 근대 태동기 한국어교재의 경우 이러한 현대 회화문의 구성 방식을 취하고 있지 않으며[7], 박기영·채숙희(2007)에서는 이를 세 가지 방식으로 분류하고 있다. 여기서는 앞선 연구자의 분류를 바탕으로 실제 교재를 대상으로 분류 방식을 적용하고 그 예를[8] 살피고자 한다.

---

[7] 하지만 분석 대상 교재 중 현대의 한국어교재와 비교해 볼 수 있는 교재도 있었으며, 이는 뒤에서 다시 소개하기로 한다.

[8] 회화문 구성 방식에서는 표기 방식과 달리 한국어 문장의 구성을 살피는 부분으로 특별히 원본에서 표기하고 있는 번역이나 발음표기는 따로 기술하지 않고, 교재에 나온 한국어 회화 부분만 예시로 들기로 한다.

분석 기준	해당 교재	
상황 전제의 담화 구성	『일한선린통화(日韓善隣通話)』, 『Corean Primer』, 『Korean Speech with Grammar and Vocabulary』, 『조선어학독안내(朝鮮語學獨案內)』, 『한어회화(韓語會話)』, 『한어교과서(韓語教科書)』, 『한어정규(韓語正規)』	7종
문답식 담화 구성	『Manuel de la Language Coreenne Parlee』, 『언문말칙』, 『A Corean Manual or Phrase Book : with Introductory Grammar』	3종
단독 문장 구성	『한영문법』(韓英文法), 『일한통화(日韓通話)』, 『Korean Grammatical Forms』	3종
기타	『실용한어학(實用韓語學)』	1종

〈표 Ⅳ-1-1〉 근대 회화 교재의 회화문 구성 방식

가) 상황 전제의 담화 구성

상황 전제의 담화 구성은 정해진 하나의 주제와 상황을 바탕으로 대화문을 구성하는 경우이다. 이런 경우 특별히 구분되어 있지 않지만 질문에 대한 대답을 하거나 하나의 상황에 대한 연속적인 담화문으로 구성된다. 상황 전제의 담화 구성을 보이는 교재는 『日韓善隣通話)』(1880), 『Corean Primer』(1877), 『Korean Speech with Grammar and Vocabulary』(1882), 『朝鮮語學獨案內』(1894), 『韓語會話』(1904), 『韓語教科書』(1905), 『韓語正規』(1906)를 살펴볼 수 있다. 상황 전제의 담화 구성은 전체 '장'이나 '절', 'LESSON'안에서 이루어지는 것으로 주로 문답 형태가 계속 이어지는 형태로 구성되어 있다.

(1) 『Korean Speech with Grammar and Vocabulary』(1882)
VISITING - 손님 오심무다 몟분이냐 세분이오다 너아나냐 아지못함무다 보고타고오나냐 다 말타고옴무다 사환이잇나냐 마부이 서명쳡들고옴무다 가져오나라 친한친고로다 쳥ᄒ여직실노모셔라

다들어오셧수다 죠금안져기다리라고살아라 -중략
(2) 『韓語敎科書』(1905)
참, 후회가, 무긍, 함니다 창, 다더라, ᄇ름이, 든다 썩굿소 침, 월식이, 돗소 못드러, 오켓소 안직, 씌가 일소 안직, 아니왓소 춤, 올흔, 말숨이요 날마다, 슐노, 쇼일ᄒ오 온젼이, 맛츳소 더, 드리릿가 안직, 흘슈, 업소 곳게, 가시오 참, 그럿스늬다 쏘법옵시다 쏘, 놀나, 오시요

이렇듯 상황 전제의 담화 구성은 정해진 주제에 관해 이야기하거나 특정한 상황에서의 대화로 회화문을 구성하는 방식으로 문답식 담화 구성과 다른 점은 묻고 답하는 형식도 있지만 주로 그 주제에 대해 누구라도 할 것 없이 말을 꺼낸다는 점에서 차이가 있다. (2)의 경우는 손님이 집에 방문하는 상황의 담화 구성으로 문답식으로 시작은 하고 있지만, 뒤로 갈수록 누구의 말인지 구분하기 어려울 정도로 상황 중심의 대화가 오가고 있다. (1)의 경우에도 대화 내용을 볼 때 누군가의 집을 방문한다는 상황은 알 수 있지만 서로의 물음에 답을 하기보다는 이런 상황에서 나올 수 있는 대화문을 순차적으로 연결해서 회화문을 구성하고 있다는 것을 알 수 있다.

나) 문답식 담화 구성

문답식 담화 구성은 앞선 상황 전제의 담화 구성처럼 '장' 혹은 '단원'의 내용과 관계없이 1문 1답 형태로 진행된다. 문답식 담화 구성 교재는 Huart(1889), Scott(1887, 1893)를 볼 수 있다. 이러한 문답식 대화 구성과 상황 전제의 담화 구성의 가장 큰 차이는 '연속성'의 유무이다. 문답식 담화 구성은 서로의 물음에 대한 답을 하는 방식으로 이야기는 구성되고 있지만 해당 단원의 주제나 상황에 반드시 일치하지는 않으며, 전체 대화문이 연속성을 띠고 있지 않다.

(3) 『Manuel de la Language Coreenne Parlee』(1889)
   61. 무어술ᄒᆞᄂᆞ냐 62. 칙을쓴다
   65. 싱원님일양이계시오닛가 66. 무ᄉᆞᄒᆞ다

(3)의 경우처럼 61번이 묻고 62번이 답하는 문장으로 볼 수 있지만 실제 이 내용이 65번이나 66번 문장과 이어지고 있지는 않다.

(4) 『A Corean Manual or Phrase Book :with Introductory Grammar』(1893)
   1. 우물이 미우 깁소 2. 엇더케 문돌겟소 3. 잘 되기를 부라오
   4. 이 것 무어시 쓰겟소 5. 얼마나 구ᄒᆞ오 6. 조곰 만 달나ᄒᆞ오

마찬가지로 (4)의 경우도 1번, 2번, 3번이 그리고 4번, 5번, 6번이 문답식으로 담화를 구성하고 있지만 두 내용이 서로 일관된 내용으로 연결되고 있지는 않다. 이런 특성이 상황 전제의 담화 구성과 두드러지게 차이를 보이는 부분이다.

다) 단독 문장 구성

단독 문장 구성은 상황과 관련된 내용으로 나열되거나 해당 주제에서 자주 쓰이는 문장을 독백 형태로 나열하는 경우이다. 단독 문장으로 회화문을 구성하고 있는 교재는 Underwood(1890), 고쿠부(1893), Gale(1894)을 살펴볼 수 있다. 단독 문장 구성은 해당 단원의 맥락에 맞는 문장을 문답 형태가 아닌 개별 문장으로 구성한 형태로 주로 고빈도의 문장을 저자의 판단에 따라 기재한 것으로 보인다. 이런 구성은 앞선 상황 전제의 담화 구성처럼 주제나 상황이 주어지는 경우도 있지만 담화 내용이 주제나 상황에

맞춰 진행되는 것은 아니다. 또 문답식 담화 구성처럼 질문을 하는 일도 있지만, 반드시 거기에 답하지 않고 다른 내용으로 대화를 이어가는 예도 볼 수 있다. 여기서는 고쿠부(1893)과 Gale(1894)의 내용을 통해 단독 문장 구성의 예를 살펴보기로 하겠다.

(5) 『日韓通話』(1893)-時期
인륜(人倫) Human Relationships
(267) 아버지면저죽고조부가나죵죽으면승즁기샹닙ᄂᆞᆫ법이오
(268) 어머니씌셔닐흔이되셔것마ᄂᆞᆫ할머니가계시기로이째ᄭᅡ지며나리노릇ᄒᆞ심니다
(269) 형이아우를ᄉᆞ랑ᄒᆞ여야아우가공슌ᄒᆞ오
(270) 아져씨쎼셔쳡어더가지고아쥬머님을웨구박ᄒᆞ심닛가

(5)의 경우를 보면 주어진 주제는 '시기(時期)'로 처음 만났을 때의 상황을 전제로 대화가 구성되는 것 같지만 인사를 나누는 장면 뒤에 근황이 이어지는 부분이나 돌아가는 장면 등이 '시기'라는 주제와 밀접하지 않으며, 그렇다고 문답식 담화 구성처럼 서로 묻고 답하는 대화로 구성된 것도 아니다. Glae(1894)의 경우는 『交隣須知』의 내용을 그대로 옮기고 있으며, 표제어가 주어지면 거기에 해당하는 문장을 나열하는 형식을 취하고 있다.

(6) 『Korean Grammatical Forms』(1894)
처음뵈옵늬다 오리간만에우연이맛나뵈오니과연반갑ᄉᆞ외다 여긔언제나와계시오닛가 요ᄉᆞ이무슨일노그럿게골몰허시오 이번일을되도록심써ᄒᆞ여주시면미우싱광이되겟소 거번쳥허든대로주션허여주시니감샤허외다 일젼의논헌일은엇지되엿습ᄂᆞ닛가 째가느저가니몬져가오나도뒤밋처즉시가리다

(6)에서는 (5)와는 또 다른 특성을 확인할 수 있다. 앞선 (5)의 경우 상황 전제의 담화 구성과 달리 주어진 상황이나 주제와 대화문이 일치하지 않는다고 언급하였는데 (6)의 경우는 이와 달리 주어진 주제와는 일치하지만, 전체 대화문에서 연속성을 찾아볼 수 없는 경우로 볼 수 있다. 즉, 상황 전제의 담화문 구성이 갖춰야 할 '주어진 주제와의 일치 여부', '전체 담화문의 연속성'이라는 조건을 각각 한 가지씩만 충족하고 있는 것이다. 위 경우처럼 전체 주제에 따라 자주 사용되는 문장을 나열하는 형태도 있지만 회화의 목적이 아닌 문법의 예문을 목적으로 만들어진 대화문의 경우 주제와 상관없이 자주 사용되는 표현을 나열하는 경우도 있다. 아래 (7)과 같은 예시가 그런 경우이다.

(7) 『한영문법』(1890)
2.(a) 은 아모것라도 아는줄 아는 모양이오. 쉬이 일본 사룸이 아모거시라도 모들겟소. 그 어린 ᄋ희는 보는대로 가지고 시버ᄒ오. 아기 의게 무어시 던지달나는 대로 다 주지 마는거시 올소.

(7)의 예문을 보면 회화부를 단독으로 구성하지 않고 문법부 안에서 회화 문장을 다루다 보니 해당 문법에 대한 예문의 역할을 회화문이 담당하고 있다는 것을 알 수 있다. 이러한 이유로 회화문의 연속성보다는 자주 사용되는 표현을 실은 것으로 보인다.

라) 기타
위에서 언급한 세 가지 형식에 포함되지는 않지만, 현대 한국어교재의 담화 구성과 비슷한 방식을 취하고 있는 교재를 찾아볼 수 있었다. 분석한 교재 중에서 현대적인 의미의 한국어 회화부와 가장 흡사한 형태로 『實用

韓語學』(1902)을 살펴볼 수 있다. 이 경우 상황 전제의 담화 구성의 내용을 취하면서 담화 형식은 문답식 형태를 띠고 있어 현대 한국어교재에 나오는 회화문 구성과 비슷한 양상을 찾을 수 있었다. 하지만 교재 일부에서는 이런 특성을 찾을 수 없는 때도 있어 하나의 특징적인 형식으로 분류하지 않고, 기타로 분류하였다.

(8) 『實用韓語學』(1902) - 會話第六 宿屋
당신은, 어듸, 가시는길이오, 나는, 셩울가는길이오,
슈로~, 가시오, 뉵노로, 가시오, 뉴로~가면, 션가~, 얼마냐, 상등,
십오원이, 올시다,
륙노로, 가면몌칠길이냐, 륙노로, 흔, 쳔리나되오,
인쳔, 갈비가, 언제, 쩌나오, 건일에, 업슴늬다,
그러면, 뉵노로, 갈밧긔, 업소, -중략

(8)은 '여인숙'에서 이루어지는 대화로 두 사람은 서로의 행선지를 묻거나 이동 방법에 대해 대화를 나누고 있다. 여기서는 '여인숙' 혹은 '여관'에서 만난 낯선 사람 간의 대화라는 주제는 물론 서로 대화를 주고받는 방식 또한 문답식 형태를 이루고 있다는 것을 알 수 있다. (9)는 2009년 한국외국어대학교 한국어문화교육원에서 펴낸 『외국인을 위한 한국어1』 교재의 한 부분이다.

(9) 『외국인을 위한 한국어1』(2009) - 제29과 비행기로 갔어요?
유리 : 이번 여행에 돈이 얼마나 들었어요?
에릭 : 제주도에 친구 집이 있어서 별로 많이 들지 않았어요.
유리 : 제주도에 바로 갔어요?
에릭 : 아니요, 갈 때 부산에 먼저 갔어요. 거기서 제주도로 가는 배를 탔어요.
유리 : 배 여행은 어땠어요?

에릭 : 좋았지만 시간이 많이 걸렸어요.

(9)와 (8)을 비교해 보면 시대 상황에 따른 내용의 차이는 볼 수 있지만, 대화를 구성하는 방식에서는 큰 차이가 없음을 알 수 있다. 즉, 전체 주제와 상황에 맞는 담화문을 구성하면서 두 사람 간의 문답 형태로 회화문을 구성하고 있다는 점에서 공통점을 찾을 수 있다.

3) 회화서의 표기 방식

회화문 표기 방식은 크게 두 가지로 나눠서 살펴볼 수 있다. 크게 '가로쓰기 방식'과 '세로쓰기 방식'으로 구분할 수 있으며, 세로쓰기 방식도 '상하 구성'과 '좌우 구성'으로 나눌 수 있다. 표기 방식의 경우 서양인 연구자와 일본인 연구자가 뚜렷하게 양분되는 특성을 확인할 수 있다. 이 시기 회화 교재의 회화문 표기 방식을 표로 정리하면 다음과 같다.

표기 방식		해당 교재	
가로쓰기 방식		『Corean Primer』, 『Korean Speech with Grammar and Vocabulary』, 『언문말칙』, 『Manuel de la Language Coreenne Parlee』, 『한영문법』(韓英文法), 『A Corean Manual or Phrase Book :with Introductory Grammar』, 『Korean Grammatical Forms』	7종
세로쓰기 방식	상하 구성	『한어회화(韓語會話)』, 『한어교과서(韓語敎科書)』	2종
	좌우 구성	『일한선린통화(日韓善隣通話)』, 『일한통화(日韓通話)』, 『조선어학독안내(朝鮮語學獨案內)』, 『실용한어학(實用韓語學)』, 『한어정규(韓語正規)』	5종

〈표 Ⅳ-1-2〉 근대 회화 교재의 회화문 표기 방식

(1) 가로쓰기 방식

서양인 연구자에 의한 교재는 가로쓰기로 문장을 제시한 후 한국어 문장 밑에 발음을 로마자로 표기하고 자국어로 의미를 덧붙이는 방식으로 이루어져 있다. 근대 태동기 당시의 가로쓰기 방식은 당시의 한국인에게는 낯선 방식일 수밖에 없었다. 홍현보(1993)에서 조사된 내용을 살펴보면 '가로쓰기'가 처음 신문에 실린 것은 1845년 8월 15일에 창간된 『호남신문』으로 나와 있다. 이후 주시경 선생[9]에 의해 '가로쓰기'가 확대되었고 1932년 5월 1일 창간된 『한글』지에서 본격적인 가로쓰기 체제가 시작되었다고 기술하고 있다. 또 송주성(1937)을 보면 가로쓰기에 대한 다음과 같은 견해가 실려 있는 것을 볼 수 있다.

(10) 글자의 性質로 보아서나 實用上으로나 <u>한글은 가로글씨로 함이 가장 自然的이요,</u> 合理的이란 점에서 가로글씨의 必要性은 斯界 專門家들의 거의 共通的으로 느껴온 것이라 하겠다. 이에 對한 "史的 考察"을 보아도 二十餘年 前부터 論議된 問題임을 밝히 알것이니, 한글을 지으신 世宗께서 當時 西洋 文化를 參考하셨던들 한글의 마춤법을 가로글씨로 하였으리라고 漢字 模形의 遺憾됨을 말하리만큼 한글의 가로글씨의 必要를 痛感하게 된 것이다. 그것은 다만 西洋 文字를 본뜨고자 함에서가 아니요, 그 理論的 根據는 여러 專門 大家들의 論文을 보아 잘 알 일이다.

근대 태동기 당시에 간행된 한국어교재의 가로쓰기는 당시의 교재 체

---

[9] 주시경 선생의 「말의 소리」에서 〈우리글의 가로 쓰는 익힘〉이라는 제목으로 다음과 같은 기술을 찾아볼 수 있다. "말은 반드시 다듬어야 좋은 말을 이루고 좋은 말을 적어 좋은 글이 되나니라. 글의 가장 좋은 것은 그 가장 잘 다듬은 말을 적은 것이오, 또 <u>이를 가로 쓰는 것이니라.</u>"

제로서는 앞선 방식으로 볼 수 있다. 회화문을 기준으로 가로쓰기 방식으로 편찬된 교재를 살펴보면 먼저 Huart(1889)와 Scott(1887, 1893), Ross(1877, 1882)와 같이 한국어 문장의 위나 아래에 번역문과 로마자 발음을 표기한 형태를 살펴볼 수 있다.

(11)

Manuel de la Language Coreenne Parlee(1889)	Que fais-tu? 무어슬ᄒᆞᄂᆞ냐 Mou-e-sal' ha-na-nya?
『언문말칙』(1887)	븨 드러 왓단 말 업소 pai teure oattan mar epso ship entered came speech not is There is no news of the ship's arrival
『Korean Speech with Grammar and Vocabulary』(1882)	Visitors have come. How many? 손님 오심무다 몟분이냐 sonnim osimmooda metbooninia Guest come. How many?
『Korean Grammatical Forms』(1894)[10]	늙은이쳔만은곳칠슈업소 It is impossible to cure an old man's asthma.

(11)과 같은 방식 외에 가로쓰기 형식을 취하고 있지만 왼쪽과 오른쪽으로 나눠서 왼쪽에는 번역문을 싣고 오른쪽에 한국어 문장을 표기한 방식을 Underwood(1890)에서 찾아볼 수 있다.

---

[10] Gale(1894)에서는 발음표기는 적지 않고 한국어 문장과 이에 해당하는 번역 문장만 실려 있다.

(12)

| 한영문법
(1890) | Which is the drawer you keep your lead pencils in? | 연필 둔 셜합이 어느 거시오 |

　가로쓰기 방식은 이후 1960년 한국인에 의해 최초로 간행된 한국어교재인『한국어 교본』에서 찾아볼 수 있으며, 여기서는『한영문법』(1890)의 방식처럼 왼쪽에 영어 문장을 적고 오른쪽에 한국어 문장을 적는 형태로 교재를 구성하고 있다.

　이러한 가로쓰기 방식은 다음에 살필 세로쓰기 방식과 비교했을 때 서양인 연구자와 일본인 연구자가 분명히 구분되는 지점이기도 하다. 또한 일본인 연구자의 세로쓰기가 한국어교재에만 드러나는 현상인지 다른 언어 학습에서도 동일한 현상인지 살펴볼 필요가 있다. 다른 언어권의 교재에서도 '가로쓰기' 방식이 발견되지 않는다면 이는 이 시기 일본에서의 교재 편찬 방식 중 표기 방식이 '세로쓰기'로 통일되어 있다고 볼 수 있을 것이다. 반대로 이 시기 일본에서 편찬된 다른 언어교육 교재에서 '가로쓰기' 방식이 발견된다면 이는 한국어 학습에만 적용된 독특한 방식으로 볼 수도 있을 것이다. 이를 위해 비슷한 시기 일본에서 편찬된 몇 종의 중국어와 영어 교재를 살펴보았다. 영어 회화 교재를 살펴본 결과 한국어교재와 표기 방식에서 차이가 있음을 발견할 수 있었다. 1887년 간행된『英語会話編』의 회화 단원을 살펴보면 표기 방식이〈그림 Ⅳ-1-1〉과 같이 '가로쓰기' 방식임을 알 수 있다.

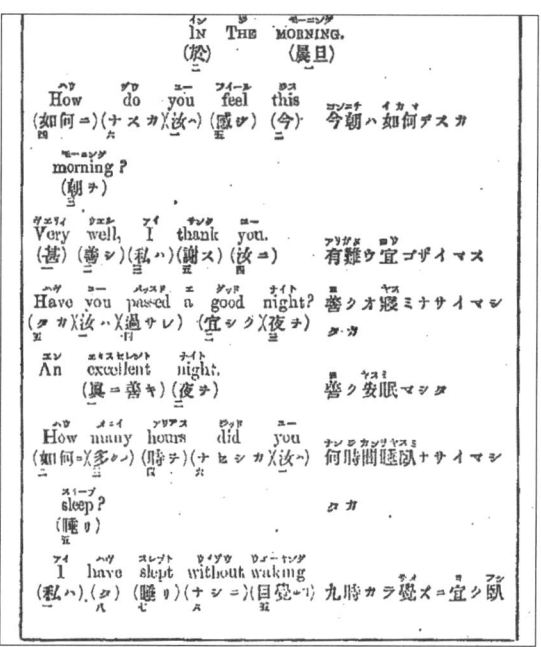

〈그림 Ⅳ-1-1〉 일본의 영어 학습 교재 『英語会話編 正則』

이 밖에도 이 시기 간행된 영어 학습 교재에서도 마찬가지의 '가로쓰기' 방식이 발견되었다. 이는 본래 가로쓰기 형태로 간행된 영어 간행물에 맞춰 표기 방식을 '가로쓰기' 형태로 바꿨다는 점을 추측해 볼 수 있다. 이는 다음에 살펴볼 중국어 학습 교재와 비교해 보면 조금 더 분명히 알 수 있다.

(2) 세로쓰기 방식

일본인 연구자에 의한 교재는 모두 세로쓰기로 이루어져 있는데 이는 다시 한국어 문장과 일본어 문장을 상하로 배열하는 방식과 한국어 문장의 왼쪽이나 오른쪽에 일본어 발음과 문장을 기재하는 방식으로 나눌 수 있다. 또한 일본인 연구자의 교재 중에는 상단에 한자어를 따로 제시하는 경우도 볼 수 있는데 이는 서양인 연구자의 교재에서는 찾아볼 수 없는 특징이기도 하다. 한국과 일본의 세로쓰기 방식은 중국 한자의 영향이 가장 컸던 것으로 보인다. 한국과 일본의 세로쓰기 방식에 대해 윤상한(2009)에서는 서양 문화권에서의 가로쓰기는 필기구와 서사 재료의 영향에 의한 것으로 특히 파피루스나 양피와 같은 동물 가죽이 기록 매체의 중심을 이루게 되면서 비교적 넓은 공간에 글자를 쓰는 형태로 기록이 이루어지게 됨에 따라 가로쓰기로 기록이 가능하게 되었다고 보고 있다. 이와 반대로 동양 문화권에서의 기록 매체는 갑골 등으로 출발해서 죽간이 보편적으로 사용되었는데 죽간의 경우 가로로 문자를 쓰는 것보다 세로로 쓰게 되는 것이 자연스럽기 때문에 한자문화권에서는 세로쓰기가 자연스러울 수밖에 없었다고 보고 있다.[11] 이는 근대 태동기 이후에 편찬되는 일본인에 의한 한국어 교재에서도 계속 나타나는 형태로 상하 구성과 좌우 구성만 바뀔 뿐 세로쓰기 방식 자체는 바뀌지 않는다.

가) 상하 구성

상하 구성을 보이는 교재는 대표적으로 『韓語會話』(1904)와 『韓語敎科書』(1905)를 살펴볼 수 있다. 상하 구성의 경우 아래의 좌우 구성과 같이 한글 옆에 가나 표기를 함께하거나 아래 일본어 번역문 옆에 가나 표기를 함께하기도 한다. 상하 구성은 위의 한글 문장과 아래의 번역문이 정확하게 일대일로 대칭되는 형태로 『韓語敎科書』(1905)에서는 문장의 시작 부분에 ○ 표기를 해서 학습자들이 문장의 시작과 끝을 혼동하지 않도록 배려하고 있다.

한 가지 흥미로운 사실은 상단에 한글로 표기된 부분의 경우 발음을 위

---

[11] 현재 일본의 경우 일본어로 조판된 신문이나 문예작품 등은 여전히 세로쓰기로 작성되는 경우가 많다.

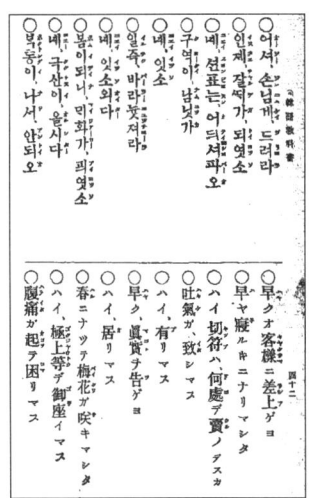

〈그림 Ⅳ-1-2〉『韓語敎科書』
(1905)의 쓰기 방식

해 가나 표기를 하는 것이 당연하지만 하단부의 일본어 번역 문장에도 가나 표기가 달린다는 점이다. 이는 좌우 구성에서도 마찬가지로 발견되는 부분으로 일본 한자음 옆에 대부분의 교재가 가나 표기를 병기하고 있다. 이는 당시에도 일본 한자음의 발음이 여러 가지이기 때문에 혼란을 줄이고자 표기한 것으로 보인다.[12]

나) 좌우 구성

좌우 구성의 경우도 한국어 문장을 중심으로 왼쪽에 일본어 문장이 나와 있는 경우와 오른쪽에 일본어 문장이 표기된 경우로 나눌 수 있으며, 한국어 발음을 가나로 표기한 경우와 대역 문장만 표기한 경우로 구분할 수 있다. 특이한 것은 『日韓通話』(1893)의 경우 왼쪽에 한국어 문장을 제시하고 오른쪽에 일본어 문장을 제시한 뒤 한국어 문장에 대한 발음을 표시하지 않고 일본식 한자에 대한 가나 표기를 함께하고 있다는 점이다.[13]

---

[12] 현재까지도 일본에서는 명함을 주고받을 때 일본식 한자 위에는 거의 대부분 발음을 표기하는 경우가 많다. 이는 아직까지 혼용해서 사용하고 있는 '오음'과 '한음'의 발음이 다르기 때문에 발생하는 문제라 할 수 있다.

[13] 이 시기 한국어학습서의 가나 표기에 관한 연구는 편무진(2009)을 참고할 수 있다.

(13)

日韓通話	實用韓語學	韓語正規
ワタクシ ショウバイ イタ 私ハ 商買ヲ 致シマス 나 는 쟝ᄉᆞ를 허오	ソゥルソ ピョンヂカ ワツソ 京城ヨリ手紙ガ 來アシタ 셔울셔．편지가 왓소	夏ニハ 冷水ガヨイツ 冬ニハ 溫ガヨイ 여름에는 링슈가 죠고．겨울에는 더운물이 죳소

앞서 일본에서 편찬된 영어 교재는 다른 교재와 달리 '가로쓰기' 형식을 취하고 있다고 언급한 바 있다. 이와 비교하기 위해 이 시기 일본에서 편찬된 다른 언어 학습 교재를 살펴보았다. 1906년에 간행된 중국어 교재인 『淸語新会話』(1906)를 살펴보면 이 시기 한국어교재에서 볼 수 있는 전통적인 세로 쓰기 방식으로 작성되었다는 것을 알 수 있다. 아래 그림은 1906년에 간행된 중국어 학습 교재인 『淸語新会話』의 한 부분이다.

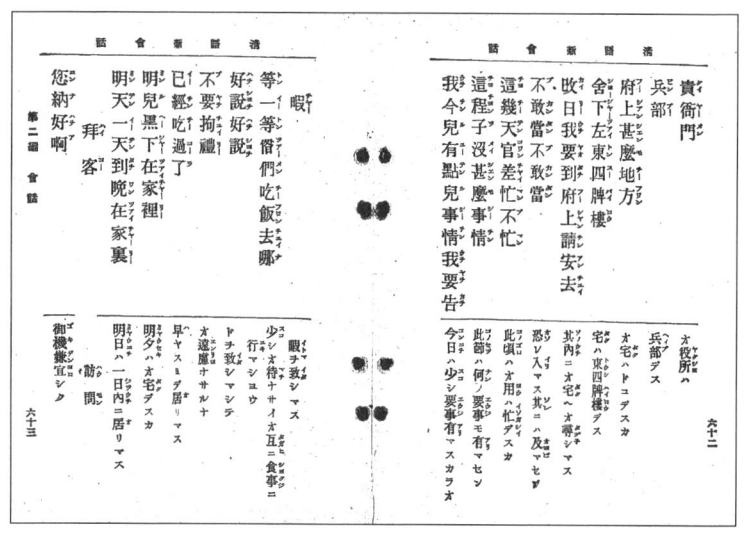

〈그림 Ⅳ-1-3〉 중국어 학습 교재 『清語新会話』(1906)

표기 방식의 경우 회화서 위주로 살펴보았기 때문에 당시 일본 전체 교재가 위와 같은 양상으로 편찬되었는지를 확언하기는 어렵다. 다만 회화서 몇 종을 비교한 결과 한국어 회화 교재와 마찬가지로 중국어 회화 교재에서도 '세로쓰기' 방식이 사용되었으며, 영어 회화 교재에서는 다수의 회화서가 '가로쓰기' 방식을 취하고 있음을 확인할 수 있었다.

1.2. 회화서의 내용[14]

1) 회화서의 목차

이 시기 회화서의 내용을 알아보기 위해서 먼저 살펴 살펴보아야 할 부분은 각 교재에서 회화 주제를 어떻게 설정하는지 살펴보는 일이다. 회화

---

[14] 태동기 회화서의 내용 부분은 고경민(2012)을 수정 보완한 것임.

주제를 살펴보기 위해서 태동기 1기 교재의 일부 목차를 살펴보면 다음과 같다.

(14) 태동기 1기 교재의 목차

Corean Primer (Korean Speech도 동일) (1877,1882)	LIBRARY, SCHOOL, KITCHEN, DINNING ROOM, VISITORS, BED ROOM, HOUSE BUILDING, COMPOUND, DOMESTIC ANIMALS, WILD ANIMALS, TRAVEL, HORSE WALKING, INN, DIRECTION AND POSITION, EXCHANGE, MERCHANDISE, NUMBER, LENGTH, CAPACITY, LAND, WEIGH, GRAIN, VEGETABLES, FRUITS TIME, WEATHER, BODY, SENSES, TOUCH, SIGHT, HEARING, TASTE, SICKNESS, RELATIONS, CRIMINAL SOLDIER, COLOUR, MORAL, SOUL
日韓善隣通話 (1880)	年月日之稱, 月日數之稱, 日用日事語, 數之称 錢數之称, 同上中啁畧称, 斗量數之稱, 尺度數之稱, 權衡數 之称, 斤數之稱, 商語問答, 布帛之名 常語三等之別, 命令語, 幷問語, 名物之名詞 九夕之聲
언문말칙 (1887)	General conversation, Trees, flowers, weeds, &c, General conversation Domestic animals, Well, wall, coolies, digging, Travelling-horse, chair, &c, Road, baggage, &c, Wind, mist, clouds, &c, The different parts of the body, &c,, biind, lame, &c, Inn, room, dinner, sleep Points of the compass, N, S, E, W Hunting, Money, silver, trading, Shopping, silk, piece, goods, gauze, sables, skins, &c, Tastes-sweet, sour, &c,

언문말칙 (1887)	Colours-Red, white, &c, Rice, peas, beans, barley, &c, Agriculture, rainbow, thunder, hail, Ice, water, soap: Royal procession saddle, pony, bull, Linen, cotton, grasscloth, spectacles, Building operations, brickman, lime, roof, &c, Chimney, blacksmith, paper-hanger, &c, Fever, small-pos, ague, &c, Doctor, medicine, Prisoners, robbers, &c, Warfare, soldiers, rebels general conversation, Household utensils
日韓通話 (1893)	其數, 天然, 月日, 時期, 身體, 人族, 國土及都邑, 文藝及遊技, 官位, 職業, 商業, 旅行, 家宅 家具及日用品, 衣服, 飲食, 草木及果實, 家禽獸 政治, 教育, 船車
朝鮮語學獨案內 (1894)	數及度量貨幣等, 年月日時等, 天門地理及地名等, 人種等, 草木及菓實等, 鳥獸魚貝蟲等 身體及疾病, 官位職名, 館舍屋具及, 飲料及食物 織物及衣服等, 文學及文房具等, 金銀玉石及鐵具等, 舟車及馬具等, 食器及軍用語
Korean Grammatical Forms (1894)	Astronomy, Solar Periods and Season Days and Times, Location; Situation Geography, Rivers: Sheets O' water Use O' water, boats, ranks, classes Human Relationships, the human body Fowls and Birds, Animals Fish and Reptiles, Insects, Grain Vegetables, Agriculture, Fruit, Trees Flowers, Grass and Plants Buildings, Cities and Prefectures Taste and smell, Eating, Food Trading; Business, Sickness, Travelling Temples: Graves, Metals and Valuables, Festal Furniture, Dry Goods, Colors

Korean Grammatical Forms (1894)	Dress, Head dress; Ornaments Dishes and Implements, Musical Instruments Hearing and Seeing, Vehicles Games and Playthings, Punishments Composition, Arms, Repose, Handling The Legs, Conversation, Words Feelings, Actions, Shape A Variety Collection, Miscellaneous Duplicate Forms
實用韓語學 (1902)	會話第一初對面, 會話第二久潤, 會話第三食飲 會話第四訪問, 會話第五船中, 會話第六宿屋 會話第七人夫, 會話第八勉强, 會話第九商業 會話第十四時
韓語會話 (1904)	會話 – 停車場用語, 驛名, 京釜線, 京仁線 汽車旅行, 雜談, 起臥, 日月及水時刻, 天氣 散步, 食事, 訪問, 年齡, 乘船, 稅關, 旅館 通信, 新聞, 業務, 勸工場, 書籍文房具店, 銀行 雜語

목차를 통해 해당 교재가 어떤 주제를 설정하고 있는지를 살펴볼 수 있다. 먼저 전통적인 어휘 자료집의 어휘 분류 항목과 크게 다르지 않다는 것은 생활에 필수적인 어휘를 위주로 편성했다는 의미로 볼 수 있다. 공통적인 주제를 살펴보면 '일기', '식사', '신체', '의복', '자연', '동물', '식물', '가족', '시간', '주거' 등 일상생활에서 흔히 사용할 수 있는 주제를 다루고 있다는 것을 알 수 있다. 이런 주제는 서양인 연구자나 일본인 연구자의 차이 없이 모두 공통적으로 다루고 있다. 이와 비교해 볼 수 있는 것이 태동기 2기 교재의 목차이다. 이전 시대 회화 교재 목차와 어떤 차이를 보이고 있으며, 교재 내용에서도 유의미한 변화가 있었는지를 살펴볼 필요가 있다.

(15) 태동기 2기 교재의 목차

朝鮮語法及會話書 (1917)	應對`訪問, 散步, 飮食, 衣服, 家屋`家具 天門`地理, 身體`動作, 官廳, 旅行, 學校 賣買, 農事, 動物, 植物, 人事, 冠婚喪祭
朝鮮語の先生 (1918)	人事, 日氣, 時間, 起居, 食事, 初對面 方位, 問路, 訪問, 依賴, 學校, 新聞, 四時 散步, 眺望, 招待, 饗應, 代理店, 嗜好 年齡, 商業, 農業, 雜貨廛, 鞋廛, 冊, 寫眞館, 理髮所, 時計鋪, 告別急錢送, 汽車旅行 電車, 人力車, 汽船旅行, 徒步旅行, 旅館 郵便, 電報, 電話, 歲拜, 生産, 問病, 診察 弔問
日本人之朝鮮語獨學 (1923)	初對面, 知人訪問, 饗應, 告別, 送別, 祝賀 慰問, 弔慰, 賣買, 商業, 工業, 農業, 請託 紹介, 郵便, 旅行, 銀行, 敎育, 法政, 衛生
語法会話朝鮮語大成 (1928)	交際, 官廳`事務, 敎育, 人事, 冠婚喪祭, 衣服 飮食, 家屋`家具, 時日`時期, 身體`動作, 旅行 散步`遠足, 天門`地理, 動物, 植物, 樹木, 農業 商業, 數量`度量, 擬聲語, 擬容語, 俚諺, 字劃
朝鮮語遞信會話 (1938)	郵便, 郵便爲替, 郵便貯金, 振替貯金, 電信 電話, 年金`恩給, 工事, 朝鮮簡易保險의 勸誘
朝鮮語敎科書 (1943)	朝夕挨拶, 初對面, 訪問, 受付, 巡察, 戶口調査 營業監査, 交通整理及指導, 馬車取締, 淸潔法 衛生主意, 衣服

(15)와 같이 목차를 확인했을 때 먼저 눈에 들어오는 부분은 '천문'이나 '지리', '음식', '의복'과 같이 보편적인 주제들이다. 이는 근대 이전의 어휘 자료집에서도 확인할 수 있는 주제이며, 태동기 1기의 회화 교재에서도 다뤘던 내용이다. 하지만 두 가지 사항에서 1기와는 다른 모습을 찾아볼 수 있다. 먼저 당시의 시대 상황을 단적으로 드러내는 주제어를 살펴볼 수 있

다. '관청', '학교', '신문', '대리점', '사진관' 등은 이전 시대의 회화 교재에서는 찾아볼 수 없는 주제이다. 다음으로 전문적인 직업과 관련된 주제를 찾아볼 수 있다. '우편저금'이나 '전신', '순찰', '교통정립지도' 등 우체국이나 경찰서에서 사용되는 용어가 목차에 들어 있는 경우이다. 이는 교재 자체의 변화라기보다는 시대상을 반영하는 '회화'의 특징으로 인한 변화로 볼 수 있을 것이다. 먼저 시대 상황을 짐작해 볼 수 있는 회화 내용부터 살펴보면 다음과 같다.

2) 회화서의 내용과 시대적 상황

교재의 회화 부분은 저자의 한국어 실력은 물론 저작물의 시대적 배경이나 저자의 태도, 한국 사회 문화에 대한 배경 지식 등을 알 수 있는 부분이기도 하다. 또한 '교재'라는 특성상 주제 선정이나 순서는 저자가 생각하는 '교육과정'과도 관련이 있다.

(16) 공통적인 주제를 담은 회화문

Corean Primer (1877)	시간	데가 그젹게 왓슴미 직이 어즉게 갑데 나제데가글보고 빔에불헤고글본다
日韓善隣通話 (1880)	첫 대면	초음만낫슴니 다시만나보옵시다
언문말칙 (1887)	동·식물	마당에 나무 잇ᄂ냐 꼿 퓌여 보기 됴타 죠션 소가 미우 크다 이 개 사오나와 사룸을 물다
日韓通話 (1893)	신체	머리를싹그니시원허오 눈알이누루고코가놉푸외다
朝鮮語學獨案內 (1894)	음식	이,된쟝이,돗치안소 침치,내여라 두부,사,두어라

Korean Grammatical Forms (1894)	의복	젹삼에둔추달어라 치마쥬룸잘게잡앗다
實用韓語學 (1902)	계절	봄이되니,곳치,픠엿소 ᄀᆞ울되니,이후는,ᄎᆞᄎᆞ,서늘허깃소
韓語會話 (1904)	일기 (천문)	날이, 흘엿소 명녕비가, 오겟소

(16)을 보면 시간이나 음식, 의복, 계절 등 언어 교재라면 응당 나올 수 있는 내용을 예문을 통해 확인할 수 있다. 이렇게 공통적인 주제와 달리 교재별로 주목할 만한 내용을 다루고 있는 경우도 있다. 먼저 저자의 영향으로 다른 교재에서는 다루지 않는 내용을 회화문으로 실은 경우인데 저자가 선교사인 경우 도덕이나 영혼에 대한 내용을 회화문으로 구성하기도 했다.

(17) 저자의 특징을 반영한 회화문

Corean Language, Korean Speech (1877, 1882)	Prisoner	열어 죄인을 실엇ᄂᆞ듸 그즁게 한놈을 쇠사슬노 결박 ᄒᆞ여스니 그거슨 괴슌가 보다
	Moral	사람이 세샹에 처ᄒᆞ여 맛당이 힝할일이 부모를 효봉ᄒᆞ며 남 사랑ᄒᆞ기를 제몸 갓치ᄒᆞ며 가난한쟈를 구제ᄒᆞ며 얼여온쟈를 도와주며
	Soul	녕혼이육신에잇ᄂᆞ거시사람이집에거함갓타 니집이물어지면사람은반다시달은곳으로가ᄂᆞ줄은 사람마당알지니

또한 당시의 시대적인 상황을 드러내는 주제도 찾아볼 수 있다. 청일전쟁이나 러일전쟁 시기에 편찬된 학습서에서는 전쟁과 관련한 예문을 볼 수 있으며, '근대'라는 시기에 걸맞게 '기차'나 '전차'와 관련한 예문이 등장하기도 한다.

(18) 태동기 1기 교재에서 시대적 상황과 관련된 회화문

朝鮮語獨學案內 (1894)	軍事	여게, 병뎡이, 얼마나, 잇소 일만, 오쳔명이요 대일본뎨국가, 졔일이지요 텩병이, 아산편에, 물어갓다오
韓語會話 (1904)	京釜線 京仁線	몟등타고 가시랴오, 이등으로 가지요 셔울ᄭᅡ지 삼등표삭 쟝 만 쥬시오 참 쌀니가는구가 이담 뎡거쟝 일음은 무엇시오 영등포라 ᄒᆞ옵니다

회화 내용의 경우 항목 제시 방법에 있어서는 고전적인 어휘 자료집의 영향과 『교린수지(交隣須知)』의 영향을 받았지만 분류 항목과 표제어만 제시하거나 단문 위주로 구성되었던 방식에서 짧은 대화 형태로 바뀐 부분은 태동기 회화 교재의 큰 변화라 할 수 있다. 태동기 2기의 교재에서는 1기와는 달라진 시대적 상황을 보여주는 예문을 살펴볼 수 있다.

(19) 태동기 2기 교재에서 시대적 상황과 관련된 회화문

朝鮮語法及会話書 (1917)	관청	됴선총독부는 됴선의정치를 다사리는곳이올시다 슈령쟝을 밧으셧슴닛가 오다가 도령에들너셔탓습니다
	학교	학무위원에게 통지히셔 학교에오라고 ᄒᆞ시오 오날붓터 너의들은 이학교에입학을하게되엿스니 대단히 깃붜하리라고싱각ᄒᆞ다
朝鮮語の先生 (1918)	신문	로형은무슨신문을대여보시오 매일신보를보오
朝鮮語の先生 (1918)	사진관	샤진박아주오 엇더케박으랴하심닛가 영구불변식으로하야주오

日本人之朝鮮語獨學 (1923)	이발소	엇더케쌱그십닛가 위만덧빗대고쌱거주오
	시계포	그런데웨그러케자조슬가 그것은태엽이넘어서그러합니다
	전화	최지익씨한테서면화왓슴니다 여보게지익인가
	은행	은행이라는것은엇더한일을하는대오닛가 거긔에돈을맷기자면엇지합닛가
	법정	법률이라는것은엇더케정하며쏘한엇더한효력 을가지고잇는것이옵닛가

　주된 내용을 살펴보면 근대에 접어들면서 생긴 각종 관공소와 새로운 물건, 통신 수단 등 당시로서는 낯설고 신기할 수도 있는 부분이 회화문에 소개되고 있다는 것을 알 수 있다. 또한 관청의 내용만 보아도 회화 내용이 가리키는 시대가 '일제강점기'임을 짐작해 볼 수 있으며, 사진관이나 이발소, 시계포와 같은 전문적인 점포의 이용 모습도 확인해 볼 수 있다.

　다음으로 이 시대의 회화 내용 중 전문 직종에서 사용하는 회화문을 살펴볼 수 있다. 목차를 통해 확인해 볼 수 있듯이 '우편저금'이나 '연금', '보험', '순찰', '호구조사', '교통지도' 등은 당시의 전문직에서 사용했을 용어이며, 이런 내용을 통해 해당 교재가 특정 직업인을 대상으로 편찬되었다는 것을 알 수 있다. 자세한 내용은 다음을 통해 살펴볼 수 있다.

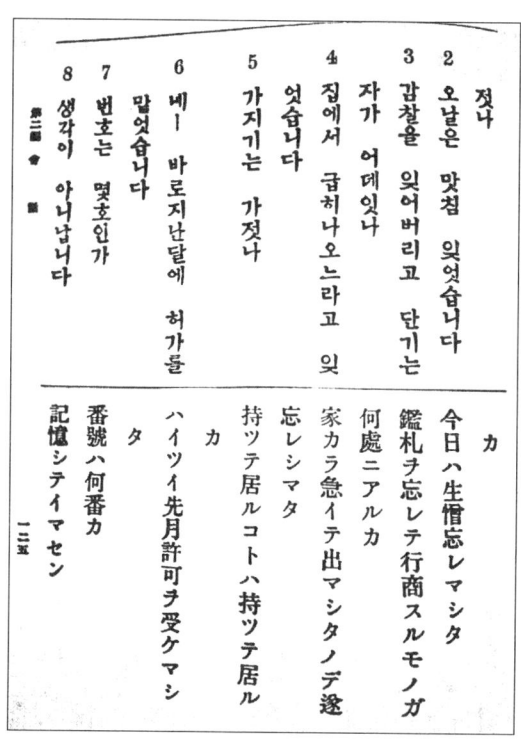

〈그림 Ⅳ-1-4〉『朝鮮語敎科書』(1943)

(20) 전문 직업인을 대상으로 한 회화 내용

朝鮮語遞信會話 (1938)	우편	사전우표석쟝 오리짜리두쟝주십시오 우표 파는데는 요다음창구입니다 이편지는 표금이얼마나들겟습니가 이십그람짜지사전입니다
	전신	면보를노켓습니다 이면보지에 써오십시오
	연금	은급지급ㅅ무는 우편국에서취급합닛가 국고에서지부하는년금, 은급, 유족부조료와 퇴은료는 모다우편소에서취급합니다

朝鮮語敎科書 (1943)	조선간이 보험의 권유	죠션간이보험을 권하러왓습니다 간이보험은 국가의사업이라확실합니다
	순찰	이애 지금 어데 가느냐 여보 어데서 옵닛가 그보퉁이가 무엇이냐 가지말고 거긔좀 섯거라
	호구조사	이집이 몇 번지요 삼백사십이번지올시다 직업은 무엇이요 농사 합니다
	교통정리, 지도	저긔서차가오니 어서빗켜라 인력거야 어서끌고가거라 자동차를 조심해라

(20)과 같이 전문 직업인을 대상으로 만든 교재들이 위 교재 외에도 몇 권 간행되었으며, 현대 한국어교재와 비교한다면 '특수목적 한국어' 가운데 '직업 목적' 한국어교재와 비교해 볼 수 있을 것이다.

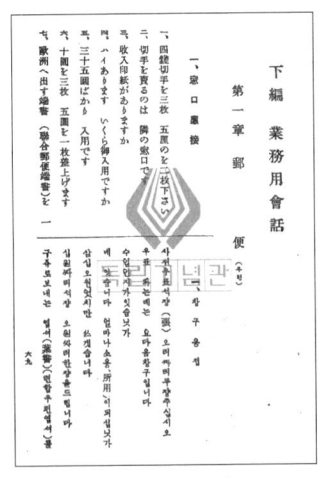

〈그림 Ⅳ-1-5〉
『朝鮮語遞信會話』(1938)

〈그림 Ⅳ-1-5〉에서도 '우표'나 '수입인지', '구쥬로 보내는'과 같은 어휘와 표현을 통해 우체국에서 주로 사용되는 표현을 중심으로 대화문이 구성되어 있음을 알 수 있다.

1.3. 소결론

태동기는 한국어교재 변천사에 있어서 체계적인 교재의 형태가 잡히고 이후에 발간되는 교재에 영향을 끼친 중요한 시대이다. 또한 외국과의 관계가 중요해지면서 이에 따른 외국어교육, 국어교육, 어문 정책 등 다양한 변화를 모색하는 시기로 볼 수 있다. 한국어교재사 관점에서 이 시기는 근대적인 의미의 교재가 처음으로 등장한 시대이고, 전통적인 학습서의 특징과 근대적 교재의 특징을 모두 가지고 있는 시대라 할 수 있다. 이 장에서 살펴본 교재의 회화 부분은 이전 시기의 어휘 자료집이나 어휘 항목의 분류와 비슷하거나 일부는 거의 일치하는 모습도 볼 수 있었다.

'태동기'가 이전 시대나 다음 시대와 뚜렷한 차이를 갖는 점은 먼저 이전 시대와 달리 교재의 형태로 학습이 가능해졌으며, 어휘 중심이 아닌 회화와 문법 중심으로 교재가 편찬되었다는 점이다. 어휘에서 회화와 문법으로 바뀌었다는 점은 단순히 언어를 통역하기 위한 절차에서 벗어나 실질적인 의사소통과 학문적인 연구가 이루어졌다는 것을 뜻한다. 태동기 1기의 교재는 2기의 교재가 정치적 수단으로써의 언어교육임을 고려할 때 언어 학습 본연의 역할을 위해 편찬되었다는 점에서도 의의를 찾을 수 있다. 2기 교재의 경우 회화 내용이나 구성에서 큰 차이가 있는 것은 아니었으나 시대가 바뀌면서 시대 상황을 드러내는 주제가 등장했다는 점과 일반인이 아닌 전문 직업인을 대상으로 회화 교재가 편찬되었다는 특징을 찾아볼 수 있었다.

2. 문법 학습 목적의 교재[15]

2.1. 근현대 문법서

　고대와 중세, 근대 초까지의 긴 시간을 거쳐 한국어교육은 근대기에 와서 본격적인 싹을 틔웠다고 할 수 있다. 근대는 중세의 전통적인 맥락을 이음과 동시에 현대로의 전환을 준비하는 시기로 한국어교육에서도 근대적인 교육이 싹튼 시기라고 할 수 있다. 이 시기는 근대의 출발점이기도 하지만 한국어교육, 그리고 한국어교재의 출발점이기도 하다. 이전까지는 주로 어휘대역집 형태의 사전류가 발간되거나 한국어에 대한 흥미와 연구적 목적을 담고 있는 연구 논문이 주를 이뤘다면 이 시기를 기점으로 한국어교육 목적에 부합하는 '교재'가 출간되기 시작한다. 이 시기 대표적인 문법 학습서라 할 수 있는『A Korean Primer』(1877)와『Grammaire Coreene』(1881)는 이후 수많은 한국어 학습서에 긍정적인 영향을 미쳤으며, 국어를 연구하는 국어학자들에게도 한국어를 객관적이고 학문적인 관점에서 볼 수 있는 계기를 마련해주었다.

　문법을 목적으로 편찬된 한국어 학습서들은 주로 '품사 체계'나 '용언의 활용'에 초점을 두고 발음이나 음운 체계에 대한 설명을 덧붙이는 형태로 간행되었다는 점과 자국의 문법 체계와의 비교를 중심으로 기술한 문법서들이 많다는 점을 특징으로 제시하였다.

　이번 장에서는 근현대 한국어 학습서 가운데 문법을 중심으로 이 시기 외국인 학습용 문법과 문법서에 대한 개관을 목적으로 한다. 이를 위해 다음과 같은 '연구 문제'를 설정하고, 이에 대해 논의하고자 한다.

---

[15] 본 장은 고경민(2012)과 제41회 돈암 어문학 정기 학술대회의 발표문(2020), 제3회 중앙 유라시아 한국학 국제학술대회 발표문(2020)을 수정 보완한 것임.

첫째, 누가, 왜 한국어 학습용 문법서를 집필했을까?
둘째, 어떤 문법서들이 편찬되었는가?
셋째, 무슨 내용을 담고 있을까?

1) 문법서의 저자와 출간 목적

역사를 바라보는 여러 관점이 있고, 중요하게 보는 것에 차이가 있을 수 있지만 공통되는 질문이 하나 있다면 바로 '누가 먼저일까?' 또는 '무엇이 먼저일까?'일 것이다. 이 '누가 먼저일까'라는 질문은 한국어교육에서도 매우 흥미로운 주제가 아닐 수 없다. 최초의 한국어교육은 어디에서 시작되었을까 또는 최초의 한국어교재는 무엇일까 등의 주제는 한국어교육 연구자라면 누구나 관심을 가질만한 주제일 것이다. 최초의 한국어교재는 '교재'로 규정하는 기준이나 현존하는 자료의 여부 등 여러 변수가 있어 확정할 수는 없지만 한국어교재를 연구하는 연구자의 입장에서 본다면 아마도 아메노모리 호슈가 편찬한 『交隣須知』가 최초라는 타이틀을 가져갈 수 있을 것 같다. 그럼 최초의 문법서는 어떤 책일까? 이 역시 답을 하기 쉽지 않지만 세 편의 후보는 꼽을 수 있을 것 같다. 먼저 1880년에 간행된 호세코의 『韓語入門』(1880)과 앞서 제시한 『A Korean Primer』(1877)와 『Grammaire Coreene』(1881)가 그것이다. 당연히 한국어교재가 편찬되는 과정에서 문법 내용을 배제할 수는 없기 때문에 회화 내용과 혼용되어 제시되기도 하고, 정확하게 목적을 밝히지 않는 한 문법 내용의 비중에 따라 살펴야 하기에 다툼의 여지가 있다. 그렇기에 문법만을 다룬 최초의 문법서가 무엇인지 콕 집어내는 일이 어려운 일인 것이다.

그렇다면 이 문법서를 편찬한 저자들이 누구인지 관심이 가지 않을 수 없다. 도대체 어떤 생각으로 이름조차 알려지지 않았던 당시의 작은 '조선'

에 거주하면서 낯선 언어를 연구하게 된 것일까? 이 저자의 문제는 학습 대상을 기준으로 두 부류로 나눌 수 있다. 먼저 서양인 학습자를 대상으로 편찬된 문법서의 저자들은 대부분 '선교'를 목적으로 한국에 온 부류이다. 저자의 국적이나 종파 등의 차이는 있지만 이들의 목적은 알기 쉬운 한국어교재를 편찬하고, 후대의 선교사들이 이를 통해 한국어를 학습할 수 있게 하는 데 있다. 한국어를 학습한 후대의 선교사들이 선교 활동에 더욱 매진할 수 있게 하는 것이 이들의 중요한 목적이다.

이와 달리 일본인 대상의 교재는 조금 더 다양한 목적을 가지고 있다. 앞서 최초의 교재로 언급한 『交隣須知』의 저자 아메노모리 호슈의 경우 대마도에 설치되었던 한국어 연구 기관인 '한어사' 소속으로 부산에도 거주한 경험이 있다. 제목에서 알 수 있듯 초기의 일본인 학습자 대상 한국어 학습서의 목적은 '교린', '친교'의 성격이 강하다. 말 그대로 가까운 이웃의 언어를 배우고 싶다는 열망에서 시작된 것으로 볼 수 있다. 하지만 청일전쟁(1894)이나 러일전쟁(1904) 즈음에 발간된 한국어 학습서들은 이러한 교린의 목적보다는 '도구적' 성격이 강하다고 할 수 있다. 전쟁을 위한 도구 내지는 침략과 강탈을 목적으로 언어를 학습했던 일이 많기 때문에 당연히 목적에도 변화가 생길 수밖에 없었다.

서양인 학습자 대상의 한국어 문법서의 대표적인 저자는 'Ridel', 'J. Ross', 'Underwood', 'G.S Gale' 등이 있으며, 앞서 언급한 바와 같이 모두 종교적인 목적이 강한 선교사 출신들이다. 물론 모든 서양인 연구자들이 종교의 목적만을 가진 것은 아니다. 'de Rosny'와 같은 연구자는 프랑스의 인류학자이자 언어학자로 순수한 연구 목적으로 한국어를 연구한 학자이다. 또한 'W. G. Aston'은 영국의 역사학자이자 외교관으로 이 역시 한국어에 대한 관심이나 업무 수행 과정에서 한국어 관련 연구를 진행한 연구자이다.

　이러한 저자의 학습서 출간 목적과 출신은 저작 시기에도 영향을 미쳤는데 서양인 연구자들의 경우 태동기 1기로 볼 수 있는 1870-1908년까지의 저작 활동이 활발하고, 일본인 연구자의 경우 태동기 2기인 1909-1945년까지의 저작 활동이 활발했다. 이는 앞서 살핀 바와 같이 학습서의 목적과 연관이 크다고 할 수 있겠다.

2) 이 시기 발간된 문법서

　앞선 장에서 살핀 바와 같이 태동기 1기에 해당하는 1870년에서 1908년까지 문법서들의 특징은 품사에 대한 기술에 중점을 두고 있다는 점이다. 이는 이후의 교재들이 품사 외의 다양한 문법범주에 대한 내용을 다루고 있는 사실과 대비되는 특징이라고 할 수 있다. 또한 이 시기 문법서는 어휘를 중심으로 하는 전통적인 교재 체제에서 벗어나 '문법'에 대한 체계적인 분류가 시도되었다는 점도 이 시기 문법서의 특징으로 볼 수 있다.

　이 시기 간행된 문법 중심의 교재를 살펴보면 〈표 Ⅳ-2-1〉, 〈표 Ⅳ-2-2〉와 같이 살펴볼 수 있다. 먼저 〈표 Ⅳ-2-1〉은 일본인 학습자 대상의 한국어교재 가운데 문법을 중심으로 다룬 것으로 주로 태동기 2기에 해당하는 1909년 이후 출간되었다는 점을 볼 수 있다. 교재 편찬의 관점에서 그 이유를 살펴보면 다음과 같다.

　첫째, 교재의 편찬 목적이 영향을 끼쳤다는 점이다. Ⅲ-2장에서 살펴본 바와 같이 1870년에서 1945년 중 편찬이 가장 활발하게 이루어진 시기는 1894년과 1904년이다. 이 시기는 '청일전쟁', '러일전쟁'이 일어난 시기에 같은 시기이다. 회화 중심의 속성 교재 중심으로 편찬되면서 상대적으로

문법 관련 학습서의 편찬에도 영향을 끼친 것으로 볼 수 있다.[16]

둘째, 전통적 학습에서 근대적 학습으로 이행되는 과정에서의 변화라는 점이다. 강남욱(2005)에서는 전통적 교수 방식의 특징으로 몇 가지를 제시하고 있는데 그중 하나가 '부문별 어휘 분류를 통한 어휘 확장 학습으로 외국어의 어휘를 제시하고, 이를 중심으로 학습한다.'는 점이다. 이는 과거 『鷄林類事』나 『朝鮮館驛語』와 같은 어휘대역집이나 『交隣須知』와 같은 한국어 학습 목적의 교재에서 확인할 수 있는 부분이다. 즉 한국을 비롯한 동아시아 지역의 전통적인 교수 방식이 서양의 영향을 받아 변화하는 과도기적 상황이 문법서 편찬에도 영향을 미쳤다고 볼 수 있을 것이다.

번호	제목	저자	출판지	출판연도
1	韓語入門	宝迫繁勝	山口	1880
2	実用韓語学	島井浩	東京	1902
3	韓語	安泳中	長崎	1906
4	韓語文典	高橋亨	東京	1909
5	韓語通	前間恭作	東京	1909
6	文法註釋 韓語研究法	藥師寺知朧	京城	1909
7	日韓韓日言語集 全	井田勤衛·趙義淵	東京	1910
8	鮮語階梯	新庄順貞	京城	1918
9	應用自在朝鮮語法詳解	魯磯柱	京	1923
10	日本人之朝鮮語独学 全	朴重華	京城	1923
11	新編 朝鮮語法 及 会話書	朝鮮總督府	京城	1925

---

[16] 일례로 1894년에 간행된 교재의 면면을 보면 『兵要朝鮮語』, 『日清韓三国対照会話篇』, 『日清韓三国通語』 등 전쟁 관련 교재나 청나라가 포함된 회화서들이 주를 이루고 있다. 1904년에 간행된 『日露清韓会話早まなび』, 『日露清韓会話自在法』, 『日露清韓会話自在』 등도 같은 이유로 볼 수 있겠다.

12	朝鮮語発音及文法	李完応	京城	1926
13	現行朝鮮語法	鄭国采	光州	1926
14	語法会話朝鮮語大成	奥山仙三	京城	1928

〈표 Ⅳ-2-1〉 태동기 일본인 학습자 대상의 한국어 문법서

이러한 사항은 〈표 Ⅳ-2-2〉에 제시한 서양인 학습자 대상의 문법서 편찬과 비교했을 때 더욱 뚜렷한 차이를 알 수 있다.

〈표 Ⅳ-2-2〉에서는 '저자'의 직업을 함께 제시하였는데 이는 앞서 문법서를 편찬한 이들의 이유와 목적과 연관 지어 생각해 볼 수 있는 부분이다.

번호	제목	저자	시기	출판지
1	A Korean Primer	J. Ross (영국 선교사)	1877	Shanghai
2	Grammaire Coreene	파리외방선교회 한국선교단 - (Ridel 신부)	1881	YOKOHAMA
3	Korean Speech, with Grammar and Vocabulary	J. Ross (영국 선교사)	1882	Shanghai
4	A Corean Manual, or Phrase Book with Introductory Grammar	James Scott (영국 외교관)	1887/1893 (S.E)	Shanghai
5	Manuel de la Langue Coreene Parlee, a l'usage des Francais	M. Camile Imbault-Huart (프랑스 외교관)	1889	Paris
6	Introduction to the Korean Spoken Language (한영문법)	H. G. Underwood (미국 선교사, 원두우)	1890	Yokohama

7	Korean Grammatical Forms	J. S. Gale (캐나다 선교사, 한국학자)	1894	seoul
8	An Analysis of the Japanese Self-Instructor of the Korean Language (조선어독학)	Iashchinskii, Podstavin (야신스키는 포드스타빈의 제자, 러시아 학자)	1908	Vladivostock
9	An Introduction to Korean Spoken Language	H. G. and H. H. Underwood (미국 선교사)	1914	YOKOHAMA
10	Koreanische Konversations-Grammatik mit Lesestücken und Gesprächen (朝鮮語交際文典)	Andreas Eckardt (독일 신부, 언어학자)	1923	Heidelberg
11	Schlussel zur Koreanischen= Grammatik (朝鮮語交際文典附註解)	Andreas Eckardt (독일 신부, 언어학자)	1923	Heidelberg

〈표 Ⅳ-2-2〉 태동기 서양인 학습자 대상의 한국어 문법서

서양인 학습자 대상 문법서는 자국의 문법 체계가 한국어 문법 서술의 중요한 기준이 되었는데 특히 교수법의 영향이 크다고 할 수 있다. Jack C. Richards(2008)에서는 현대 언어들이 18세기 유럽 학교의 교육 과정에 포함되기 시작했을 때 이들 언어가 라틴어를 가르치는 데 쓰인 것과 동일한 기본적 과정을 통해 학습되었다는 점을 언급한 바 있다. 당시 유럽의 교과서는 추상적인 문법 규칙과 설명, 어휘 목록, 번역을 위한 문장들로 구성되었다는 기술을 보았을 때 서양인 학습자 대상 문법서의 저자 역시 이러한

교과서의 영향을 받았을 것으로 추측해 볼 수 있다. 이 시기 문법번역식 교수법과 한국어교재와의 관계는 다음 장에서 더 상세히 살펴보기로 한다.

일본인 대상의 문법서와 서양인 대상의 문법서가 각기 다른 특징과 목적으로 간행되었으며, 목적과 저자에 따른 차이가 있음을 알 수 있었다. 하지만 이러한 차이에도 불구하고 문법의 역할이 그 언어의 형태와 의미 등의 정보를 전달하고, 효율적인 언어 생산의 바탕이 된다는 점을 고려할 때 이 시기 외국인 학습자 대상의 문법서가 한국어 문법의 기초를 세우는 데 일조했음은 분명한 사실일 것이다.

2.2. 문법서의 내용

1) 품사

앞서 이 시기 한국어 문법서의 특징 중 하나를 '문법의 체계를 세우는 것'이라고 살핀 바 있다. 그렇다면 문법의 체계를 세우는 일은 무슨 일을 말하는 것일까? 단순히 문법을 많이 다루거나 특정 문법 내용을 학습한다고 해서 체계를 세운다고 보기는 어려울 것이다. 우선은 이 시기 문법을 목적으로 편찬된 한국어교재들은 주로 '품사 체계'나 '용언의 활용'에 초점을 두고 발음이나 음운 체계에 대한 설명을 덧붙이는 형태로 간행되었다는 점을 그 이유로 제시할 수 있을 것 같다. 지금의 '문법론'이 '형태론'이나 '통사론'을 중심으로 기술되는 것처럼 당시의 한국어 학습용 문법서 역시 품사와 다양한 문법범주 내용을 중심으로 다루었다. 또한 자국의 문법 체계와 비교하고, 차이를 서술하면서 한국어 문법의 특징을 단계적으로 획득했다는 점도 '문법 체계가 세워졌다'는 기술의 근거 중 하나로 언급할 수 있을 것 같다.

여기서는 '품사'와 '문법범주' 내용 가운데 먼저 '품사' 논의에 대해 살펴보기로 한다. 고영근·구본관(2008:41)은 품사의 정의를 '단어를 문법적인 성질의 공통성에 따라 나눈 부류'라고 보았고, 품사를 분류하는 이유에 대해 '단어 하나하나의 문법적인 특성을 효율적으로 기술하려는 데에 있다'고 제시한 바 있다. 이 시기의 모든 학습서가 품사 분류를 시도하거나 품사에 대한 논의를 제시한 것은 아니지만 '한국어 문법서'로 분류할 수 있는 교재에서는 자국의 문법을 기준으로 제시하거나 나름의 독창적인 시각으로 품사에 대해 논의한 내용들을 찾아볼 수 있다. 이 시기 품사에 대한 기술을 태동기 1기의 교재를 사례로 살펴보면 다음과 같다.

첫째, '형식'을 중심으로 품사를 분류한 학습서가 있다. '형식'을 중심으로 한다는 것은 단어의 굴절 양상에 따른 형태적 변화를 품사 분류에 적용을 한 것으로 '가변어'와 '불변어'가 품사 분류의 기준이 되는 것을 말한다. 사례로 살펴볼 수 있는 문법서로는 『韓語』(1906)가 있다. 『韓語』에서는 명사어미를 설정해 명사의 격변화를 기술하고 있으며, 규칙동사와 불규칙동사에 대해 설명하고 있다. 먼저 명사어미로 설정한 것은 '가', '이', '시', '는', '은', '슨', '를', '을', '슬' 등이다.

(1)   벼루가 먹이 붓시 죵의는 뎔필은 이것슨 뎌교의를 그먹샹을 무엇슬

또한 『Grammaire Coreene』(1881)에서는 동사 '하다'의 시제에 따른 변화(ᄒᆞ는과 ᄒᆞ는바, ᄒᆞ던과 ᄒᆞ엿던, 홀과 홀지)를 '분사'로 설정하고 있다.

(2)   PARTICIPE RELATIF PRESENT
ᄒᆞ는 HĂ-NĂN, faisant, qui fait, qui est incidente
ᄒᆞ는바, HĂ-NĂN-PA, passif, dans les livres, ce que l'on fait; peu usite en conversation

이러한 연구자들은 한국어의 품사 중에서도 특히 명사와 동사에 관심이 많았던 것으로 보인다. 이밖에 『Korean Grammatical Forms』(1903)에서도 명사를 9개의 격과 28개의 변이가 있는 것으로 파악하고 있다.

둘째, '기능'을 중심으로 품사를 분류한 학습서가 있다. '기능'이란 하나의 단어가 다른 단어에 대해 어떤 관계가 있으며, 문장 내에서 어떤 역할을 하는가를 기준으로 보는 것이다. 단어와 단어의 문법적 관계와 역할에 의한 분류가 '기능'을 중심으로 분류한 것이라 할 수 잇다. 이 시기 한국어 학습용 문법서의 품사 분류도 대부분 '기능'을 중심에 두고 분류한 것이 많다. 대표적으로 Underwood의 『한영문법』(1890)을 살펴볼 수 있는데 여기서는 다른 학습서와 달리 보조동사의 개념과 의미를 상세하게 기술하고 있으며 보조동사(Auxiliary Verbs)를 4가지 결합 방법에 의거해 분류하고 있다. 첫째, 동사적인 분사에 결합하는 방법으로 '잇소, 오오, 가오, 보오, 즉ㅎ오' 등을 예로 들고 있으며 둘째로 동사의 시제에 결합하는 방법, 셋째로 관계어에 결합하는 방법, 넷째로 어간에 결합하는 방법을 제시하고 있다. 대표적으로 예를 들고 있는 '보오'를 살펴보면 다음과 같다.

(3) 먹어보오, "Eating to try" to taste.
무러보오, "Asking to see" to inquire
버혀보오, "Cutting to try" to try cut

또한 접속사에 대해 설명하면서 접속사를 대등의 접속사와 종속의 접속사로 보고 있는데, 대등접속사의 경우 단어와 구를 연결하고, 종속접속사의 경우 주절과 종속절을 연결하는 것으로 덧붙여 설명하고 있다.

(4) The conjunctions.
We divide Korean conjunctions into two classes, co-ordinate and subordinate. The co-ordinate, are those which connect dependent with principal clauses. Some of the most common co-ordinate conjunctions are-
와 , 과. 밋. 고, 하고. 며 ... signifying 'and'
나, 이나. ... signifying either, or, 'whether'
지,가(Used with verbs) ... signify whether,

셋째, '의미'를 중심으로 품사를 분류한 학습서가 있다. 여기서의 '의미'는 품사 부류가 갖는 대표적 의미를 말하는 것으로 명사를 '사물의 이름을 나타내는 말'로 정의할 수 있는 것이 이러한 '의미'를 기준으로 정의한 것이다. '의미'에 중점을 두고 품사를 설명한 사례가 많지는 않지만 대표적으로 『A Corean Manual, or Phrase Book with Introductory Grammar』(1893)을 살펴볼 수 있다. 여기에서 '의미'에 중점을 둔 부분은 동사의 활용에 대한 부분이다. 동사의 활용은 '형태'와 관련이 있는 것이지만, 형태를 나눠야 할 근거로 여기서는 의미의 분화를 들고 있다. 여기서는 동사의 활용형을 4가지 형태로 보고 있는데, 동사에서 접미사 및 보조동사를 활용하는 것은(활용을 하는 이유는) 열등이나 우월과 같은 감정표현 및 시간 표현 등을 위해서라고 설명하고 있다. 부사의 분류에 있어서도 다른 학습서와는 달리 부사에 대해서 질량을 나타내는 표현과(아오로, 얼마나, 오직) 방법과 방식을 나타내는 표현(엇지, 엇더케, 온젼이), 시간을 나타내는 표현(아까, 어적긔), 장소를 나타내는 표현(압희, 어디셔), 단정적이거나 부정적인 표현(안, 못)등으로 나누어 설명하고 있다.

2) 문법범주

(1) 시제

앞서 한국어 문법서의 저자와 문법서 편찬 목적을 살펴보면서 각기 다른 특징이 있음을 언급한 바 있는데 실제 문법서 안에서 다루고 있는 문법 내용도 교재마다 차이가 분명하다. 이 시기 문법서에서 중점적으로 다루고 있는 문법 내용은 시제와 높임법이며, 교재에 따라서는 서법과 태, 부정법 등을 함께 다루기도 한다. 현대의 한국어교육에서 '문형' 또는 '문법'이라는 이름으로 다루는 상당 부분의 교육 내용이 포함되어 있는데 지금과 같이 문형의 의미에 따라 구분하거나 빈도, 수준에 따라 분류하지는 않았지만 꽤 상세한 내용을 다루고 있다. 특히 시제의 경우 3분법에서 6분법까지 다양한 논의가 이루어지고 있으며, 과거와 현재, 미래와 같은 일반적인 분류에서부터 미정이나 완료, 대과거, 과거미래(추측)를 포함하여 논의를 진행하기도 하고, 반과거와 과거, 대과거를 함께 제시하기도 한다. 또한 높임법 역시 현재의 주체 높임이나 상대 높임, 객체 높임처럼 구분하지는 않았지만 선어말 어미 '-시'의 기능이나 특수 어휘에 의한 높임법 등을 구체적으로 다룬 학습서도 있다. 이 시기 간행된 주요 문법서에서 다루고 있는 문법범주는 〈표 Ⅳ-2-3〉[17]와 같다.

---

[17] 문법범주에 대한 내용은 고경민(2012)의 내용을 수정 보완한 것임.

학습서명	시제	서법	태	부정법	높임법
Grammaire Coréenne(1881)	O				O
Introduction to the Korean Spoken Language(1890, 한영문법)	O	O	O	O	O
A Corean Manual(1887,1893)	O	O			O
實用韓語學(1902)	O	O			
韓語文典(1909)	O		O	O	O
文法註釋 韓語研究法(1909)	O	O		O	O
日韓韓日言語集(1910)	O	O			O
鮮語階梯(1918)	O	O	O		
應用自在朝鮮語法詳解(1923)	O	O	O	O	O
Koreanische Konversations-Grammatik mit Lesestücken und Gesprächen(1923)	O	O		O	O
朝鮮語発音及文法(1926)	O	O	O		O
現行朝鮮語法(1926)	O		O	O	O

〈표 Ⅳ-2-3〉 태동기 문법서의 문법범주 기술 양상

〈표 Ⅳ-2-3〉에서 보는 바와 같이 열거한 교재를 포함해 대부분의 한국어 문법서에서 '시제'와 '높임법'을 다루고 있다. 특히 '시제'는 기본적인 3분법부터 5분법, 6분법, 7분법까지 저자의 관점에 따라 다양하게 제시하고 있는데 이를 예문과 함께 살펴보면 다음과 같다. 먼저 〈표 Ⅳ-2-4〉는 3분법으로 한국어 문법을 소개하고 있는 교재이다.

학습서명	시제 구분	예문
A Corean Manual, or Phrase Book with Introductory Grammar(1893)	Indicative present	ᄒᆞ다, 혼다
	Indicative past	하엿다
	Indicative future	ᄒᆞ겟다
實用韓語學(1902)	現在	잇다
	過去	잇섯다
	未來	잇깃다
韓語(1906)	현재격	옵닛가
	과거격	앗습닛가
	미래격	겟습닛가
韓語通(1909)	現在	밥을 먹는다, 시방 져긔셔 온다
	過去	술을 만히 먹엇다
	未來	나는 니일 가겟다
日韓韓日言語集 (1910)	過去	과거-란거슨도모지지난일을ᄒᆞ는말이니'이연언'이라도ᄒᆞ옵니다 가령 악가갓슴ᄂᆞ이다, 갓다, 볼셔왓다, 보왓슴ᄂᆞ이다
	未來	미리란거슨아직오지아닌일을ᄒᆞ는말이니'미연언'이다도ᄒᆞ옵니다 가령니일가오리다ᄒᆞ면그째가는거시아니요 끄자리에이셔미리로ᄒᆞ는말이니그차별을쭉쭉이아옵니다 보내오리다, 보내올거시니
	現在	현지란거슨목젼에셔아모일을ᄒᆞ고호 훈무어시나보는거슬니른말이니현지라ᄒᆞ옵니다 가령 ᄒᆞ옵니다 ᄒᆞ지 보옵니다 보지 가옵니다 간다
Koreanische Konversations- Grammatik mit Lesestücken und Gesprächen(1923, 조선어교제문전)	現在	저기 오는사람이 크다, 내가 가디리는 사람이 의사요
	未來	잡겠다, 잡겠느냐, 크겠다, 크겠소
	過去	갔다, 갔습니다, 사람이었다, 나무였다

〈표 Ⅳ-2-4〉 시제를 3분법으로 구분하고 있는 문법서

현재의 시제 기술과 비교해도 크게 다르지 않으며, 선어말 어미 '-았/었-'이나 '-겠-'을 통해 과거와 미래를 표현할 수 있다는 점을 예문에서도 잘 보여주고 있다. 다음 〈표 Ⅳ-2-5〉는 5분법으로 시제를 제시한 학습서이다.

학습서	시제 구분	예문
鮮語階梯(1918)	現在	총독부벼슬ᄒᆞ는냥반이오, 쟝보러가는사람이오
	未來	모레갈사람이오, 점심에먹을밥이오, 가겟소, 먹겟소
	半過去	저녁먹은것이체ᄒᆞ엿소, 시방온냥반이이고을군슈오
	過去	어제가던길말고다른길로가오, 챠먹던그릇슬졍히 씨서라
	大過去	다되엿던일이틀녓소, 이집은그젼에아모가들엇던 집이오
現行朝鮮語法 (1926)	現在	보ㄹ수잇소, 보오
	過去	보지못하얏소, 보앗소
	大過去	보지못하얏섯소, 보앗섯소
	未來	보게되겟소, 보겟소
	過去未來	보지못하얏겟소, 보앗겟소

〈표 Ⅳ-2-5〉 시제를 5분법으로 구분하고 있는 문법서

먼저 『鮮語階梯』(1918)의 경우 '반과거'와 '대과거'를 하나의 시제로 보고 분리하여 제시하고 있는데 전성어미나 선어말어미에 대한 구분은 없어도 '-(으)ㄴ'의 의미를 정확히 알고 사용하고 있다. 또한 대과거로 '-던'과 결합된 '-앗던/엇던'을 설정하여 제시하고 있다. 다음에 제시된 『現行朝鮮語法』(1926)은 현재의 '-었었-'을 대과거로 설정하여 제시하고 있으며, '현재'와 다른 단절의 의미로 사용하고 있다. 흥미로운 점은 '과거미래'를 따로 제시하고 있다는 점인데 현대의 '-었었겠-'을 '과거미래'로 설정하여 제시하

고 있다. 예문을 봤을 때는 '-겠-'의 '추측'의 의미를 모두 '미래'로 포함하여 제시한 것으로 보인다. 다음은 6분법이다.

학습서	시제 구분	예문
韓語(1906)	未定	올
	現在	오는
	過去	온
	大過去	오든
	未來	올
	過去未來	오랴
韓語文典(1909)	現在	쓰는것이요
	現在完了	쓰든것이요
	過去	쓴것이요
	大過去	쓰엇든것이요
	未來	쓸것이요
	未來過去	쓰엇슬것이요

〈표 Ⅳ-2-6〉 시제를 6분법으로 구분하고 있는 문법서

6분법에서 특이할 점은 '시제'와 '상'의 개념이 혼용되어 제시되고 있다는 점이다. 『韓語』(1906)에서도 '미정'을 시제로 제시하였고, 『韓語文典』(1909)에서도 '현재완료'를 함께 제시하고 있다. 여기서 제시하는 현재완료는 현재의 '-던 것'을 제시하고 있는데 과거에 완료되지 않은 행위를 설명하는 현재의 의미와 같은 의미로 사용한 것으로 보인다. 또한 앞서 '과거미래'와 달리 '미래과거'를 제시하였는데 앞선 '과거미래'와 마찬가지로 '추측'의 의미로 이렇게 설정한 것으로 보인다. 다음은 7분법이다.

학습서	시제 구분	예문
朝鮮語発音及文法 (1926)	現在	보느냐, 본다, 먹소, 먹습니다
	過去	먹엇느냐, 먹엇습니다, 보앗나, 보앗소
	단독(單獨)미래	보겟느냐, 보겟나, 보겟습닛가
	공동(共同)미래	보자, 잇자, 보십시다, 보세
	구낙(求諾)미래	보랴, 보릿가, 보오릿가
	약정(約定)미래	보마, 먹으마, 봄세, 먹음세
	추량(推量)	보겟지, 차겟지, 먹겟지

〈표 Ⅳ-2-7〉 시제를 7분법으로 구분하고 있는 문법서

7분법에서는 현재와 미래를 설정하고, 다시 미래를 네 개로 구분하여 제시하고 있다. 먼저 선어말 어미 '-겠-'을 단독 미래로 설정하였고, 청유와 허락, 약속과 같이 현대 국어에서 '서법'에 해당될 수 있는 내용을 시제에서 함께 다루고 있다. 또한 다른 교재와 마찬가지로 '추측' 역시 하나의 시제로 설정한 것을 확인할 수 있다.

(2) 높임법

높임법은 이 시대 한국어교재에서 사실상 가장 중요하게 다뤄지는 문법 범주로서 많은 연구자들이 다양한 기준으로 높임법을 구분하고 있다. 이에 대해 박건숙(2004:182)에서도 높임 표현은 이 시대의 교재에서 상당히 중요하게 다루어지는 문법 범중의 하나로, 한국어의 동사 활용이 청자의 신분이나 나이에 따라서 달라진다는 점은 외국인에게는 생소하면서도 한국어의 특징을 잘 보여주는 것 중에 하나였으며, 높임 표현은 문법범주이면서 동시에 한국의 문화를 보여주는 것이기 때문에 다른 어떤 문법범주보다도 중요하게 다루어지고 있다고 기술하고 있다. 특히 『한영문법』(1890)의

경우 현대국어의 '주체높임', '상대높임', '객체높임'에 대해 정확하게 이해하고 있었으며, 각각 선어말 어미 '-시'에 의한 방법, 종결어미에 의한 방법, 특수한 어휘를 이용한 방법 등에 대해 구체적으로 설명하고 있다. 『A Corean Manual, or Phrase Book with Introductory Grammar』(1893)의 경우 'ordinary conjugation' 과 'polite conjugation'으로 높임법을 구분하고 있으며, 'polite conjugation'을 다시 '높임'과 '아주높임'으로 구분하고 있다.[18] 이 시대 높임법에 대한 교재들의 구분을 자세히 살펴보면 다음과 같다.

교재	높임의 구분		예문
韓英文法 (1890)	Ordinary	Used to servants, children	혼다, 먹는다
		Used to intimate friends, aged servant	호네, 먹네
	Honorific	Used to polite form among equals	호오, 호지오, 먹소, 먹지오
		Honorific terms in the order given	호옵지오, 호ᄂ이다, 호옵ᄂ이다
A Corean Manual or Phrase Book (1893)	ordinary conjugation		호다, 혼다, 호엿다, 호겟다
	polite conjugation		호엿습니다, 먹스옵니다

---

[18] '높임'과 '아주높임'에 대해 특별한 어휘로서 구분하는 것은 아니고 설명을 통해 이를 구분하고 있는데 설명 내용 중 'superiors'를 통해 아주 높임의 대상이 있음을 덧붙여 설명하고 있다.

Grammaire Coréenne (1881)	termes vulgaires	ᄒᆞ다, 잇다, 먹다
	termes honorifiques	ᄒᆞ시다, 계시다, 잡수시다
實用韓語學 (1902)	下	잇다, 잇섯다, 잇짓다
	上	잇소 잇섯소, 잇짓소
文法註釋 韓語硏究法(1909)	對等語	앗소, 겟소
	對上語	앗습닛가, 겟습닛가
	對下語	앗냐(앗느냐), 겟냐(겟느냐)
韓語通 (1909)	'-시'를 붙이는 방법: 주체높임	어더케 지내시눈지
	단어자체에 높임말이 있는 경우: 특수어휘에 의한 객체높임	먹 食ふ 자시 又 잡습 又 잡수시 召上る
韓語 (1906)	尊稱式	ㅂ닛가, ㅂ드닛가, 겟십닛가
	對下級式	냐, 드냐, 겟느냐
韓語文典 (1909)	비경어	잔다, 잇소, 다오
	경어	주무신다, 계시오, 듀오

〈표 Ⅳ-2-8〉 태동기 1기 문법서의 높임법

태동기 1기의 교재들이 높임법의 중요성을 충분히 인식했고, 높임법에 대한 설명이 다른 문법범주에 비해 상세했던 것에 비해 2기의 교재들은 높임법에 대한 설명을 하지 않거나 간략하게 예문만 제시하는 경우가 많다. 태동기 2기 주요 교재들의 구분을 자세히 살펴보면 다음과 같다.

교재	높임의 구분	예문
應用自在朝鮮語法詳解(1923)	'-시'	선싱냄이, 들어, 오신다
	'-으시'	문, 열으시오
	'-십시'	불을, 낮추, 십시오
	'-으십시'	몰으는것은, 물으십시오
	특수어휘	너의,부친게,그말슴을,『엿주』어라[19] 지금,『춘츄』가,멧치시오 손님이,『게시』다 수랑에서,『줌』으시오, 어머님은,작년에『도라가』섯습니다
朝鮮語發音及文法(1926)	대하(對下)	잇섯다, 적엇다, 잇다, 적으냐
	대등(對等)	보앗네, 잇섯나, 보네, 잇네
	보통(普通)	보앗소, 잇섯소, 보오, 잇소
	존경(尊敬)	보앗습닛가, 계셧습닛가[20], 봅닛가, 잇습니다
Grammatik der Koreanischen Sprache (1936)	gewöhnliches zeitwort	있다, 없다, 죽다, 먹다, 자다, 깨다, 오다, 주다, 다리다
	ehrendes zeitwort	계시다, 아니계시다, 돌아가시다, 자시다, 주무시다, 기침하시다, 임하시다, 드리다, 모시다
	gewöhnliches wort	말, 나, 이, 집, 밥
	ehrendes wort	말슴, 연세, 치아, 댁, 진지

〈표 Ⅳ-2-9〉 태동기 2기 문법서의 높임법

특징적인 높임법 기술을 살펴보면 먼저 『應用自在朝鮮語法詳解』(1923)에서는 '-시', '-으십시', '-십시', '-으시' 로 존대표현을 구분하고 있으며 존

---

[19] 예문 속의『』표시는 원문에서 어휘를 강조하기 위해 사용한 것으로 보이며, 본서에서도 그대로 표기하였다.
[20] 여기서의 '계시다'는 어휘를 높인 것이 아니라 존재사로 '계시다'를 따로 설정해서 나온 '계시다'이다.

경(尊敬)조동사에서 높임법을 다루고 있다. 또한 '존경 조동사' 안에 특수(特殊)존경어를 따로 두고 있고, 특수 어휘를 사용해 높임법을 만드는 것에 대한 기술도 보인다. 『Grammatik der Koreanischen Sprache』(1936)의 경우 높임 표현은 존칭의 동사(ehrendeszeitwort) 및 존칭의 명사(ehrendes wort)가 있으며, 이를 일반 표현(gewöhnliches zeitwort)과 비교해서 제시하고 있다.

(3) 부정법

부정법은 부정을 나타내는 부사 '아니' 나 '안', '못'을 써서 만들거나 부정의 뜻을 가지고 있는 용언 '아니다', '못하다', '말다' 등을 사용해서 만드는 것을 말한다. 『韓語入門』(1880)에서는 간단하게 '말다'와 '마오'의 형태로 예문만 들어 설명하는 것에 비교해 『한영문법』(1890)의 경우 현대국어의 부정법의 개념을 정확히 이해하고 있으며, '안'과 '못', '아니하다' 와 '마오'를 구분해서 설명하고 있다. 『韓語通』(1909)의 경우 부정문 '마'가 '지'의 뒤에 사용되며, 명령의 뜻을 포함하고 있다고 설명하고 있다. 『韓語研究法』(1909)의 경우 부정문의 구분을 앞에 붙는 것과 뒤에 붙는 것으로 구분하고, 종별(種別)로 동사, 형용사, 명사로 나눠서 살피고 있다. 자세한 내용은 다음과 같이 살펴볼 수 있다.

교재	부정법의 구분	예문
韓語入門 (1880)	'말나'	돗치지말나
	'마오'	ᄒ지마오
韓語通 (1909)	'안'	안직 밥 안 먹엇ᄂ냐
	'아니'	오늘 답쟝은 아니 오겟다
	'아니ᄒ다'	
	'못'	손이 잇서 오지 못ᄒ엿다
	'마'	허물치 마시오

韓語文典 (1909)		'마라'	가지마라
		'마세'	가지마세
		'말게'	가지말게
		'마'	가지마오
		'오마'	
		'마시요'	가지마시요
		'아니'	아니입부다
		'안'	입부지안타
韓語硏究法 (1909)	안 (아니)	前[21] 동사	가지안소
		형용사	크지안소
		명사	눈이아니요
		後 동사	아니(안)가오
		형용사	아니(안)크오
	못	前 명사[22]	못가오
		後 명사	가지못ㅎ오
		형용사	크지못ㅎ오
A Corean Manual or Phrase Book (1893)		안(아니)	슐 안 먹소
		못	슐 못 먹소
		지 안타 잔타	됴치안타, 됴찬타
		아니ㅎ다	됴하 아니 ㅎ오
		지못ㅎ다	오놀 일이 잇서셔 가지 못 ㅎ오
		지아니ㅎ다	비가 올듯ㅎ여 가지 아니 ㅎ오
		지말고	
		지마라	뉘일 일이 만흐니 늣게 오지 마라

〈표 Ⅳ-2-10〉 태동기 1기 문법서의 부정법

---

21 교재에는 앞에 붙는다는 것과 뒤에 붙는다는 것이 바뀌어 있는데 표기상의 오류로 보인다.
22 설명에는 '명사'로 나오고 있으나 '동사'의 표기 오류로 보임.

태동기 2기의 부정법을 살펴보면 높임법과 마찬가지로 특별한 설명을 하기보다는 예문 중심으로 기술한 경우가 대부분이었다. 『鮮語階梯』(1918)에서는 부정법을 '못', '아니', '마'로 구분하고 기본적으로는 '못ᄒ다', '아니ᄒ다', 로 사용하지만 '-지'가 붙어 'ᄒ지아니ᄒ다'나 '가지못ᄒ다'로 사용할 수도 있다고 설명하고 있다. '마'의 경우는 '-지'가 반드시 함께 나타나며 '가지마라', 'ᄒ지마라'의 형태로 나타나며, 명령의 뜻도 가지고 있다고 기술하고 있다. 『應用自在朝鮮語法詳解』(1923)에서는 부정법을 타소(打消) 조동사에서 다루고 '못', '안', '말'을 부정법으로 설정하고 있고 『現行朝鮮語法』(1926)에서는 부정법(不定法)과 금지법(禁止法)으로 나눠서 설명하고 있다. 부정법에서 다루고 있는 것은 '-지 아니', '아니'이며, 금지법에서 '-지마', '-면못쓰', '-면못되'를 설정하고 있다. 『Grammatik der Koreanischen Sprache』(1936)에서는 부정법(Verneinung)에 대해 '아니'와 '못'을 설정하고 있으며, '아니'는 '안'으로 줄어 사용된다고 언급하면서 '안'의 사용도 덧붙이고 있다. 또 '아니'나 '못'은 앞에서 문장을 만들기도 하지만 뒤에 붙을 수도 있다고 설명하고 있다. 자세한 내용은 다음과 같이 살펴볼 수 있다.

교재	부정법의 구분	예문
鮮語階梯 (1918)	'못'	못된(되지못ᄒ)사람ᄒ고사괴지마오
	'아니'	아니오는(오지아니ᄒ는)사람을억지로불을것업소
	'마'	비가그만오지말면좃겟소
應用自在朝鮮 語法詳解 (1923)	'말'	올으지못홀,누무는,처다보지도,『마』라
	'안'	청춘은,두번오지,안는다, 봄은,와서도,꼿은,『안』피어
	'못'	『못』먹을,버슷은,첫,삼월에,돗는다
現行朝鮮語法 (1926)	'-지 아니'	보지아니하오, 보지아니하얏소, 보지아니하얏섯소

Grammatik der Koreanischen Sprache (1936)	'아니'	아니보오, 아니보앗소, 아니보앗섯소
	'-지마'	보지마시오, 보지맙시다, 보지마라
	'-면못쓰'	보면못쓰오, 보면못씁니다, 보면못쓴다
	'-면못되'	보면못되오, 보면못됩니다, 보면못되네
	'아니'	아니가오, 받지못합니다
	'못'	못온다, 가지는 못하오
	'안'	안 가오

〈표 Ⅳ-2-11〉 태동기 2기 문법서의 부정법

(4) 태

태에서는 사동 표현과 피동 표현에 대해 살펴볼 수 있는데 먼저 태동기 1기에서는 두 교재에서 '태'에 대해 다루고 있다. 『한영문법』(1890)에서는 사동 표현과 피동 표현을 모두 다루고 있으며, 한국인들이 이것을 사용하면서 많은 혼동이 있다는 설명과 함께 새로운 음성이 추가된다고 기술하고 있는데 이는 '접미사'에 의한 사동 표현을 설명하는 것으로 보인다. 또한 '사동사'에 의한 사동 표현 외에 '-게 하다'와 같은 통사적 표현에 의한 사동 표현에 대해서도 설명하고 있다.

교재		'태'의 구분	예문
한영문법 (1890)	사동표현	접사 '이', '히', '우'가 붙어	녹소 —— 녹이오 죽소 —— 죽이오 우오 —— 울니오 지오 —— 지우오 넓소 —— 붉히오
		'-게 하다' 형태	가게ᄒᆞ오, 오게ᄒᆞ오, 곱게ᄒᆞ오
	피동표현	접사가 붙어	

韓語文典 (1909)	사동표현	먹는다 – 멕인다, 굴른다 – 굴린다, 읽는다 – 읽힌다, 본다 – 뵈인다
	피동표현	눈이 醫員에게 갬기여 졋다 의원이 눈을 갬기엿다 눈이 의원에게 갬기엿다 눈이 의원 씨문에 감게되엿다

〈표 Ⅳ-2-12〉 태동기 1기 문법서의 태

태동기 2기의 교재에서는 '태'에 대한 설명을 조금 더 상세히 볼 수 있는데 '태'에 대해 간략히 언급하는 것이 아닌 상세한 설명을 덧붙이고 있으며, 사동과 피동을 구분해서 제시하기도 했다. 『應用自在朝鮮語法詳解』(1923)에서는 '태'를 사역(使役)조동사에서 다루고 있으며, 피동과 사동의 개념을 구분하지 않고 사용하고 있다. 접미사 '이', '히', '기', '니'를 설정하고 있으며, -'게ㅎ'는 따로 설명하고 있다. 또한 수신(受身) 조동사를 따로 편성해서 '-니우', '-기우', '-이우', '-히우'를 따로 기술하고 있다. 『朝鮮語發音及文法』(1926)에서는 태에 대한 설명을 정확하게 피동사(被動詞)와 사동사(使動詞)로 구분하고 있으며, 피동사의 경우 설명에서 다시 타동(他洞)과 피동(被動)으로 나눠서 제시하고 있다.[23] 피동 접미사로 제시하고 있는 것은 '이', '히', '기', '니', '치'이며 능동문과 피동문을 예문으로 들어 설명하고 있다. 사동의 경우 사동사(使動詞)에서 설명하고 있으며, 앞선 피동과 같이 사동 접미사 '이', '히', '기', '니', '치'를 제시하고 추가로 '-게 한다'와 '식힌다'를 따로 설명하고 있다. 『現行朝鮮語法』(1926)에서는 먼저 사동의 경우 '기', '니', '이', '히', '치', '우', '트리'로 설정해서 설명하고 있는데, 사동이라는 개념이

---

23 저자가 국어학자인 '이완응'이라는 점에서 외국인이 저술한 다른 교재와는 성격도 목적도 다르지만 비교를 위해 수정하지 않고 남겨 두었다.

아닌 자동(自動)과 타동(他動)의 개념으로 설명하고 있다. 또한 불완전(不完全)타동을 중간에 두어 세 가지 개념을 비교하고 있다. 또 피동의 경우 타동과 피동을 비교하여 설명하면서 피동을 만드는 것으로 '기', '니', '이', '히'를 설정하고 있다. 자세한 예문은 다음과 같이 살펴볼 수 있다.

교재	'태'의 구분	예문
鮮語階梯 (1918)	수동사 (受動詞)	업히다, 잡히다, 노히다, 먹히다, 붓들니다, 물니다, 그슬니다, 굴니다, 잠기다
應用自在朝鮮語法 詳解 (1923)	'이'	쇠를, 녹이어
	'기'	돈을 남기어
	'니'	날니어
	'히'	잡히어
	'게ㅎ'	옷을, 입게흔다, 집에, 가게 흔다
	수신 조동사 설정	집을 실니우어 쇠리를, 잘니우어 신을 신기우어 밋기를, 멕히우어 버리,흔테, 쐬이우어
朝鮮語發音及文法 (1926)	'이', '히', '기', '니', '치'	개가 범에게 잡어먹혓다
	'-게 한다'	가게한다, 오게한다, 흘느게한다
	'식히다'	공부를식힌다, 운동을식힌다, 말을식힌다
現行朝鮮語法 (1926)	'기'	시간을넘기오
	'니'	나무를살니오
	'이'	나무를태이오
	'히'	죽을식히오
	'치'	옷을맛친다
	'우'	나무를세우오
	'트리'	넘어트린다

〈표 Ⅳ-2-13〉 태동기 2기 문법서의 태

(5) 서법

서법은 듣는 사람과 사건에 대해서 갖는 말하는 사람의 태도를 활용 형태로 표현하는 것으로, 고영근·남기심(2009)에 의하면 문장의 내용은 사태를 보는 화자의 태도 여하에 따라 현실적이거나 비현실적으로 표현될 수 있으며, 경우에 따라서는 동작을 현실화시키고자 하는 화자의 의지가 수반되기도 하는데 이러한 의미특징이 일정한 활용 형태에 의해 표시될 때 이를 서법(敍法, mood)이라 한다고 기술하였다. 서법은 보는 관점에 따라 서실법과 서상법, 화자의 의지에 따라 서의법으로 구분할 수 있다. 한국어 교재에 나타난 서법양상은 큰 구분 없이 나타나고 있으며, 일부 일본인 연구자에 의한 교재의 경우 '직설법'이나 '회상법'을 따로 구분하여 표기하기도 한다. 여기서는 서법 가운데 의지적 서법에 해당하는 '명령형'과 '청유형'이 태동기 한국어 문법서에 어떤 모습으로 나타나고 있는지 살펴보기로 하겠다. '명령형'과 '청유형'의 경우 종결어미에 의해 서법이 실현되며, 교재에서는 종결어미의 변화에 따른 의미의 변화에 초점을 맞춰 이를 설명하고 있다. 『한영문법』(1890)의 경우 '청유형'을 'Propositive'로 보고 여기에 높임법의 개념을 적용시켜 'Ordinary' 형태와 'Honorific' 형태로 구분해서 제시하고 있다.[24] 『A Corean Manual or Phrase Book』(1893)의 경우 'Conjugation of verbs'에 시제와 함께 다루고 있으며 특별한 설명 없이 예문만 다루고 있다. 『韓語通』(1909)에서는 '명령형'과 '청유형'을 함께 설명하면서 '어라', '라', '거라', 'ㄴ라', '가거라', '오느라', '디라', '쟈'로 구분하고 있

---

[24] 특별히 Ordinary와 Honorific이라는 명칭으로 구분하지는 않았지만 앞선 Underwood(1890)의 서술을 봤을 때 높임표현에 대해 정확하게 알고 있는 Underwood가 '청유형' 역시 이러한 구분으로 기술했을 것으로 보인다.

는데 '디라'의 경우 현대국어에서는 찾아볼 수 없는 형태이다.[25]

교재	서법 구분		예문
한영문법 (1890)	propositive 청유형	자	ᄒᆞ자, 잡자, 가자
		세	ᄒᆞ세, 잡세, 가세
		지	ᄒᆞ지, 잡지, 가지
		셰다	ᄒᆞᆸ셰다, 잡읍셰다, 가읍셰다
		시다	ᄒᆞᆸ시다, 잡읍시다, 가읍시다
		시옵셰다	ᄒᆞ시옵셰다, 잡시옵셰다, 가시옵셰다
韓語通 (1909)	명령형	어라	다ᄒᆞ거든 쉬여라
		라	밥 먹어라
		거라	우산 밧고 가거라
		느라	물 기러 오ᄂᆞ라
	청유형	디라	내 아돌과 밧고와디라
		쟈	곤ᄒᆞ엿다 쉬쟈
韓語文典 (1909)	명령형	라	가거라
		거라	파거라
		시요	가시요
		시오	파시오
	청유형	세	가보세
		게	가보게
A Corean Manual or Phrase Book (1893)	명령형(Imperative)		ᄒᆞ여라, 가거라, 오너라
	청유형		ᄒᆞ자, 가자, 오자

〈표 Ⅳ-2-14〉 태동기 1기 문법서의 서법

---

[25] 이에 대해 15세기 국어에서 찾아 볼 수 있는 '-는 것이다'의 의미로 사용되는 '디라'와 근대계몽기 '-지라'의 의미로 사용된 '디라'를 검토해 볼 수 있는데 정확한 의미는 알 수 없다.

태동기 2기에서는 다수의 교재에서 서법을 다루고 있다. 태동기와 마찬가지로 명령법과 청유법에 대해 살펴본 결과 설명이 자세하지는 않아도 비교한 모든 교재에서 서법을 다루고 있음을 알 수 있었다. 『日韓韓日言語集』(1910)에서는 명령법만을 다루고 있는데 명령에 대한 설명과 예문에서 높임 표현을 함께 사용하고 있다. 『鮮語階梯』(1918)에서는 예문을 중심으로 기술하고 있으며, 명령법의 경우 표를 통해 두 가지 형태를 제시하고 있는데 하나는 하대(下待)나 대등(對等)의 명령 표현이고, 하나는 상대(上待) 명령 표현이다. 청유법은 '쟈'를 통해 이루어진다고 설명하면서 이 표현을 통해 '자기의 행동을 함께 하는 것'이라고 설명하고 있다. 『應用自在朝鮮語法詳解』(1923)에서는 명령법을 명령어(命令語)에서 다루고 있으며, '-어아', '-어/아라', '-게', '-으소', '-으시오', '-으십시오'를 모두 명령법으로 소개하고 있다. 청유법은 공작체(共作体)에서 다루고 있으며 '-자', '-세', '-읍시다', '-십시다'를 설정하고 있다. 『朝鮮語發音及文法』(1926)에서는 '-라', '-ㅂ시오', '-십시오'를 붙여 명령을 만들 수 있다고 설명하며 특별한 예문은 제시하지 않았고, 『Grammatik der Koreanischen Sprache』(1936)에서는 명령법을 '라', '-시오', '-ㅂ시오'를 통해 이루어진다고 설명하며, 간단한 예문을 들고 있다. 자세한 사항을 살펴보면 다음과 같다.

교재	서법 구분		예문
日韓 韓日言語集 (1910)	명령		명녕이란거슨사룸 의샹하를물론ᄒ고도모지 일을시대는말이올시다그러나옷사룸에디ᄒ 야셔는 '희구언'이말이올슴니다 보옵쇼셔 보옵시오 보와라 가옵쇼셔 가시오 가거라 내집으로오옵쇼셔
鮮語階梯 (1918)	명령	하대	가거라, 가라, 말어라, 마라
		대등	가게, 가소, 말게, 마소
		상대	가오, 가시오, 갑시오, 가십시오, 가십시사
	청유	'쟈'	ᄒ쟈, 하세, 하지, ᄒ십다, ᄒ십시다
應用自在朝鮮 語法詳解 (1923)	명령	'가다'	져리,가아, 져리,가라, 져리,가소, 져리,가 시오, 져리, 가십시오
	청유	'자'	머리,싹자
		'세'	머리,싹세
		'읍시다'	머리싹습시다
		'십시다'	머리싹그십시다
朝鮮語發音及 文法(1926)	명령	'라'	보아라, 먹어라, 먹게, 먹으오, 오너라
Grammatik der Koreanischen Sprache (1936)	명령	'라'	가거라, 오너라, 여기 보아라, 저기 두어라
		'시오'	주시오, 받으시오
		'ㅂ시오'	주십시오, 거십시오

〈표 Ⅳ-2-15〉 태동기 2기 문법서의 서법

이렇게 '품사'와 '시제', '높임법', '부정법', '태', '서법' 논의를 사례로 이 시기 한국어 문법서의 내용을 살펴보았는데 이 시기 한국어 문법서는 교재로서의 가치뿐만 아니라 국어학 연구서로서의 역할도 톡톡히 수행하고 있음을 알 수 있다.

2.3. 소결론

앞서 한국어교재의 출발점 내지는 시작에 대해 잠시 언급한 적이 있는데 이러한 물음에 정확한 답을 하기 어려운 이유 중 하나는 바로 '무엇을 교재로 볼 것인가'라는 근원적이고도 복합적인 물음 때문이다. 모두가 동의할 수 있는 '문법서의 기준'이 있는 것도 아니고, 저자가 문법 내용을 다루고 있어도 그것이 '교재'로서의 역할을 수행하지 못했다면 한국어 학습용 문법서로 보기도 어려울 것이다. 특히 1870년을 전후해 서양인 연구자들이 학술저널에 발표한 논문들을 살펴보면 한국어 문법이나 어휘 등을 다루고 있는데 그렇다고 이러한 논문들을 모두 '문법서'로 볼 수는 없을 것이다. 『박통사』나 『노걸대』가 회화 내용을 담고 있다고 해서 우리가 이 책을 한국어 회화서로 분류하지 않는 것도 비슷한 이유가 될 것이다. 또한 순수한 학습의 목적이 아닌 일본인 학습자 대상의 학습서들도 본래적 '교육'의 의미에서 본다면 후보에서 제외될 수도 있을 것이다. 다만 이러한 논의에 앞서 '교재 또는 학습서'를 교육을 위한 매개체로 본다면 나름의 의미를 부여할 수 있고, 그 역할과 의미를 재발견할 수 있다는 점도 고려해야 할 사항임에 분명하다.

문법은 참 독특한 매력이 있다. 외국어를 학습하는 사람들이 문법 공부하는 것을 힘들어하면서도 또 가장 열심히 매달리는 것이 '문법 학습'이고, 지금의 한국어교육 현장에서 교사와 학생 모두 '의사소통식 교수법'이 중요하다는 것을 알면서도 언제나 수업의 중심에 있는 것은 '문법 학습'이라는 점을 보면 말이다.

근현대 출간된 한국어 문법서의 면면을 살펴보았는데 이 시기 문법서의 역할과 가치를 현대적 관점에서 부여한다면 다음의 몇 가지로 볼 수 있을 것 같다.

먼저 이 시기 간행된 한국어 문법서의 '문법'과 '국문' 연구로서의 가치이다. 선교사이자 한국어교육자인 게일의 눈에 처음 비친 한국인 학자들의 모습은 자신의 글을 버리고, 중국의 글자를 숭상하는 이상한 사람들이었다. 근대는 한국어는 있지만 한글은 없는 시기였고, 조정의 문서를 비롯해 신문·잡지의 기고문과 학술문에 이르기까지 한글의 자리가 그리 많지 않았다. 고경민(2017)에서는 이 시기 국문 사용 상황에 대해 1894년 11월에 발표된 勅令 제1호의 "法律勅令 總以國文爲本漢文附譯或混用國漢文"(칙령은 모두 국문으로 본을 삼되 한문을 붙여 번역하여 사용하거나 국한문을 혼용해 사용할 수 있다.)과 관련이 있을 것으로 보인다. 법률과 칙령의 표기를 국문에 바탕을 두고 국한문을 혼용하게 한 언어 정책은 아직 '국문의 표준화'라고 부르기에는 부족한 점이 없지 않지만 사회적으로도 어문의 표준화가 필요했다는 점을 시사하는 것으로 기술한 바 있다.

이러한 상황에서 서양과 일본인 학습자 대상의 문법서가 당시의 국어학자들에게 어떻게 비춰졌을지 궁금하다. 실제로 이러한 외국인 학습용 문법서의 영향을 받아 국문법서 저작에 영향을 주었는지는 정확히 알 수 없다. 저작 시기가 앞선 외국인 학습용 문법서가 후에 간행된 당시의 국어 문법서에 무조건 영향을 주었다고 억지를 부릴 수는 없겠지만 그렇다고 전혀 영향이 없었다고 말할 수도 없을 것이다. 그러나 분명한 것은 국문의 사용조차 어려웠던 시기에 한국어의 문법을 학문과 교육의 관점에서 연구했던 그 가치와 의의만큼은 잊지 말아야 할 것이다.

다음으로 현대 한국어 문법 교재와의 영향 관계에 대한 부분이다. 이 역시 앞선 이야기와 마찬가지로 명확한 근거는 없지만 교재의 발달사 측면에서 자연스럽게 추측해 볼 수 있는 이야기이다. 1894년 게일이 쓴 「Korean Grammatical Forms」(사과지남)을 보면 최초의 한국어교재로 언급했던

『交隣須知』의 예문을 그대로 사용한 흔적을 볼 수 있다. 또한 언더우드의 『한영자전』이나 『한영문법』에서도 이전에 프랑스의 신부들(아마 파리외방전도회 소속 리델 신부를 지칭한 듯)이 연구한 내용을 참고했다는 언급을 볼 수 있다. 학습을 목적으로 간행되는 것이 '학습서'이든 '교재'이든 또는 '교과서'이든 이러한 목적의 간행물은 당연히 이전의 것을 더 개량해야 한다는 숙명을 갖고 있다. 저자의 목적도 당연히 학습에 더 좋은 결과물을 낼 수 있거나 학습자를 더 배려한 결과물을 내기 위해 저작 활동을 하게 된다. 이는 지금의 연구자들이 선행 연구를 살피고 선행 연구에서 살피지 못한 부분을 내 연구에서 제시하려는 것과 같은 것이다. '학습서' 내지는 '교재' 역시 이러한 발달사를 거친다고 생각한다. 근현대의 다양한 외국인 학습용 문법서가 1955년 미국에서 간행된 『Practical Korean Grammar』나 1960년에 간행된 박창해의 『한국어 교본』에 직접적인 영향을 주었다고 단정지을 수 없지만 그럼에도 영향 관계가 있었다고 볼 수 있는 근거도 여기에 있다. 이후 『한국어 교본』과 같이 영어권 학습자 대상의 한국어교재는 명도원의 『MYONGDO'S KOREAN 68』로 면면이 이어지고 국내에도 다양한 언어교육 기관이 설립되면서 영향 관계를 주었음을 어렵지 않게 추측해 볼 수 있다. 아예 1881년의 교재가 편집 과정을 거쳐 그대로 사용된 예도 있다.[26] 이렇게 언어교육 기관이 설립되고 이전의 교재들이 새로운 교육 과정과 커리큘럼에 맞게 제작되면서 한국어교재가 오늘날에 이르렀을 것이다. 2000년 이후 한국어교재 편찬 현황을 살핀 고경민(2016)의 연구 결과를 보면 분석 대상 1600권 가운데 문법서는 68권뿐이지만 실제 628권에 해당하는 통합 교재가 문법 내용을 모두 포함하고 있기 때문에 오늘날에도

---

[26] Dupont & J.Millot의 『Grammaire Coréenne』(1965)와 Ridel의 『Grammaire Coréenne』(1881)

한국어 문법 학습은 계속 변화하고, 발전하고 있다고 할 수 있을 것이다.

다소 거창한 말처럼 들리겠지만 우리가 역사를 잊지 않고 교육하여 후손들에게 미래의 지혜를 찾게 하는 것처럼 근현대의 한국어 학습서에 관심을 갖는 일은 현재의 외국인 학습자를 위한 교재 편찬에 귀감을 삼을 수 있는 일이라 생각한다. 학습자가 더 다양해지고, 교수법이 바뀌었지만 외국인 학습자에게 한국어 문법을 더 효율적으로 전달하기 위해 노력한다는 점에서는 변화가 없으니 말이다.

돌이히
레무눈쳐
다널넛다
은슉장이외나롱용
이무뵈왓슴뵈왓
국사람보시 사람이라
뽈늬두보지못하갓다 보지못
마시볼게엽소웨늬가근시하닌

V. 교수 방법과 교재의 변천

1. 근현대 한국어교재와 교수법[1]

1.1. 한국어교재와 교수법에 대한 연구

한국어교재의 편찬 과정은 일반적으로 학습자의 요구 분석 단계를 거쳐 교육 목표와 교육과정, 교수법과 교수 요목을 설정하는 순서로 이루어진다. 이렇게 설정한 교육 목표 및 과정을 통해 교재의 내용 체계를 구체화하고, 이를 시험 사용한 후 수정과 보완 과정을 거친다. 즉, 교수법은 교재의 내용을 구성하기에 앞서 교재의 방향과 기본적인 체계를 이루는 것이라 할 수 있다. 이를 교재의 기능과 관련지어 생각해보면 교재는 이미 개발 단계부터 특정의 교수법을 이끌어 낼 기능을 부여받은 것이라 할 수 있다. 즉, 교재는 교수·학습 내용을 담고 있는 교수 매체이자 특정의 교수법을 구현하기 위한 도구적 역할도 함께 하고 있다고 볼 수 있을 것이다.

이번 장에서는 교수법과 교재의 상관관계를 밝히는 것을 목적으로 총 100여 권의 시대별 교재를 교수법을 중심으로 분석하였다. 교재와 교수법의 시대구분은 교재사를 중심으로 구분하였으며, 본서가 근현대 한국어교

---

[1] 이번 장은 고경민(2018)을 수정 보완한 것임.

재의 변천을 다루고 있으므로 이 시기에 해당하는 교수법을 중심으로 살펴보았다. 이 시기는 전통적 교수방식에서 직접식 교수법까지 해당하는 시기이다. 각 시기의 교재가 이전 시기의 교재에 대한 보완과 수정을 거치며 발전해 온 것처럼 교수법 역시 이전 교수법의 장점은 계승하고 문제점을 개선하는 과정을 거치게 된다. 교수법과 교재의 관계 분석을 통해 과거의 교재는 물론 현재, 그리고 미래에 편찬될 교재까지 통시적이면서 체계적인 흐름을 포착할 수 있을 것이다. 이번 장에서는 교재와 교수법의 관계를 살피기 위해 관련 연구들을 먼저 몇 가지로 구분하여 살펴보았다. 먼저 교재와 관련한 연구는 교재 변천[2]을 중심으로, 교수법과 관련한 연구는 다시 '교과와 교수법[3]', '교수 이론 검토[4]', '교재와 교수법[5]', '교수법 모형과 방법

---

[2] 관련 연구로는 이지영(2003ㄱ), 이지영(2003ㄴ), 강남욱(2005), 김영란(2009), 고경민(2012), 고예진(2013), 고경민(2013), 고경민(2016)을 참고할 수 있다.

[3] 교과와 교수법에서는 한국어교육에 영향을 미쳤거나 비교 대상이 될 수 있는 다른 언어교육의 변천을 살펴볼 수 있으며, 한국어교육 및 한국어교재 구성과의 차이를 엿볼 수 있다. 관련 연구로는 이광숙(2001), 정승혜(2002), 박길수(2002), 송정희(2003), 허재영(2006), 권오량(2013), 엄태경(2015)을 살펴볼 수 있다.

[4] 한국어교수법을 포함한 그간의 외국어 교수법이 한국에서 어떻게 활용되고 있는지를 논의한 연구로 윤기옥(1974), 선형성(1990), 황혜진(1997), 김상대(1997), 강승혜(1999), 박동호(2003), 이동재(2008), 임삼미(2011), 장용수(2016)를 참고할 수 있다.

[5] 교재와 교수법의 상관성에 대한 연구는 그간 외국어교육 분야에서 논의가 이루어져왔다. 주로 프랑스어교육이나 독일어교육에서 교수법에 변천에 따른 교재 구성의 변화를 다루었는데 해당 논의들은 교수법의 적용을 프랑스나 독일의 기준에 맞춰 진행하였기 때문에 본 연구와 충분히 비교할 수 있는 논의라고 생각한다. 참고할 수 있는 논의로는 박이도(1998), 조항덕(1999), 조항덕(2000), 하수권(2001), 백봉자(2001), 이미영(2012)을 살펴볼 수 있다.

론⁶', '현장 교수법'⁷으로 세분화하여 살펴보았다. 선행 연구의 내용을 바탕으로 설정한 이 연구의 전제는 다음과 같다.

첫째, 교수법 혹은 교수이론 교수학습방법 등 다양한 용어들을 사용하고 있고, 때로는 이러한 개념을 혼종하여 사용하기도 한다. 이 글에서 논의의 대상이 되는 교수법은 일반적으로 '방법'의 측면⁸에서 이야기하는 '교수법'을 말한다.

둘째, 교수법을 지칭하는 용어에 대한 부분이다. 같은 교수법을 지칭할 때도 '서제스토페디어' 혹은 '암시교수법'이라고 기술하기도 하고, '집단언어학습'을 '카운셀링 러닝'으로 표기하기도 한다. 이 연구에서는 다양한 개론서와 선행 연구를 살펴 이 가운데 더 일반적으로 사용되고 있는 용어로 논의를 진행하기로 한다.

셋째, 과연 특정 교재가 특정 교수법만을 기반으로 제작되었는가에 대한 부분이다. 초기의 몇몇 한국어교재들을 제외하고는 여러 교수법이 하나의 교재에 적용되기도 한다. 예를 들어 초급 한국어 교재에서 발음 연습

---

6   교수법의 모형과 방법론에 대한 연구로는 김영순(2002), 임지아(2006), 김소영(2016), 안정호(2016)를 참고할 수 있다.

7   현장 교수법과 관련한 논의들은 기능별 혹은 영역별로 구분한 교재에 교수법이 어떻게 적용되며, 기능이나 영역에 따라 어떤 차이를 보이는지 제시한 연구로 박미경(2000), 이정희(2003), 이미혜(2007), 박문자(2010), 이숙(2010), 우형식(2015)을 살펴볼 수 있다.

8   강승혜(1999)에서는 외국어 교수법을 두 가지 측면에서 분석할 수 있다고 보았다. '방법'과 '접근'으로 나눠 보는 것으로 각 교수법들은 기술적 측면의 '방법'으로 사용되어 온 것도 있고, 이론적 바탕 위에 원리적 측면이 강조된 '접근'으로 활용되는 것도 있다는 것이다. 여기서 '방법'에 해당하는 것으로 '문법번역식 교수법'이나 '직접식 교수법', '청각구두식 교수법' 등을 제시하고 있으며, '접근'에 해당하는 것으로 '고전적 교수법', '심리학적 접근의 교수법', '언어습득이론 교수법' 등으로 제시하고 있다.

을 하기 위해서는 청각 구두식 교수법이 사용될 수 있으며, 듣기 연습을 위해서 자연 교수법이, 문법 연습을 위해 문법 번역식 교수법이 사용될 수 있다.[9] 이 글에서는 교수법과 교재가 일대일로 대칭된다고 보지 않는다. 따라서 다양한 교수법이 기반이 되지만 그 가운데 가장 광범위하게 사용되었거나 기조가 되는 교수법을 찾아내는 것이 이 연구의 선결 과제 중 하나로 볼 수 있다.

넷째, 그렇다면 어떤 교수법이 기준이 되어 교재를 분석할 것인지의 문제가 뒤따른다. 특정 시대의 교재를 살피는 데 있어 교재에 나타나는 특징이 어떤 교수법과 연관이 있는지 보기 위해서는 기준이 되는 교수법이 있어야 한다. 예를 들어 외국어로서의 독일어 교수법에서는 50년대 이후의 '문법 번역식 교수법', 60년대 이후의 '구청각/시청각 교수법', 70년대 중반 이후의 '의사소통적-화용적 방법'으로 구분하기도 하며, 외국어 교수법의 변천을 문법 번역식 교수법 – 직접식 교수법 – 구청각/시청각 교수법 – 절충 교수법 – 의사소통적 접근방법 – 상호 문화적 접근방법으로 구분하기도 한다. 이러한 구분은 미국에서 유입된 교수법 혹은 교수 방법의 명칭과는 차이가 있다. 그렇기 때문에 이 가운데 어떤 교수법을 교재에 적용할 것인지를 정하는 일이 중요하다. 본서에서는 한국어교육에서 보편적으로 사용하거나 적용되었다고 보는 교수법[10]을 기준으로 삼을 것이다.

마지막으로 교수법의 변천과 교재에 대한 상관성을 살피는 것이 본 연구의 목적이지만 여기서 교수법의 변천이 반드시 이전 교수법의 완전한 도태

---

[9] 같은 맥락에서 교수법의 적용이 언어 기능이나 영역에 따라 달라질 수도 있지만 교재의 수준에 따라 달라질 수 있다고 본다.

[10] 이를 위해 현재 한국어 교수법과 관련해 개론서로 사용되고 있는 남성우 외(2009)와 김재욱 외(2012)를 중심으로 기준을 정하고, 외국어 교수법과 관련한 선행 연구를 참고하였다.

나 상실을 의미하는 것은 아니라는 점과 시기에 따른 변천이 반드시 교수법의 발전과 함께 하는 것은 아니라는 점을 연구의 전제로 삼고 있다.

2. 교수법의 변천과 교재의 상관성

2.1. 전통적인 교수 방법의 변천

이번 장에서 다루는 '교재와 교수법'에서 교수법은 '유럽과 미국을 중심으로 한 교수법'을 말하는 것이다. 전시대 어느 문화를 막론하고 교육 철학이나 교수 방법에 대한 논의는 있었기에 유럽과 미국을 중심으로 교수법을 살피는 일이 거시적 관점에서 교재와의 관계를 파악하는 데 한계점이 될 수도 있을 것이다. 다만 한국어교육에서 활용하고 있는 다양한 교수 이론이 유럽과 미국의 교육 방법과 이론을 바탕으로 한 것이 많기에 본 연구에서는 이를 중심으로 하고, 연구의 한계점을 조금이라도 보완하기 위해 동양의 전통적인 교수 방법과 한국어 문헌과의 상관성을 간략히 살펴보기로 한다.

전통적인 교수 방법에 대한 여러 논의 가운데 전통적인 교수 방법의 특징을 잘 포착한 강남욱(2005:141)에서는 근대 이전까지 동양에서 유지되어 온 전통적 교수 방식의 특징을 몇 가지로 제시한 바 있다.[11] 제시한 내용을

---

[11] 강남욱(2005)에서 언급한 전통적 교수 방식의 특징은 다음과 같다. 첫째, 지역 전문가 출신의 세습적 방식의 외국어 교육으로 목표어 환경에 근접한 배경이나 지리적인 영향을 받은 전문가들에 의한 교육 방식이라는 점. 둘째, 부문별 어휘 분류를 통한 어휘 확장 학습으로 외국어의 어휘를 범주별로 제시하고, 어휘를 중심으로 학습하게 하는 방법을 취하고 있다는 점. 셋째, 실제 상황을 염두에 둔 가상 상황형 교재를 사용하고 있으며 이러한 어휘 제시 방식이나 상황 제시 방식이 동양의 두드러지는 특징이라는 점. 넷째, 문학자료를 원전으로 활용하고 있다는 점. 다섯째, 반복적 암기와 검사를 통한 대면적 교

살펴보면 크게 교수자의 특성과 관련한 부분, 교재 구성과 제시에 대한 부분, 교수 학습 자료에 대한 부분, 교수 학습 방법에 대한 부분으로 구분해서 살펴볼 수 있다. 특히 이 가운데 주목할 수 있는 부분은 교재 구성과 제시 방식 및 교수 학습 방법에 대한 것이다. 근대 이전에 간행되었던『鷄林類事』나『朝鮮館驛語』는 어휘 학습 중심의 어휘 자료집이며,『交隣須知』역시 이러한 전통적인 방식에 기반을 두고 있다. 또한『老乞大』[12]와『朴通事』같은 문헌은 상황을 중심으로 편찬된 회화 교재 구성과 비슷하다. 교수 학습 방법에 있어서도 반복적 암기가 중요한 학습 방식의 하나였는데 이러한 방식은 고려 말 설치된「사역원」[13]과 같은 통역 기관의 교육 방식과 상당히 유사하다고 볼 수 있다. 안경화(2008:319)에서는 오구라 신페이의 조선어학교 교칙 개정에 대한 내용을 기술하면서 당시의 한국어 교수 학습 방법을 배송(背誦)역독(譯讀)의 전통적 학습 방법을 따르고 있다고 제시한 바 있다. 이 글에서는 여러 특성 가운데 '어휘 중심 학습'이라는 점과 '상황을 고려한 대화문(예문)'을 중심으로 관련 문헌을 살펴보고자 한다. 여기서 살펴볼 수 있는 문헌은『鷄林類事』와『朝鮮館驛語』,『交隣須知』,『사과지남』등이다.

육 방식이라는 점.

[12] 정광(2006:27)에서는『노걸대(老乞大)』를 '실용 회화 교재'로 규정하면서, 이와 같은 근거를 이 책이 여러 차례 개정 작업을 했다는 점에서 찾을 수 있다고 언급하고 있다. 또한『노걸대(老乞大)』가 실용적인 목적이 없었다면 이 책들의 언해나 개정은 이루어지지 않았을 것이라며,『노걸대(老乞大)』의 실용성을 기술하고 있다.

[13] 한 가지 흥미로운 사실은 사역원에서 중국어 습득을 위해 평소에는 조선어를 사용하지 않도록 지시했다는 점이다. 공무수행에서부터 일상생활에 이르기까지 모두 중국어만을 사용하도록 한 조치는 서양 교수법의 관점에서 본다면 '직접식 교수법'에서 목표 언어만 사용한다는 점과 비교해 볼 수 있는 점이라 할 수 있다.

먼저 『鷄林類事』의 경우 366개(혹언(或言)' 또는 '역왈(亦曰)'이라는 형태의 복수 표기를 포함할 경우)의 어휘가 수록되어 있는데 앞 장을 통해 『鷄林類事』와 같은 어휘 자료집이 한국어교육과 두 가지 점에서 연관성을 찾을 수 있다고 제시한 바 있다. 첫째는 수록 어휘의 상당 부분이 교육용 기본 어휘 항목이나 어휘와 일치한다는 점이며, 둘째는 비록 어휘 자료집일지라도 일부 항에서 담화 상황에 적합한 문법 형태소 결합 형태를 독립된 어휘항으로 설정하고 있다는 점이다.

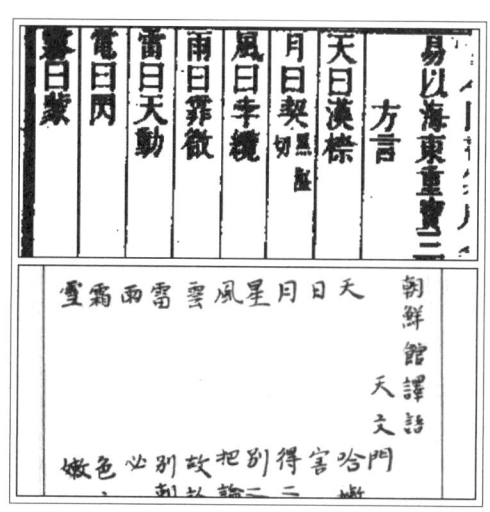

〈그림 Ⅴ-2-1〉 『鷄林類事』(12세기초)(上)와 「朝鮮館驛語」(15세기말)(下)

『朝鮮館驛語』 역시 『鷄林類事』와 마찬가지로 중국어와 한국어의 대역 어휘집이라 할 수 있다. 朝鮮館驛語는 『화이역어』 속에 포함된 일부분으로 중국인들이 당시의 조선어 어휘를 조선음과 중국음으로 구분하여 펴낸 것이다. 어휘 제시방식을 보면 ㉠天 ㉡哈嫩二 ㉢添과 같은 방식으로 제시하며, 여기서 ㉠은 어휘항이며 ㉡은 이에 대응하는 한국어이다. 여기에 ㉢을 부기한 것은 ㉠에 해당하는 이 시대 중국음이었을 것으로 추정할 수 있다. 이와 같은 기술 방식에 따라 596개 어휘항을 제시하였는데『鷄林類事』와는 달리 유해류의 어휘 분류 방식을 적용하였다.

전통적 교수 방식에서 살펴볼 수 있는 또 하나의 문헌으로『交隣須知』를 살펴볼 수 있다. 앞선 두 어휘집과 달리 실제 한국어 학습을 목적으로 사용되었으며, 어휘집 형태가 아닌 회화 중심의 교재이다. 엄밀한 의미에서는 회화식 예해문례사전(例解文例事典)으로 보는 것이 맞겠으나 오랜 시간 한국어 교육용 교재로 사용되었다는 점이나 이후에 편찬된 서양인 연구자의 한국어교재에도 많은 영향을 주었다는 점에서 한국어교재로 분류할 수 있을 것이다. 본문은 '천문', '시절'과 같이 주제별 의미 분류에 의한 부문을 설정하고 각 부문에는 그 주제에 맞는 표제어를 제시한 뒤 관련된 예문을 한글로 적고 있다. 이러한 방식은 현대의 교수요목 관점에서 보자면 '개념교수요목'이나 '주제교수요목' 구성 방식과 비슷한데 앞선 두 어휘집과 마찬가지로 실생활에 밀접한 어휘를 중심으로 하고 있다. 앞서 전통적 교수 방식의 특징 중 두 번째 특징인 부문별 어휘 분류를 통한 어휘 확장 학습의 전형적인 특징과 일치한다고 볼 수 있다. 이러한 방식은 동양에서 출간된 언어 학습용 교재에서 두루 살펴볼 수 있는 특징으로 어휘항을 설정하고, 해당 어휘에 대한 뜻풀이나 예문을 곁들이거나 문답 형태의 대화문을 제시하는 방식이다. 다산 정약용이 편찬하고 이후 지석영이 새롭게 편집한『아학편』의 경우[14]도 한자를 기준으로 한국어와 중국어, 일본어, 영어를 어휘

---

14 이준환(2014:250)에서는『아학편』이 새로운 형태로 바뀐 것에 대해 한자를 배우고 이해하는 데에 그치지 않고 중국어와 일본어를 이해하는 것과 서구와의 접촉에 따라 밀려드는 외국어와 외래 문물을 이해하기 위해서는 영어를 배우고 이해하는 것이 절실하다는 시대적 요청이 반영된 것으로 기술한 바 있다.

중심으로 제시한 것이며, 조선 중기부터 일본어 학습서로 사용되었던 『첩해신어』는 일본인과의 대화에서 자주 쓰이는 내용을 문답체 회화 형태로 엮은 것이다.

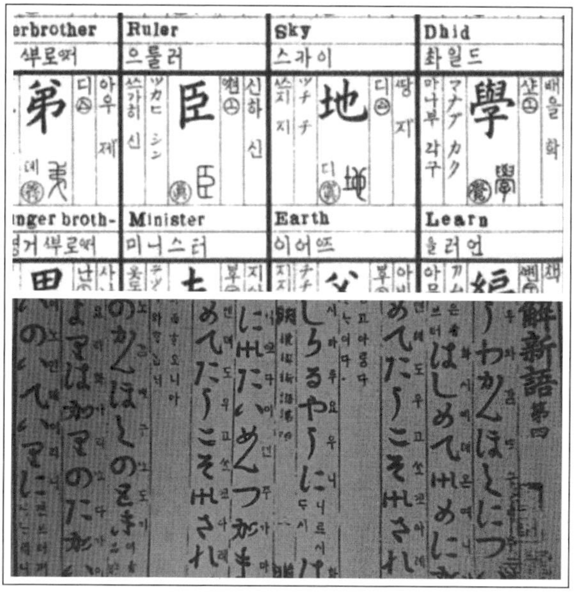

〈그림 V-2-2〉 『아학편』(1908, 上)과 『첩해신어』(1676, 下)

이러한 전통적 교수 방식은 이후 『韓語會話』나 『朝鮮語學獨案內』와 같이 일본인이 저술한 한국어 학습서에서도 찾아볼 수 있으며,[15] Gale의 『Korea

---

15 다만 강남욱(2005)에서 언급했던 바와 같이 서양인 선교사의 교재는 서양식 교수법, 일본 연구자의 교재는 동양식 교수법으로 규정할 수는 없을 것으로 보인다. 당시의 일본인 연구자 가운데 오랜 기간 외국에서 유학을 하며, 서양의 교수법에 익숙해진 연구자도 있을 것이고, 반대로 한국에 머물면서 전통적인 한국의 교수 방법이나 교재 편찬 방식을 선호하는 이도 있었을 것이다. 실례로 Gale의 『사과지남』의 경우 상당 부분이 어휘 제시와 상황 대화로 이루어

Grammatical Forms』(사과지남)(1894)에서도 같은 방식[16]으로 회화문을 제시하는 것을 볼 수 있다. 흥미로운 점은 호세코의『韓語入門』(1880)이다. 이 교재는 상권과 하권으로 이루어져 있는데 상권이 전통적 교수 방식의 어휘 항 설정과 어휘 제시 방식을 취하고 있는데 반해 하권은 문법을 중심[17]으로 내용이 구성되었다. 즉, 상권은 전통적 교수 방식 중심이고, 하권은 문법 번역식 교수법의 특징을 엿볼 수 있다.

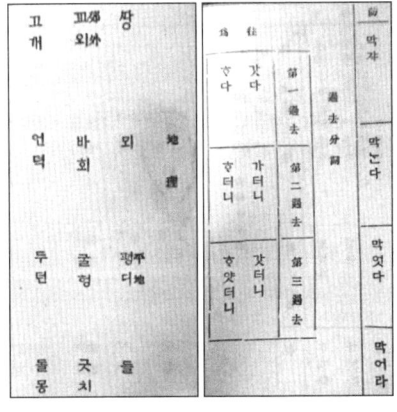

〈그림 V-2-3〉
『韓語入門』상(左),『韓語入門』하(右)

져 있어 당시 서양의 주요 교수법이었던 '문법 번역식 교수법'과는 차이를 보인다. 그렇기 때문에 당시의 시대 상황이나 다른 외국어 학습에 비추어 한국어교재 편찬과 교수법에 대한 논의를 하는 것은 자칫 일반화의 오류를 범할 수 있음을 주의해야 할 것이다.

16 회화부의 내용을 보면『交隣須知』의 내용과 동일한 문장이 사용되었는데 이는『交隣須知』가 당시 널리 사용되었던 한국어교재이기 때문에 그대로 차용한 것으로 볼 수도 있고, 저자인 Gale 목사가『交隣須知』와 같은 구성을 전형적인 동양의 언어 학습서로 생각했기에 그 방식을 따랐다고 볼 수도 있을 것이다.

17 『韓語入門』의 서문에서는 다음과 같은 내용을 확인할 수 있다. "우리가 한어(한국어)를 배우는 것은 시급한 일이라 할 수 있으며, 지금까지 한국어를 배우기 위한 문법서가 없어 한국어를 배우기 쉽지 않았다. 문법은 장인의 도구와 같아 잠시라도 없으면 안되는 것이다." 이를 통해『韓語入門』이 문법서의 역할을 위해 편찬된 것임을 알 수 있다.

교재의 구성 측면에서 본다면 『交隣須知』를 비롯한 일본인 연구자들의 교재가 세로쓰기 방식에 회화문의 구성이 좌우 구성인데 비해 『사과지남』은 가로쓰기 방식으로 회화문 제시 방식 역시 상하 구성으로 이루어져 있다는 점을 확인할 수 있다.

〈그림 Ⅴ-2-4〉 『交隣須知』(1881, 左)와 『사과지남』(1894, 右)

〈그림 Ⅴ-2-4〉에서와 같이 『交隣須知』와 『사과지남』은 모두 '천문'이나 '지리'와 같은 어휘항을 설정하고, 관련 예문을 기술하는 점에서는 동일한 방식을 취하고 있지만, 어휘항에 따라 주제 어휘를 제시하고 예문을 기술한다는 점과 어휘항 밑에 바로 예문을 제시한다는 점에서 차이를 보인다. 앞선 논의를 통해 '전통식 교수 방식'과 '한국어교재'와의 상관성에 대해 간략한 결론을 내리자면 다음과 같다.

첫째, 『鷄林類事』나 『朝鮮館驛語』와 같은 어휘 자료집 이후에도 어휘를 중심으로 한 문헌들이 꽤 오랫동안 간행되었다는 점이다. 12세기 초에 간행된『鷄林類事』에서(혹은 그 이전부터) 19세기 말에 간행된『交隣須知』까지 어휘 중심의 전통식 교수 방식은 서양의 교수법 관점에서 본다면 '기능적인 견해(functional view)'에 가까운 것으로 볼 수 있을 것이다. 일반적으로 기능적 견해에서는 학습자가 의사소통의 필요성을 느끼는 화제나 의미, 개념을 상세화하는 것을 중요하게 여긴다(Jack C. Richards 2008:32). 즉, 천문이나 지리 또는 인성, 동물 등의 어휘항 설정은 의사소통에 필요한 개념이나 주제를 상세화한 것으로 볼 수 있다는 것이다. 또한 '어휘'를 중심으로 다룬다는 점은 언어 구조의 기본 단위를 '어휘'로 보고 있다는 것으로 조심스럽게 유추해 볼 수 있을 것이다.

둘째, 어휘 자료집 이후에 간행된 한국어교재의 예문이나 대화문이 상황을 중심으로 하고 있다는 점이다. 이는 앞선 선행 연구들을 통해서도 밝혀진 것이지만 비슷한 시기 문법번역식 교수법 기반의 서양인 연구자들의 교재와 확연한 차이를 보이는 부분이다. 문법번역식 교수법에 기반한 교재들이 문법을 주로 다루고 있기에 문법 내용에 대한 예시를 위해 문장을 빌려오는 것과 상황을 가정하여 이에 맞는 대화문을 구성하는 것에는 큰 차이가 있다. 서양에서의 외국어 학습 초기에 문법이나 문법 규칙을 더 쉽게 배우기 위해 문장학습에 초점을 맞춘 것과 달리 전통식 교수 방식에 기초한 한국어교재들은 앞선 살핀 '기능적 견해'의 관점에서 문장을 의사소통의 개념으로 보고 있다고도 할 수 있을 것이다. 본문에서 다루진 않았지만 전통식 교수 방식의 특징을 고스란히 담고 있는『老乞大』나『朴通事』역시 이러한 상황 중심의 대화문으로 이루어져 있다. 이러한 방식은 비슷한 시기 문법번역식 교수법 중심의 교재와는 확연히 다른 차이점이라 할 수 있다. 전통적 교수방식의 이러한 특징은 '의사소통'이나 '말하기'를 중요하게 여긴다는 점에서 직접식 교수법이나 청화식 교수법의 일부 특징들에 더 가깝다고 할 수 있겠다.

2.2. 태동기 한국어교재와 문법번역식 교수법

외국어 교수법이 시대에 따라 바뀌는 것은 시대에 따라 학습자가 외국어를 배워야 할 목적이 달라지기 때문이다. 외국어를 배우는 학습자의 목적이 달라지면서 교수법이 달라지고, 이렇게 달라지는 교수법을 담기 위해 교재도 변하는 것이다. Puren(1994, 조항덕 1999 재인용)은 외국어 교수법의 발전을 이론 측면과 실행 측면으로 구분하고, 이론 측면은 교수법, 이론, 목표, 상황의 네 가지 요소로 이루어지며, 실행 측면은 교수법, 기자재, 수행, 평가로 이루어진다고 보았다. 특히 이 가운데 교수법은 단순히 이론에 해당하는 것이 아니라 이론과 실행을 동시에 겸비하는 것이며, 시대에 따라 변천한 외국어 교수법을 보면 각 교수법에 따라 중점을 두는 부분이 다르다고 언급하고 있다. Puren(1994)의 이러한 기술은 교수법이 이론과 실행을 겸비하는 것이기에 교수법의 변천이 교재의 변화나 수업 모형의 변화에도 직접적인 영향을 끼칠 수 있다는 것이고, 교수법의 변천을 살피는 일은 당대의 중요했던 교육 과제가 무엇이었는지 알 수 있게 한다는 것으로 이해할 수 있을 것이다.

서양에서 문법번역식 교수법(Grammar Translation Method)의 시작은 라틴어 학습과 관련이 깊다. 라틴어가 일상적인 언어로서의 지위를 상실해감에 따라 17세기에서 19세기까지의 라틴어 학습은 문법 규칙을 암기하고, 라틴어와 영어로 나란히 쓴 글을 번역하거나 그대로 따라 쓰는 연습이 주된 학습 방법이 되었다. Jack C. Richards(2008:6)에서는 현대 언어들이 18세기 유럽 학교의 교육 과정에 포함되기 시작했을 때 이들 언어가 라틴어를 가르치는 데 쓰인 것과 동일한 기본적 과정을 통해 학습되었으며, 교과서는 추상적인 문법 규칙과 설명, 어휘 목록, 번역을 위한 문장들로 구성되었다고 제시한 바 있다. 문법번역식 교수법은 문법을 통해 정확한 문장 구조 습득이 가능하고, 번역 능력을 높은 수준까지 올리는 것을 목적으로 하기 때문에 되도록 문법 규칙들을 정확하고 상세하게 기술하는 것을 중요하게 여긴다.

한국어교재에 반영된 문법번역식 교수법의 특징[18]을 교재와 함께 살펴보면 다음과 같다. 첫째, 문법은 단어를 조합하는 규칙을 제공하며, 수업은 단어의 어형 변화와 형태에 중점을 둔다는 점이다. 이러한 특징은 Ridel[19]이 편찬한 『Grammaire Coréenne』(1881)에서 살펴볼 수 있는데 문법을 제시하고, 이를 통해 단어가 형성된다는 점, 규칙이 적용되고 있다는 점을 중점적으로 다루고 있다. 또한 어형의 변화를 함께 제시하여 규칙에 따라 어형이 어떻게 변화하고 있는지를 보여주고 있다.

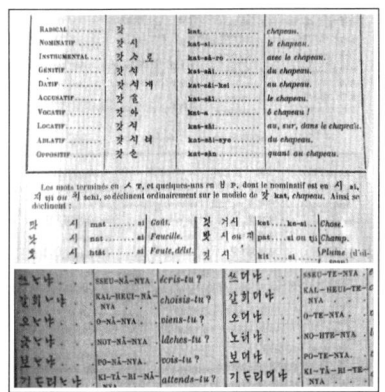

〈그림 Ⅴ-2-5〉 Ridel의 『Grammaire Coréenne』(1881)

〈그림 Ⅴ-2-5〉을 보면 동사의 활용형을

---

[18] 여기서는 Jack C. Richards(2008)와 남성우 외(2009)에서 제시한 문법 번역식 교수법의 특징을 참고하였다.

[19] Ridel은 이 책의 서문에서 본서의 특징과 활용 방법에 대해 몇 페이지에 걸쳐 기술하고 있는데 이 중에는 "문법의 장점은 해당 언어에 대해 설명할 때 명확하고 정확한 문장 체계를 잘 이해하도록 돕는다는 점이다."라는 부분과 "한국어를 배우기 위해서는 읽기부터 가르치는 것이 필요하다."는 내용을 볼 수 있다. 여기서 '읽기부터'라는 부분이 읽기의 기능적 특징을 강조하는 것인지 읽기를 통한 문법 규칙의 학습이 목적인지는 서문을 통해 정확히 알 수 없으나 교재의 전반적인 체계나 내용을 봤을 때는 후자에 가까울 것으로 생각해 볼 수 있다.

중심으로 의미에 따라 달라지는 어형의 변화를 상세히 기술하고 있다는 점을 알 수 있다. 이는 이 시기 간행된 한국어교재 중 문법을 중심으로 다루고 있는 교재들이 갖는 공통적인 특징이라 할 수 있다. 또한 품사 설정에 있어서도 '형식'[20]을 중심으로 분류를 하고 있다는 점도 첫 번째 특징과 관련하여 살펴볼 수 있는 점이다.

둘째, 문장이 언어 학습과 가르침의 기본 단위이며, 학생들의 모국어가 교수 매체라는 점이다. 우선 문장이 언어 학습의 기본이 된다는 점은 앞서 살핀 전통적 교수 방식과도 비교해 볼 수 있는 부분이다. 전통적 교수 방식이 '어휘'를 중심으로 하고 있다는 점과 차이가 있는 부분이며, '번역'이 중요한 목적임을 고려할 때 문장 단위의 학습이 기본 단위가 되는 것이 학습 목표를 성취하는 데 더 효과적이었을 것이다. 문장을 제시하는 유형을 살펴보면 문법을 설명하기 위해 문장을 제시하는 유형이 가장 많으며, 아래 〈그림 Ⅴ-2-6 右〉과 같이 주제를 제시하고 대화문을 제시하는 유형[21]도

---

[20] 품사 설정 기준에 있어서의 '형식' 또는 '형태'란 단어의 형태적 특징과 굴절양상에 따른 형태적 변화를 말하는 것으로 Ridel의 『Grammaire Coreene』는 다른 교재와 달리 적은 양이지만 '관사'에 대한 설정이 있었고, '분사'를 품사로 따로 분류했다는 특징을 가지고 있다. Ridel을 '형태'에 중점을 두었다고 본 근거는 '분사'의 설정 때문이다. 분사는 동사의 어형 변화라고 할 수 있는데, Ridel은 분사를 따로 설정하기는 했으나, 동사와 함께 다루고 있어 한국어의 품사 체계에 '분사'에 대한 확신이 있지는 않은 것으로 보인다.

[21] 『Korean Speech, with Grammar and Vocabulary』에서는 그림과 같이 주제를 제시하고 주제에 관련한 대화문을 나열하는 유형으로 구성을 하고 있는데 모든 과를 그렇게 구성한 것이 아니고 과에 따라서는 '상황식 대화문'을 구성해 서로 대화를 주고받는 내용을 확인할 수 있다. 즉, 문장을 언어 학습의 기본 단위로 사용한다는 점에서 문법 번역식 교수법이 바탕이 된 것이라 볼 수 있지만 한편으로는 전통식 교수방법의 상황식 대화문과도 매우 흡사한 형태를 보이고 있다. 아래는 이러한 대화문의 일부를 옮긴 것이다.
　　VISITING － 손님 오심무다　멧분이냐　세분이오다　너아나냐　아지못함무다　보교타고오나냐　다 말타고옴무다　사환이잇나냐　마부이서명첩들고옴무

볼 수 있다. 더불어 학습자의 모국어가 교수 매체라는 점은 의사소통중심 교수법이 등장하기 전까지 대부분의 한국어교재에서 찾아볼 수 있는 특징으로 Eckardt의 『Koreanische Konversations- Grammatik』(1923)과 같은 교재는 본문이나 설명에 해당하는 부분 전체가 학습자의 모국어(독일어)로 이루어져 있다. 교재에 드러난 부분만으로 유추하자면 이는 교재 저자의 한국어에 대한 이해 정도 및 숙달도와 관계가 있을 수 있고, 한편으로는 교재의 대상 학습자가 한국어에 대한 기초 지식이 전혀 없는 상태에서 한국어를 처음 접한다는 점도 영향을 끼쳤을 것이다.

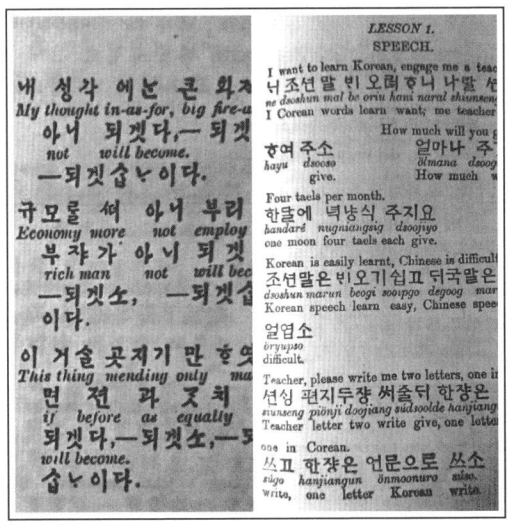

〈그림 Ⅴ-2-6〉 『한영문법』(1890,左), 『Korean Speech』(1882,右)

다 가져오나라 친한친고로다 쳥ᄒᆞ여직실노모셔라 다들어오셧수다 죠금 안져기다리라고살아라 차부워디졉ᄒᆞ여라 편안오셧나 귀간편안한가 이 두 분은위신가 이ᄂᆞᆫ김진사오데ᄂᆞ니초시니 다 촌에 잇는 친고로세 알고 지니세 쥬인쟝이시닛가 예글어ᄒᆞ오다 못본견편안ᄒᆞ시닛가 예 편이 오셧소 암셔 존셩을 포문하엿나이다 무삼존셩이올잇가 −중략

〈그림 Ⅴ-2-6 右〉에서는 'SPEECH'라는 제목 아래 문장 중심으로 단원을 구성하였고, 한국어 문장 위에는 학습자 모국어를 아래에는 로마자 표기로 발음을 제시하고 있다. 이렇게 모국어와 함께 문장을 제시하는 방식은 문법 번역식 중심의 교재가 갖는 일반적인 특징이지만 〈그림 Ⅴ-2-6 右〉처럼 '주제'를 제시하고 문장을 기술하는 방식은 문법번역식 교수법의 전형적인 특징에서는 벗어나는 부분이라 할 수 있겠다. 반면에 〈그림 Ⅴ-2-6 左〉에서는 예문의 내용보다는 제시하는 문법 형태가 잘 드러날 수 있는 단문 중심으로 구성을 이루고 있다. 문장의 내용보다는 종결법 설명에 대한 예문의 역할이 더 크다고 할 수 있다.

셋째, 문법은 연역적으로 가르친다. 즉, 문법 규칙을 제시하고 학습한 후에 이를 번역을 통해서 연습시켰으며, 교과서를 통해 문법 사항을 순서대로 전개시키는 교수 요목을 택하게 된다. 이러한 특징을 두드러지게 살펴볼 수 있는 교재는 Scott의 『A Corean Manual or Phrase Book : with Introductory Grammar』(1893)이다.

〈그림 Ⅴ-2-7〉을 보면 상단과 같이 해당 문법의 의미를 모국어 설명을 통해 제시하고, 이를 어형 변화를 중심으로 설명한 후(중단) 마지막에 예문을 통해 처음에 제시했던 문법 규칙을 이해하는 과정으로 이루어져 있다. 문법을 연역식으로 제시하는 방식은 비슷한 시기의 문법서들이 공통적으로 취하는 방식으로 모국어로 규칙을 설명하고, 이해시키는 데 꽤 많은 노력을 기울이고 있다. 또한 예문은 한국

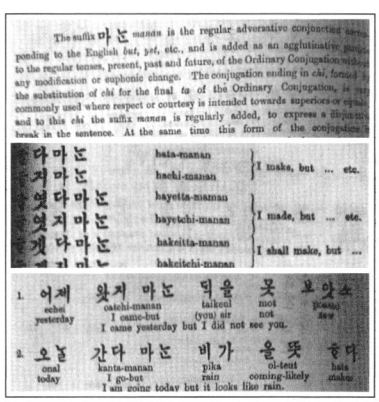

〈그림 Ⅴ-2-7〉『A Corean Manual or Phrase Book: with Introductory Grammar』(1893)

어로 먼저 기술하고, 아래에 발음과 모국어 풀이를 함께 제시하고 있다.

넷째, 유창성보다는 정확성을 강조한다. 학생들은 번역을 하는 데 필요한 내용들을 우선적으로 학습한다. 정확성을 강조한다는 것은 학습의 목적이 정확한 문법을 사용하는 것에 있는 것으로 볼 수 있을 것이며, 이러한 특징은 동양의 전통식 교수 방식과는 사뭇 다른 특징이라 할 수 있다. '역관'을 중심으로 '통역'이 중요한 목적이라는 점은 문법보다는 상황을 이해하고, 대화에 필요한 어휘와 예문이 중심이 될 수밖에 없다. 반면에 '문학 작품의 번역'이 중요한 목적이라는 점은 유창성보다는 정확한 문법 사용이 중심이 될 수밖에 없을 것이다. 또한 이러한 특징은 이 시기에 간행된 한국어교재가 문법서를 중심으로 한다는 점과 이러한 문헌들이 한국어의 교육용(또는 조선어교육) 목적과 연구 목적이 혼합된 형태이기 때문이 아닐까 조심스럽게 추측해 볼 수 있다. 동일한 문형을 반복해서 제시한다거나 문법 사용보다 문법 지식을 기술하는 부분이 많다는 점, 자국의 문법 체계와 비교하여 제시하는 점 등이 이러한 추측의 근거이다. 더불어 문법을 연역적으로 제시한다는 점도 이러한 특징에 영향을 끼쳤을 것으로 생각해 볼 수 있다.

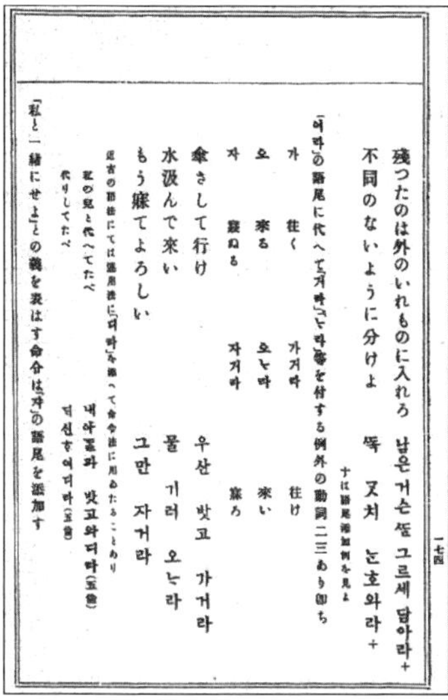
残つたのは外のいれものに入れろ　남은 거슨 ᄯᅡᆫ 그르세 담아라+
不同のないように分けよ　ᄯᅩᆨ ᄀᆞᆺ치 ᄂᆞᆫ호와라+
十は語尾添加例を見よ
「어라」の語尾に代へ「거라」「ᄂᆞ라」等を付する例外の動詞二三あり即ち
가　往く　가거라　往け
오　來る　오ᄂᆞ라　來い
자　寢ぬる　자거라　寢ろ
傘さして行け　우산 밧고 가거라
水汲んで來い　물 기러 오ᄂᆞ라
もう寐てよろしい　그만 자거라
近古の語法にては語尾法に「더라」を添へて命令法に用ゐたることあり
私の兒と代へてたべ　내아ᄒᆡ와 밧고와더라(五倫)
代りしてたべ　대신ᄒᆞ여더라(五倫)
「私と一緒にせよ」との義を表はす命令は「자」の語尾を添加す
一七四

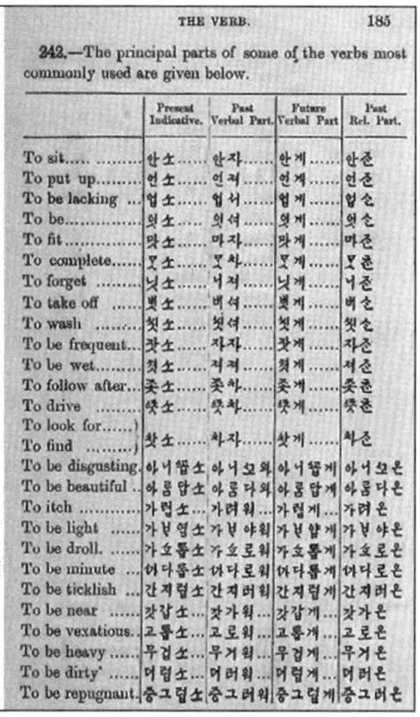
THE VERB. 185

242.—The principal parts of some of the verbs most commonly used are given below.

	Present Indicative.	Past Verbal Part.	Future Verbal Part	Past Rel. Part.
To sit........	안소......	안자......	안게......	안즌
To put up.........	언소......	언저......	언게......	언즌
To be lacking ...	업소......	업서......	업게......	업슨
To be..............	잇소......	잇셔......	잇게......	잇슨
To fit...............	맛소......	마자......	맛게......	마즌
To complete......	못소......	못차......	못게......	못춘
To forget	닛소......	니저......	닛게......	니즌
To take off	벗소......	벗셔......	벗게......	벗슨
To wash	씻소......	씻셔......	씻게......	씻슨
To be frequent...	잣소......	자자......	잣게......	자즌
To be wet.........	젓소......	저저......	젓게......	저즌
To follow after...	좃소......	좃차......	좃게......	좃춘
To drive	쫏소......	쫏차......	쫏게......	쫏춘
To look for......) To find ....)	찻소......	차자......	찻게......	차즌
To be disgusting.	아니쏩소	아니쏘와	아니쏩게	아니쏘온
To be beautiful ..	아름답소	아름다와	아름답게	아름다온
To itch	가렵소...	가려워...	가렵게...	가려온
To be light	가븨엽소	가븨야워	가븨얍게	가븨야온
To be droll.	가소롭소	가소로워	가소롭게	가소로온
To be minute ...	자다롭소	자다로워	자다롭게	자다로온
To be ticklish ...	간지럽소	간지러워	간지럽게	간지러온
To be near	갓갑소...	갓가워...	갓갑게...	갓가온
To be vexatious..	고롭소...	고로워...	고롭게...	고로온
To be heavy	무겁소...	무거워...	무겁게...	무거온
To be dirty'	더럽소...	더러워...	더럽게...	더러온
To be repugnant.	증그럽소	증그러워	증그럽게	증그러온

〈그림 Ⅴ-2-8〉『韓語通』(1909)(左)과 『한영문법』(1890)(右)

〈그림 Ⅴ-2-8 左〉에서는 설명하고 있는 '명령'을 어휘와 문장을 통해 제시하고 있고, 제시된 내용 우측에 이러한 변화의 이유와 쓰임에 대해 상세히 설명하고 있다.

다섯째, 어휘 선정은 사용하는 읽기 교재에 의존하며, 어휘는 모국어의 번역이 함께 제시된 어휘목록과 사전 학습, 암기를 통해 학습한다는 점이다. 이를 살펴볼 수 있는 대표적인 교재는 Underwood[22]의 『한영문법』(1890)이다. 〈그림 Ⅴ-2-8 右〉에서 보는 것과 같이 이 시기 문법 교재들

22 이 책의 서문을 보면 교재의 목적 자체는 문법 교육에 있다기보다 구어 연구를 소개하는 것에 있다고 밝히고 있다. 또한 체계적인 문법을 설명하는 것을 목표로 하지 않는다는 점도 덧붙이고 있다. 서론에서 밝힌 바와 같이 한 교재가 하나의 교수법만을 기반으로 하는 것은 아니다. 『한영문법』도 전반부와 후반부가 서로 다른 구성의 교재이며, 문법을 중심으로 설명한 전반부와는 달리 후반부(회화부)는 의미별로 단문 형태의 회화 내용을 제시하고 있다.

은 문법 규칙을 설명한 후 그림과 같이 이를 목록으로 제시하거나 상단에는 한국어, 하단에는 모국어 설명을 함께 제시한다. 특히 교재에 따라 조금씩 차이는 있지만 어형 변화를 보여줄 수 있는 어휘 목록(또는 문형 목록)을 제시한다는 점도 이 시기 교재들의 공통적인 특징으로 볼 수 있다. 차이가 있다면 그림과 같이 왼쪽에 모국어를 제시하고 오른쪽에 한국어 어휘를 제시하거나 상단에 한국어를 제시하고 하단에 모국어를 제시하는 방식에서의 차이만 있을 뿐이다. 다만 문법번역식 교수법의 특징으로 제시한 '어휘 선정은 읽기 교재에 의존한다'는 부분은 이 시기 교재에서 발견하기 어려운 특징이었다. 이러한 특징은 보통 단원을 구성하고, 본문이 앞에 제시가 되거나 '문학 텍스트'와 같은 읽기 자료가 따로 있는 상태에서 문법 교재가 보조 교재 형태로 제시되는 교재에서 찾아볼 수 있는 특징인데 이 시기 한국어교재 중에는 독본 교재와 함께 사용되었다거나 읽기 텍스트를 먼저 제시한 형태를 찾아볼 수 없었기 때문에 이러한 특징을 확인할 수는 없었다.[23]

여섯째, 읽기와 쓰기가 주요 학습 대상이 된다는 점이다. 말하기와 듣기는 거의 또는 전혀 다루지 않는다. 읽기는 본문의 형태로 제시되는 경우가 많으며, 이렇게 제시된 읽기 내용은 학습 대상의 모국어와 목표어(한국어)로 함께 제시되거나 로마자 표기를 함께 제시하기도 한다. Eckardt의 『Koreanische Konversations-Grammatik』(1923)에서는 이를 세 부분으로 나눠 제시하고 있다.

---

[23] 다만 아래에 제시되는 것처럼 Eckardt의 『Koreanische Konversations-Grammatik』(1923)에서 이와 유사한 방식으로 제시된 경우가 있었으나 이것이 한국어 읽기 내용에 의존해 어휘를 제시하는 것으로 보기에 어려움이 있기 때문에 본 논의에서는 제외하였다.

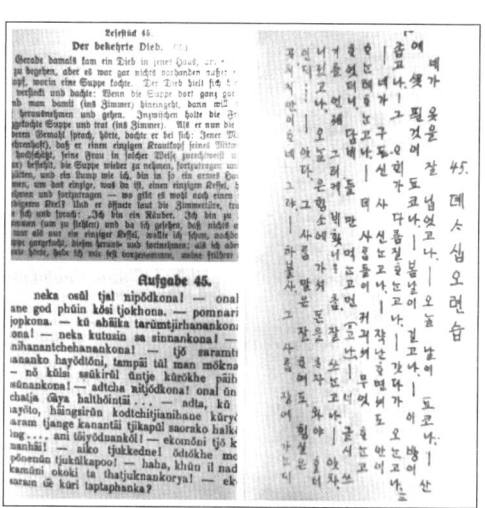

〈그림 Ⅴ-2-9〉『Koreanische Konversations- Grammatik』(1923)

〈그림 Ⅴ-2-9〉을 보면 우측에는 한국어(목표어)로 읽기 내용이 제시되고, 좌측 상단이 학습자의 모국어(독일어)로, 좌측 하단에는 한국어 읽기에 대한 발음을 표기하고 있다. 보통 읽기 내용에 대한 모국어 번역이 한국어와 함께 좌우에 제시되거나 하단에 제시되는 것과 달리 철저하게 분리하여 따로 제시하고 있으며, 로마자 발음 역시 함께 제시되지 않는다. 이러한 이유에 대해 여러 가지를 유추해 볼 수 있겠지만 다른 교재들이 읽기 자료를 따로 싣지 않거나 문법 내용에 대한 예문인 것에 반해 이 교재가 문법과 거의 동일한 비중으로 '읽기'를 따로 다루고 있다는 점을 통해서 읽기 교육도 중요한 교재 편찬의 목적[24]이라는 점을 고려해 볼 수 있을 것이다.

---

[24] 저자의 서문에서는 이 교재의 활용 방법을 다음과 같이 소개하고 있다. "읽기 텍스트가 이해되지 않는다면 처음에는 그냥 넘어갔다가 나중에 다시 보아도 된다. 이 교재를 공부하고, 반복하여 읽고, 어휘와 각주를 통해 내용을 이해하고, 해제의 도움을 받아 정확하게 번역하고, 마지막으로 내용을 다듬기를 권장한다."

이렇게 여섯 가지 특징 외에 문법번역식 교수법의 특징으로 두 가지를 더 언급하기도 한다. 교재로 사용되는 글의 내용에는 거의 관심을 두지 않고, 글의 내용은 문법적인 분석의 연습 자료로 취급된다는 특징과 학습 초기부터 어려운 고전 텍스트를 사용한다는 점이다. 글의 내용이 문법적인 분석의 연습 자료로 취급된다는 점은 앞선 두 번째 특징에서 살펴보았듯이 제시되는 문장이나 읽기 내용이 연역적으로 제시했던 문법 내용에 대한 예문의 역할을 한다는 점에서 이해될 수 있을 것으로 보인다. 하지만 고전 텍스트를 사용한다는 특징은 분석 대상의 한국어교재에서 찾아보기 어려운 특징이었다. 앞서 제시한 바와 같이 이 시기 한국어교재들이 문학 텍스트를 별도로 사용했다거나 저자들이 함께 사용할 것을 권장했다는 내용을 교재를 통해서는 확인할 수 없었다. 다만 근대 이후부터 일제강점기의 영어교육에 독본류가 많이 사용되었다는 점이나, 게일(Gale) 목사와 같은 한국어교재 저자들이 개인적인 관심과 한국어 학습을 위해 고전 서적을 자주 보았다는 언급들을 통해서 국내에서 한국어 학습이 이루어질 때는 이러한 문학 텍스트를 충분히 활용했을 것으로 추측해 볼 수 있다. 교재사 측면에서는 태동기에 해당하는 이 시기 교재들과 문법번역식 교수법의 상관성에 대한 소결론은 다음과 같다.

첫째, 이 시기 서양인 저자들에 의해 출간된 한국어교재가 문법 번역식 교수법이 중심이 되어 편찬되었다는 점이다. 물론 앞서 살핀 문법 번역식 교수법의 모든 특징이 분석 대상 교재에 담긴 것은 아니나 적어도 세 가지 이상의 일치하는 특징들을 찾아볼 수 있었으며, 저자에 따라 모국의 구성 방식을 그대로 따르는 경우와 한국에서 기존에 출판되었던 방식을 일부 수용하는 정도의 차이를 보인다는 점을 알 수 있었다.

둘째, 여러 가지 특징 중에서도 특히 '읽기'를 위한 '문법' 중심의 편제는 대다수의 교재에서 공통적으로 발견할 수 있는 특징이었다. 문법 번역식 교수법에 기반한 교재들이 문어 중심이라는 점과 본래 이 교수법이 고전 문학을 번역하는 것이 목표였다는 점을 감안할 때 당연한 결과일 수 있겠다. 다만 주지한 바와 같이 분석 대상이 된 한국어교재들에서 한 두 저서를 제외하고는 목표로 하는 문학 작품이 함께 제시되거나 그것을 목표로 편찬되었다는 직접적인 언급은 찾아볼 수 없었다.[25]

셋째, 선행 연구에서 문법 번역식 교수법의 특징으로 언급된 적은 없지만 한국어교재에 반영된 특징에 비추어 볼 때 문법번역식 교수법 기반의 교재들이 '단원'의 개념이 분명치 않다는 점을 확인할 수 있었다. 여기서 '단원' 또는 '과'의 정확한 개념을 규정하기에 어려움이 있지만 적어도 현대의 외국어 교육용 교재와 비교할 때 단원의 개념이 명확하지 않으며, 문법서가 중심이 되다보니 문법 개념이나 범주를 하나의 '과'로 분리하여 교재를 구성한다는 점을 확인할 수 있었다. 이는 비교적 '과'나 '단원'의 개념이 분명했던 태동기 후반(1910~1945)의 교재들과 비교되는 부분이다.[26]

---

[25] Eckardt(1923)의 경우 본서의 뒤의 〈그림 Ⅴ-2-9〉와 과 같은 형태로 이야기 형태의 읽을거리를 싣고 있다. 함께 편찬된 '조선어교제문전 부주해'의 서문을 보면 여기에 '순수한 한국어로만 된 읽기 자료를 실었으며, 한국어 읽기 자료의 독일어 번역과 독일 과제들의 한국어 번역을 함께 수록했다는 정보를 살펴볼 수 있다. 여기에는 '귀신', '도깨비' 이야기와 같은 설화 내용이나 실생활과 관련한 다양한 대화 내용이 실려 있다.

[26] 하지만 태동기 후반의 교재들이 '직접식 교수법'의 영향을 받았다고 단정 지을 수는 없을 것이며, 실제 '직접식 교수법'이 교재의 형태로 구현되기 어렵기 때문에 이러한 변화를 문법번역식 교수법에서 직접식 교수법으로의 변천 결과로 보기는 어려울 것이다. 오히려 이러한 측면은 교수법의 변천보다는 교재 발달사의 측면으로 보는 것이 더 타당할 것으로 보인다.

2.3. 태동기 한국어교재와 직접식 교수법

문법번역식 교수법의 한계에 대한 지적과 함께 외국어 교육에서도 모국어 학습과 비슷한 방식의 교수 방식이 주목을 받게 되었고, 직접적인 구두 의사소통에 관심을 갖게 되면서 직접식 교수법이 등장하게 된다.[27] 이전과 달리 발음에 대한 체계적인 지도와 더불어 말하기 학습을 중요하게 생각한 직접식 교수법[28]의 특징을 Diane Larsen Freeman(2002:51)에서는 다음의 몇 가지로 제시하고 있다.

첫째, 교사는 학생들이 목표어로 의사소통 능력을 발달시키는 것을 학습목적으로 삼는다. 이를 위해 학습자는 목표어로 생각하는 능력을 길러야 한다. 당연하게도 학습자는 교실에서 모국어를 사용할 수 없다. 둘째, 교사는 교수 학습 과정에서 학생과 상호 간에 적극적으로 협력하는 자세를 취한다. 단 학습자의 오류는 스스로 정정하도록 지도한다. 셋째, 교사는 새로운 어휘나 구를 제시할 때 목표어만을 이용해야 하기 때문에 그림이나 몸짓 등을 사용할 수 있으며, 문법 역시 귀납적으로 가르치게 된다. 넷째, 언어에서 중요한 것은 구어이며, 목표어를 말하는 사람들의 일상 언어는 물론 삶에 대한 정보를 얻을 수 있는 문화를 배운다. 다섯째, 기본적으로 언

---

[27] 문법번역식 교수법에 대한 한계점과 그에 대한 고민은 오랜 기간에 걸쳐 다양한 접근 방법과 대안을 내놓았으며, Jack C. Richards(2008:10)에서는 이 시기를 '19세기 언어 교수의 혁신'으로 보고 다양한 학자의 성과를 제시한 바 있다. 여기에서는 이렇게 논의된 여러 접근 방법 가운데 '자연적 교수법'으로 불린 학습 원리들을 만들어 냈고, 직접식 교수법의 기초를 제공했다고 기술하고 있다.

[28] 여기서 제시하는 직접식 교수법(Direct Method)은 Berilitz 교수법이나 직접 교수법 등으로 표기되기도 하는데 이 글에서는 기초학습능력이 부족한 학습자들의 성취동기를 높여주기 위해 개발된 직접교수(Direct Instruction)와 구분하기 위해 '직접식 교수법'으로 표기하기로 한다.

어 기능 모두를 중요하게 다루지만 말하기를 더 강조하고, 특히 발음 학습을 중요한 요소로 다룬다.

하지만 이러한 직접식 교수법은 Berlitz 학교와 같은 특수한 몇 곳을 제외하고는 큰 영향력을 끼치지는 못했다. 목표어로 수업이 가능한 교사를 구하는 일도 어려웠을뿐더러 모국어 습득과 동일한 과정으로 외국어를 학습한다는 것이 교실 환경과 괴리되는 부분도 있었기 때문이다. 무엇보다 언어학 이론에 입각한 교수법이 아니라는 비판이나 회화 능력을 가르치는 것이 외국어 교육에 부적합하다는 인식은 직접식 교수법의 설 자리를 점점 잃게 만들었다. 또한 직접식 교수법은 교수·학습 측면에서 교사의 능력에 상당 부분을 의존하여 진행하였고, 교과서보다는 교사의 수업 지도안이 더 중요한 교수·학습 매체였다. 따라서 직접식 교수법을 바탕으로 한 교재 제작이 많지 않았다. 한국어교재 측면에서 본다면 서양인 선교사들이 근대에 편찬한 한국어교재들은 당시까지 서양의 교수법에 영향을 받아 편찬될 수밖에 없었다. 주요 학습 대상이 자신의 뒤에 오게 될 선교사들임을 감안할 때 선교사 스스로가 라틴어나 기타 외국어를 학습할 때 자신의 경험에 비추어 교수법을 반영했을 것으로 추측해 볼 수 있다. 따라서 근대와 일제강점기 한국에 들어와 한국어교재를 편찬했던 대다수의 서양인 저자들은 '문법번역식 교수법'에 의거한 교재 제작이 접근하기 쉬운 방법이었을 것이다. 반면에 한국보다 먼저 영어 학습을 경험한 일본의 경우 근대를 지나면서 이미 영어 학습을 통해 경험했던 방법들을 한국어교재에 적용하거나 교재를 제작하는 데 영향을 미쳤을 것으로 추측해볼 수 있다. 아래 〈그림 V-2-10〉은 『新英語レッスンズ』(1919)로 비슷한 시기 편찬된 미국이나 영국의 영어 교재와 비슷한 편제로 이루어져 있다. 당시 일본인 연구자들의 일본어 교재나 조선어 교재가 장이나 절 단위로 단원 편제가 이루어지고

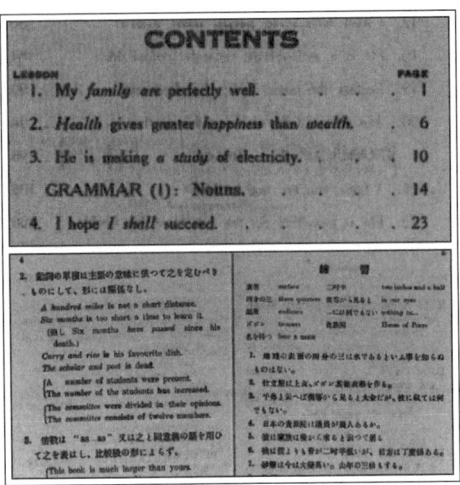

〈그림 Ⅴ-2-10〉『新英語レッスンズ』(1919)

어법과 회화를 구분해서 제시한 데 반해 단원을 구성하고 한 단원에 본문과 해설, 연습을 함께 배치했다는 특징이 있다. 이 시기 일본인 연구자들의 한국어교재에서 이러한 특징을 찾을 수 있었다면 직접적인 비교가 가능하겠지만 실제 일본인 연구자들이 편찬한 한국어교재 가운데 이러한 구성으로 교재가 편찬된 사례는 찾을 수 없었다. 일본인 연구자들의 특성에 비추어 유추하자면 영어 교재는 특별한 변형 없이 당시 미국이나 영국에서 수입된 영어 교재와 같은 형태로 제작했을 것이고, 한국어교재는 전통적 교수방식 또는 이미 익숙하게 자리를 잡은 문법번역식 교수법을 기반으로 제작되었을 것으로 유추해 볼 수 있을 것이다.

직접식 교수법의 특징을 당시의 한국어교재에서 찾지 못한다면 직접적인 비교 대상이 될 수 있는 해당 시기의 영어 교재는 어떤 교수법을 기반으로 제작이 되었을지 살펴볼 필요가 있다. 강내희(2005:279)에서는 일제강점기 때의 영어 교재로『The New King's Crown Readers Book』(1935),

『Aoki's Grammar and Composition』(1938), 『速修英語講義錄』(English in Six Month 1935,1936)을 제시한 바 있다. 여기에 제시된 교재의 내용을 모두 확인하기는 힘들겠지만 강내희(2005)에서 제시한 『The New King's Crown Readers Book』의 목차[29]를 살펴보면 위에서 살펴본 『新英語レッスンズ』의 목차 내용과 크게 다르지 않다는 점을 알 수 있다. 또한 강내희(2005:281)에서는 일제강점기의 가장 중요한 영어교과서로 『나슌날』 또는 『내이슌날』이라는 독본 교재를 언급한 바 있다. 이 교재는 실제 일본의 중학교 영어 교재로 사용되었던 것으로 미국에서 영어 교과서로 사용되었던 The new national Reader 시리즈를 수입하여 사용한 것으로 보았다. 실제 사용되었던 『나슌날』의 내용을 알 수는 없지만 미국에서 발행되었던 시리즈를 살펴보면 다음과 같다.

이 교재는 정확한 학습 대상과 목적을 밝히고 있지는 않지만 당시 미국의 어린이들 대상의 읽기 교재로 추정할 수 있다.[30] 외국인 학습자 대상의 교재가

〈그림 V-2-11〉
『The New National Reader』(1888)

---

[29] "The Weather" "Spring" "Fishing" "Aesop" "The Meals" "Asking the Way" "Which?" "Sheep" "My Home" "An Early Rose——Oliver Herford" "What Use Is a River?" "The Land of the Nile" "The Clover Leaves" "London" "Summer" "The Cinema" "Dean Swift" "A Trip by Air" "In New York City" "The Naughty Boy——John Keats" "The Peasant and the Demon" "A Letter" "The Post-Office" "The Bear's Skin" "Keep Off the Grass" "At the Docto's" "Visits" "The Merchant and the Robber" "At Dover" 등 29단원

[30] 교재 제작 원리를 밝히는 부분에서 '어린이'들이 '어머니'와 같은 단어를 쉽게 배울 수 있다는 점이나 주의를 환기하기 위한 그림 삽입, 읽기에 편한 큰 글

아니기 때문에 직접적인 비교는 어렵겠지만 일본이나 한국에 수입이 되어 큰 변형 없이 사용되었을 것이기 때문에 당시에 간행된 외국인 대상 한국어 교재와는 구성이나 교수 원리 면에서 큰 차이가 있다고 할 수 있다. 일본이나 한국에서 주로 사용했던 영어 교재가 모국인 어린이 학습용의 교재를 수입해 사용한 것이라면 이것만으로는 실제 직접식 교수법이 반영된 교재의 특성을 알기가 어렵다. 다른 특징은 일치한다고 해도 가장 중요한 '학습자의 목표어' 부분에서 차이가 있기 때문이다. 실제 사용되었던 직접식 교수법 기반의 외국인 학습용 영어 교재인 Isaac Price의 『The Direct Method of Teaching English to Foreigners』(1913)를 살펴보면 다음과 같다.

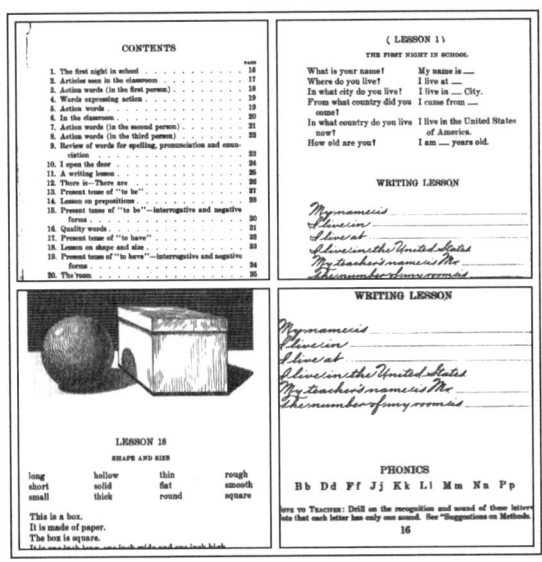

〈그림 V-2-12〉『The Direct Method of Teaching English to Foreigners』(1913)

씨, 맞춤법과 철자를 중요하게 다루고 있다는 점, 어린이들에게 교훈을 전달하기 위해 대화체로 본문을 제시한다는 점 등이 제시되어 있기 때문에 모국어 화자용 읽기 교재로 추정하였다.

〈그림 Ⅴ-2-12〉를 보면 상황식 단원으로 내용을 구성하고 있다는 점(그림 左上)을 볼 수 있으며, 새로운 교수 요점을 구두로 도입하거나 목표어로만 문장과 어휘가 제시되고 있다는 점(그림 右上)을 알 수 있다. 또한 구체적인 단어들은 실물 및 그림을 제시하면서 가르치고 추상적인 단어들은 연상을 통해 가르친다는 점(그림 左下)과 발음을 교육 내용에 포함하고 있다는 점(그림 右下)도 확인할 수 있다. 하지만 직접식 교수법의 중요한 원리 가운데 하나인 '교과서를 사용하지 말고, 교사의 수업 지도안을 이용하라'는 원리의 영향으로 직접식 교수법을 전면으로 제작된 교재를 찾기 어려워 더 다양한 교재와 비교해 살펴보질 못했다. 직접식 교수법과 한국어교재와의 상관성에 대한 간략하게 정리하면 다음과 같다.

첫째, 직접식 교수법이 교재에 구현되거나 교수법으로 활용되기 위한 조건이 필요하다는 점이다. 직접식 교수법은 모국어의 습득 방식과 유사한 방식의 학습을 중요하게 생각하고, 그러한 이유로 목표어만 사용한다는 특징이 있다. 하지만 목표어로만 진행해서 학습이 가능하다는 것은 이미 목표어에 대한 기본적인 지식이 있거나 목표어 학습에 대한 분명한 동기 부여가 이루어진 상태에서 가능할 수 있겠다는 생각도 하게 되었다. 앞서 제시했던 외국어로서의 영어 교육 교재와 비교해보면 당시 미국의 영어 교육 환경이나 학습자 상황은 한국어교재 편찬 상황과 차이가 있기 때문에 목표어로만 이루어진 교재 제작에도 영향을 미쳤을 것으로 보인다.

둘째, 교재의 성격과 관련이 있다는 점이다. 주지한 바와 같이 태동기에 편찬한 문법 중심의 한국어교재는 '한국어'를 자국에 처음 소개하는 경우가 많았고, 저자 자신도 한국어를 수년 이상 배우거나 가르친 적이 없는 입장에서 저술한 것이기 때문에 교육용 교재의 성격보다 연구용 또는 자습용 학습서의 개념에 더 가깝다고 할 수 있다. 철저하게 저자 본인의 학습 경험에 의존하여 책을 펴내거나 한국어에 대한 본인의 연구 결과 등이 함께 제시되기 때문에 목표어(한국어)로 상호작용이 가능한 교재를 편찬하기에는 어려움이 있었을 것으로 보인다.

셋째, 학습자의 학습목적 및 상황과 관련이 있다는 점이다. 태동기에 간행된 한국어교재들은 대부분 해당 저자의 모국에서는 매우 낯선 외국어 교재가 될 것이며, 한국어 학습에 대한 개념도 분명하지 않은 상황일 것이다. 의사소통 중심의 깊이 있는 한국어 지식이 별로 필요하지 않은 상황에서 빠른 시간 안에 간단한 소통과 번역이 이루어져야 한다면 목표어(한국어) 어휘나 문장, 발음을 제시하는 일이 불필요한 것으로 인식될 수도 있을 것이다. 또한 한국어교재 편찬 횟수나 편찬 경험이 많음에도 불구하고, 일본인 저자들의 한국어교재에서 '직접식 교수법'의 특징을 찾아볼 수 없었다.[31] 일본에서의 영어 교육 및 교재와 비교해 보았을 때 '한국어'에 대한 인식이나 '한국어'를 배우는 목적에 따라 교재 편찬도 얼마든지 달라질 수 있다는 점을 확인할 수 있었다.

3. 소결론

이번 장에서는 외국어 교수법의 변천과 한국어교재의 상관성에 대해 살펴보았다. 이 글에서는 이 가운데 태동기에 해당하는 전통식 교수 방법과 문법번역식 교수법, 직접식 교수법에 대해 살펴보았다. 이를 통해 다른 교과목 또는 다른 나라의 교수법 흐름이 한국어교육의 교수법 변천과 반드시

---

[31] 이러한 이유를 포함해 이때의 시대적 상황이나 학습자의 목적 등을 고려해 일제강점기의 한국어교육을 외국어로서의 한국어교육으로 보지 않고, 조선어교육으로 분류하기도 한다.

같을 수 없다는 점을 알 수 있었다. 이는 한국어교육의 위상이나 환경, 저자 등에 따라 확연히 달라질 수 있다. 또한 교재에 드러난 특징을 통해 교수법을 유추하는 과정으로 연구가 진행되어야 하지만 교재 분석 시 교수법을 미리 상정하고 분석하는 일이 생길 수 있다는 점을 경험할 수 있었다. 이렇게 되면 교재에 담긴 다른 교수법의 특징을 간과할 수 있기 때문에 교수법과 교재 변천에 대한 연구에서는 더욱 주의를 기울여 논의가 이루어져야 한다는 점을 알 수 있었다. 마지막으로 한국어교재를 통한 한국어 교수법의 변천을 알기 위해서는 한국어교재뿐만 아니라 같은 시기에 사용되었던 다른 외국어 교재에 대한 확인도 필요하다는 점을 확인할 수 있었다. 특히 '직접식 교수법'을 살펴보면서 영어 교육용 교재와의 비교가 연구에 큰 영향을 미칠 수 있다는 점을 알 수 있었다.

부록

1. 일본인 대상 한국어교재 목록

이 목록은 Ⅲ-2장에서 다룬 일본인 대상의 한국어교재 연구에서 다룬 목록을 정리한 것으로 선행 연구자의 목록과 저자가 수집한 저서 목록을 합한 것이다. 한글로 변환된 것을 온라인으로 공유하였으나 본래 표기로 수정하고, 중복된 목록을 제외하였다. 또한 선행 연구자들의 목록 가운데 정보가 많이 부족한 항목들을 삭제하였다.

번호	제목	저자	출판지	출판사	출판연도
1	韓語入門	宝迫繁勝	山口	著者蔵版	1880
2	交隣須知	雨森芳洲	東京	外務省蔵版	1881
3	日韓善隣通話	宝迫繁勝	山口	著者蔵版	1881
4	訂正隣語大方	浦瀬裕	熊本	外務省蔵版	1882
5	和韓会話独学	武田甚太郎			1882
6	交隣須知	雨森東	福岡	白石氏蔵版	1883
7	再刊交隣須知	雨森芳洲	東京	外務省蔵版	1883
8	日韓英三国対話	赤峰瀬一郎	大阪	岡島寶文館	1892
9	朝鮮会話篇	大川通久	東京	国会所蔵	1894
10	従軍必携朝鮮独案内	栗林次彦	熊本		1894
11	兵要朝鮮語	近衛歩兵第一旅団	東京	明法堂	1894
12	速成独学朝鮮日本会話篇	金玉堂		叢書閣	1894
13	新撰朝鮮会話	洪奭鉉	東京	博文館	1894
14	実用朝鮮語正編	中島謙吉	東京	尚武学校編集部	1894
15	旅行必要日韓清対話自在	太刀川吉次	東京)	鳳林館	1894

번호	제목	저자	출판지	출판사	출판연도
16	宣戦勅語入日清韓対話便覧	田口文治	仙台		1894
17	日清韓三国対照会話篇	松本仁吉	大阪	中村鐘美堂	1894
18	日清韓三国通語	天淵	東京	薫志堂	1894
19	日清韓三国会話	坂井釧五郎	坂井釧五郎	松栄堂書店	1894
20	日韓対訳善隣通話(朝鮮会話篇)	大川通久	東京	清華堂	1894
21	独習速成日韓清会話	吉野佐之助	大阪	明昇堂	1894
22	日韓会話	参謀本部	東京	一二三舘	1894
23	朝鮮国海上用語集	田村宮太	東京	水交社	1894
24	朝鮮俗語早学　全	松栄竹次郎	金沢	松栄玄訓堂	1894
25	朝鮮語学独案内	松岡馨	東京	青山堂書店	1894
26	朝鮮医語類集	鈴木裕三	東京	海軍軍医会	1894
27	朝鮮通語独案内	池田勘四郎	香川	阪出町	1894
28	日韓通話(再版)	国分国夫	長崎	国分建見	1895
29	大日本国民必要　三国語大略	斎藤和平	仙台	仙台市	1895
30	日清韓語独稽古	漢学散人	東京	東京堂書房,	1895
31	單語 連語 日話朝雋	李鳳雲・境益太郎			1895
32	実地応用朝鮮語独学書	弓場重栄	東京	哲学書院	1896
33	朝鮮語独習	松岡馨	東京	岡崎屋書店	1901
34	実用韓語学	島井浩	東京	誠之堂	1902
35	日韓通話捷径	田村謙吾	東京	田村謙吾	1903
36	袖珍実用満韓土語案内	平山治久	東京	博文館	1904
37	日韓通話増訂	国分国夫	長崎県	国分建見	1904
38	最新朝鮮移住案内(日用日韓語及び会話)	山本庫太郎	東京	民友社	1904
39	韓国農事案内(附韓語会話)	青柳綱太郎	東京	阪 青木嵩山堂	1904
40	韓語独習通信誌 第1編	大韓起業調査局通信部	東京	大韓起業調査局東京出張所	1904
41	校訂交隣須知	前間恭作・藤臓	京城	平田商店	1904

번호	제목	저자	출판지	출판사	출판연도
42	実地応用日韓会話独習	勝本敏軒(永次)	大阪	此村黎光堂	1904
43	いろは引朝鮮語案内	林山松吉	大阪	偉業堂書房	1904
44	日露清韓会話早まなび	小須賀一郎	大阪	又間精華堂	1904
45	日露清韓会話自在法	武智英	東京	日本館	1904
46	日露清韓会話自在	通文書院	東京	玄牝堂	1904
47	日韓会話	秦兵逸	大阪	田中宋栄堂	1904
48	日韓会話独習	山本治三	東京	東雲堂書店	1904
49	日韓会話三十日間速成	金島苔水・李鎮豊	東京	青木嵩山堂	1904
50	最新日韓会話案内	嵩山堂編輯局	東京	青木嵩山堂	1904
51	韓語独り卒業 一週間速成	阿部正	岡山	川上印刷部	1904
52	韓語会話	村上三男	東京	大日本図書	1904
53	対訳 日露清韓会話	米村勝蔵編	東京	啓文社	1904
54	四国会話：日英対照支那朝鮮	川辺紫石	東京	瀬 山順成堂	1904
55	日韓英三國会話大全	喜多孝治・石川東源	東京	前川書店	1904
56	日韓会話	坂井釻五郎	東京	青木崇山堂	1904
57	韓語研究 第1編	林候安親・林善奎	東京	清韓語学校編集部	1904
58	日韓清英露五国単語会話篇	堀井友太郎	大阪	堀井友太郎	1905
59	対訳日韓会話捷径	金島苔水	大阪	石塚猪男蔵	1905
60	韓語重刊東語初階	泰東同文局	東京		1905
61	実用日韓会話独学	島井浩	東京	誠之堂書店	1905
62	日清韓会話	栗本長質	東京	一二三舘	1905
63	対訳日韓会話捷徑	金島苔水 外	大阪		1905
64	韓語教科書	金島苔水・広野軸	東京	青木嵩山堂	1905
65	韓語独習誌	藤戸計太・田中好之	東京	大韓起業調査	1905
66	獨學 韓語大成	伊藤伊吉	東京	丸善株式会社	1905
67	独習新案日韓対話	日語雑誌社	京城	日語雑誌社	1906

번호	제목	저자	출판지	출판사	출판연도
68	実用韓語学訂正増補第7版	島井浩	島井浩	誠之堂	1906
69	日韓韓日 新会話	島井浩	東京,大阪	青木嵩山堂	1906
70	六十日間卒業日韓会話独修	柳漢英·高木常次郎	大阪	積善舘本	1906
71	日韓言語合壁	金島苔水	東京)	青木嵩山堂	1906
72	日韓会話辞典	日語雑誌社	京城	日語雑誌社	1906
73	韓語	安泳中	長崎	虎与号書	1906
74	韓語正規	近藤信一	東京	文求堂書店	1906
75	日韓いろは辞典	柿原治郎	東京	東邦協会	1907
76	朝鮮語独稽古	川辺紫石	大阪	井上一書堂	1907
77	日韓通話(増訂6版)	国分国夫	長崎県	国分建見	1908
78	日語会話	島正浩			1908
79	独習日韓尺順	鄭雲復	京城	日韓書房	1909
80	同文新字典	伊沢修二	東京	泰東同文局	1909
81	韓日英新会話	鄭雲復	京城	日韓書房	1909
82	韓語文典	高橋亨	東京	博文館	1909
83	韓語通	前間恭作	東京	丸善	1909
84	文法註釋 韓語研究法	藥師寺知朧	京城	小笠原長重/半仙書屋/龍山印刷局/盛文館	1909
85	日韓会話	奏兵逸	大阪	田中宋栄堂	1910
86	独学韓語大成(訂正増補)	伊藤伊吉·李秉昊閣	東京	丸善	1910
87	新案韓語栞　全	笹山章	京城	平田商店	1910
88	日韓韓日言語集　全	井田勤衛·趙義淵	東京	日韓交友会出版所	1910
89	朝鮮国鎮海湾附近言葉の導	本田昇三·金正淑	広島	増田兄弟活版所	1910
90	韓語五十日間独修	島井浩	東京	青木嵩山堂	1910
91	韓語学大全	津田房吉	東京	青木嵩山堂	1910
92	日韓対照 蒙古会話	參媒本部			1910
93	朝鮮語会話独習	山本治三	大阪	久栄堂書店	1911

번호	제목	저자	출판지	출판사	출판연도
94	ポケット日鮮会話	藤計太·村上唯吉	京城	日韓書房	1911
95	局員須知日鮮会話	朝鮮総督府臨時土地調査局		朝鮮総督府	1912
96	局員須知日鮮会話	韓圭复·林田虎雄	京城	朝鮮総督府鵬土地謹局	1912
97	新選正則日鮮会話	斉藤助昇	京城	日韓書房	1912
98	日語類解	金沢庄三郎	東京	三省堂	1912
99	國語鮮語隻舌通解	小野綱方	京城	日韓印刷	1913
100	日鮮通信会話	朝鮮儲府通信局	京城	朝鮮総督府通信局	1913
101	朝鮮不動産用語略解	総督府官房土木局	京城		1913
102	朝鮮語熟語解題	山之井麟治	大邱	邸東書斎	1913
103	朝鮮語会話独習	山本治三	京城·大	久栄堂	1913
104	朝鮮地名語彙	金沢庄三郎 小藤文次郎	東京	東京帝國大學	1913
105	学生必携 國語作文便覽	阪上綱吉	京城		1913
106	ポケット朝鮮語独学	자료없음	京城	弓場重栄日韓書房	1915
107	ポケット朝鮮語学捷徑	佐藤緑堂	京城	巖松堂	1915
108	同文新字典	漢字統一會	東京	大日本図書	1915
109	朝鮮語会話	西村真太郎·山本正誠	京城	京城日報社 代理部	1915
110	ポケット朝鮮語学 捷径	佐藤碌堂	京城	巖松堂	1915
111	日鮮会話精通 全	西村真太郎	京城	京城日報社代理部	1917
112	朝鮮語講義録	朝鮮語講習	大邱	자료없음	1917
113	朝鮮語法及会話書	奥山仙三	京城	朝鮮総督府	1917
114	鮮語階梯	新庄順貞	京城	大阪屋号書店	1918
115	朝鮮語五十日間独修	島井浩	大阪	田中宋栄堂	1918
116	朝鮮語の先生	崔在栩	東京	大阪屋号書店	1918
117	ポケット日鮮語会話	藤戸計太	京城	大阪屋号書店	1918

번호	제목	저자	출판지	출판사	출판연도
118	鮮訳国語大辞典	船岡献治	京城·東京	大阪屋号書店	1919
119	朝訳国語大辞典	船岡献治	東京	大阪屋号書店	1919
120	実用本位日鮮辞典	井口弥寿男	東京	丁未出版社	1920
121	朝鮮語辞典	朝総編	京城	大和商會印刷	1920
122	新新朝鮮語会話	山本正誠	東京	大阪屋号書店	1921
123	対訳朝鮮語会話捷徑	金島治三郎	大阪	石塚書舗	1923
124	應用自在朝鮮語法詳解	魯磯柱	京	博文書館	1923
125	日本人之朝鮮語独学全	朴重華	京城	振興書館	1923
126	朝鮮語研究	山本正誠	東京	大阪屋号書店	1923
127	実用自在鮮日辞典	庚錫祐	大阪	共護学会	1924
128	朝鮮文朝鮮語講義録	多数	京城	朝鮮語研究会	1924
129	月刊雑誌朝鮮語	朝鮮語研究会	京城	자료없음	1925
130	朝鮮文朝鮮語講義録合本	朝鮮語研究会	京城	자료없음	1925
131	朝鮮語獎励試験問題義解	石井重次	京城	朝鮮印刷	1925
132	註訳朝鮮語読本 全	神阪退	京城	朝鮮警察新聞社	1925
133	最新朝鮮語会話辞典	山本正誠	京城	朝鮮印刷	1925
134	新編 朝鮮語法 及 会話書	朝鮮總督府	京城	朝鮮書籍	1925
135	速修朝鮮語自通	宋憲奭	京城	德興書林	1926
136	日鮮解話辞典	万鑄根	松本	共済会総本部	1926
137	朝鮮語発音及文法	李完応	京城	朝鮮語研究会	1926
138	現行朝鮮語法	鄭国采	光州	宮田大光堂	1926
139	第三種朝鮮語 受験者必携	李完応·伊藤卯三郎	不明		1927
140	語法会話朝鮮語大成	奥山仙三	京城	朝鮮教育会	1928
141	朝鮮語辞典 縮刷版	朝鮮総督府	京城	朝鮮印刷	1928
142	無先生速修 国語自通	永昌書館	京城		1928
143	三ケ月卒業日鮮語新会話	金島苔水·広野韓山	大阪	近代文芸社	1929
144	語法会話朝鮮語大成	奥山仙三	京城	日韓書房	1929

번호	제목	저자	출판지	출판사	출판연도
145	日鮮単語対訳集	朝鮮語研究会	京城	朝鮮語研究会	1929
146	一日一時間一年卒業警察官朝鮮語教科書	伊麟堂·李完応	京城	朝鮮語研究会	1929
147	鮮和新辞典	朝鮮語研究会	京城	朝鮮語研究会	1930
148	朝鮮語試験問題並訳文集	伊藤卯三郎	京城	朝鮮語研究会	1930
149	新訂警察官必携朝鮮語	伊藤泰吉	京城	朝鮮警察協会	1931
150	中等朝鮮語講座	朝鮮語研究会	京城	자료없음	1931
151	対訳日鮮会話独修	金島治三郎	大阪	近代文芸社	1932
152	三ケ月卒業日鮮語新会話	広野栄次郎·金島治三郎	大阪	巧人社	1932
153	わかり易い朝鮮語会話	朝鮮語研究会	京城	朝鮮語研究会	1933
154	わかり易い朝鮮語会話	朝鮮語研究会	京城	朝鮮語研究会	1934
155	日鮮会話第一歩	金島苔水	大阪	近代文芸社	1935
156	変体朝鮮語会話：警察官必携	小林京太郎	岡崎		1935
157	朝鮮語教科書巻二	大阪府額部鯛高等警察課	大阪		1936
158	朝鮮語試験問題集	朝鮮語研究会	京城	朝鮮語研究会	1936
159	三ケ月卒業日鮮語新会話	金踏水·広野韓山	大阪	巧人社	1937
160	對譯日鮮會話獨修	金島治三郎	大阪	巧人社	1937
161	新修日漢鮮大辞典	宋完植	京城	永昌書館	1937
162	朝鮮語遞信會話	朝鮮語研究會		朝鮮語研究會	1938
163	實用鮮和大辭典	宋完植	京城	永昌書館	1938
164	日鮮會話三十日間速成	金島苔水, 李鎭豊	大阪	服部文貴堂	1941
165	協和補助讀本全	堀貞次良	東京	東亞公論社	1941
166	內鮮新玉篇	大山治永	京城	永昌書館	1942
167	實用內鮮大辭典	大山治永	京城	永昌書館	1943
168	朝鮮語教科書	井上正市	京城	朝鮮總督府警察官講習所	1943

2. 서양인 대상 한국어 연구 목록

이 목록은 Ⅲ-1장에서 다룬 서양인 대상의 한국어교재 연구에서 다룬 목록을 정리한 것으로 본서에는 포함되지 않은 고경민(2020)의 언더우드『한국에 관한 서양 문헌』(1931)을 보완하여 실은 것이다. 언더우드의 내용에서 한국어 및 한국어교육과 관련한 내용을 선별하고, 오류가 있는 경우 수정하여 제시하였다. 표에 등장하는 'U-N'은 본래 언더우드가 넣은 번호이다. 목록에서 10번 이후 갑자기 연도가 바뀌는 부분은 10번까지 언더우드가 'I. Early Works―To 1880'로 분류한 부분이고, 36번까지는 'WORD LISTS AND DICTIONARIES'이며, 54번까지가 'GRAMMARS AND LANGUAGE HELPS', 나머지 부분이 'PHILOLOGY, ETC'로 분류한 것이다.

목록 오류 유형 정보

A-1	B-1	C-1	D-1	E-1	F
연도 오류	제목 오류	저자 오류	출판사 오류	페이지 오류	출판지 첨가 및 기타 정보 추가
A-2	B-2	C-2	D-2	E-2	
연도 누락	제목 누락	저자 누락	출판사 누락	페이지 누락	

번호	U-N	제목	저자	출판사	시기	분량	출판지	원문 확인처	목적	오류 유형
1	35	Notes on the Corean Language (Remarks on the Corean language)	Charles Gutzlaff (독일 선교사)	Chinese Repository Vol. I, CANTON	1832	276–279	(L), TOKYO	https://archive.org/details/thechineserepository1832183 3v1.112/page/n7/mode/2up	연구 논문 (한국어 음운)	D-2 F
2	36	On the Corean Language	Charles Gutzlaff (독일 선교사)	Chinese Repository Vol. I, CANTON	1832		(L), TOKYO	https://archive.org/details/thechineserepository1832183 3v1.112/page/n7/mode/2up	연구 논문 (한국어 음운)	A-1 1823→1832 앞선 35번과 다른 저서로 혼동한 것으로 보임. 같은 내용임. F
3	37	The Corean Syllabary	Charles Gutzlaff (독일 선교사)	Chinese Repository Vol. II, CANTON	1834	135–139	(L), TOKYO	https://archive.org/details/chineserepositor10willgoog	연구 논문 (한국어 음절)	A-1 1833→1834 D-2
4	61	Des affinités du japonais avec certaines langues du continent asiatique(8VO)	de Rosny (프랑스 인류학자, 언어학자)	MEMBRE DE LA SOCIETE D'ETHNOGRAPHIE	1869	1–17	PARIS	https://archive.org/details/desaffinitesduja00rosn/page/n1/mode/2up	연구 논문 (일본 언어와 아시아 언어)	A-1 1861→1869 D-2 F
5	89	A Vocabulary of Proper Names in Chinese and English of places, persons, tribes and sects in China, Japan, Corea, Annam, Siam, Burmah, the Straits Settlements and Adjacent countries	F. P. Smith (영국 의료 선교사)	Presbyterian Mission Press	1870	1–72	SHANGHAI	https://archive.org/details/ocabularyofprop00smitrich	사전류	D-2 E-2

번호	U-N	제목	저자	출판사	시기	분량	출판지	인문 화인처	목적	오류 유형
6	121	A Korean Primer	J. Ross (영국 선교사)	American Presbyterian Mission Press	1877	1–89	(L). SHANGHAI	https://archive.org/details/coreanprimerbei00rossgoog/page/n3	한국어 학습서 (문법서)	D–2
7	134	A Comparative Study of the Japanese and Korean Languages	W. G. Aston (영국 역사학자, 외교관)	Royal Asiatic Society of Gt. Britain and Ireland, TRUBNER AND CO	1879	319–364	(L, U) LONDON	https://archive.org/stream/journalofroyala1118roya_0#page/n11/mode/2up/search/comparative	연구 논문 (한·일 언어 비교)	D–2 F
8	148	A Proposed Arrangement of the Korean Alphabet	W. G. Aston (영국 역사학자, 외교관)	Asiatic Society of Japan Vol VIII, Kelly & Walsh	1880	58–60	(L, RAS, U). YOKOHMA	https://archive.org/stream/transactionsasi24japagoog#page/n6/mode/2up/search/PROPOSED	연구 논문 (한국어 음운)	D–2 F
9	150	Dictionnaire coréen-français	Ridel (프랑스 신부)	Société des missions étrangères	1880	1–615 (부록 제외)	YOKOHAMA	https://archive.org/details/DictionnaireCoren-franais/page/n9/mode/2up	사전류	C–2 E–1 F
10	151	Two Corean Converts	Pigott (정보 없음)	Missionary Review Prince-ton November, Princeton Press	1880	화인 불가	NEW JERSEY	해당 권호 확인 불가	한국어 학습서 (회화서 추정)	D–2 F
11	42	Translation of a Comparative Vocabulary of the Chinese, Corean, and Japanese Languages ; to which is added the 1,000 Character Classic in Chinese and Corean	W. H. Medhust (영국 선교사)	Parapattan Press	1835	1–208	(L). BATAVIA	[朝鮮偉國字彙] 국내서점판매	사전류 (어휘대역집)	C–1 Gutzlaff→W.H.Medhust D–2
12	51	Narrative of the Voyage of H. M. S. "Samarang"	Edward belcher (영국 해군)	Vol. I. Chap. X. pp. 324–358	1848	1–358	(L), (U). LONDON	https://archive.org/stream/narrativevoyage00adamgoog?ref=ol	사전류 (어휘 일부만 수록)	F

245

번호	U-N	제목	저자	출판사	시기	분량	출판지	원문 확인처	목적	오류 유형
13	60	Vocabulaire Chinois–Coreen–Aino	L. de Rosny (프랑스 인류학자, 언어학자)	확인 불가	1860	1–24	PARIS	https://archive.org/details/vocabulairechino00rosn/mode/2up	사전류 (어휘대역집)	A-1 1861→ 1860
14	107	Russian–Korean Dictionary	M. Putsillo (러시아 관리)		1874	1–746	С.Петербург (상페체르부르그)	[노한사전] 국내서점 판매	사전류	C-2 M.Putsillo F
15	139	Vocabulaire Japonais–aino–Coreen	L. Metchnikoff (러시아 지리학자)	Ban zai sau, 19권	1877	157–158	GENEVE	확인 불가	사전류 (어휘대역집)	A-1 1880→ 1877 D-1 F
16	150	Dictionnaire Coreen Francais	파리외방 선교회 한국선교단	파리외방선교회	1880	1–694	(L). (U.) YOKOHAMA	[한불자전] 국내서점 판매	사전류	F
17	155	Concise dictionary of the Korean language, in two parts, Korean–English & English–Korean (한영자전)	H. G. Underwood (미국 선교사, 일두우)	Kelly & Walsh	1890	1–196	(L). (U) YOKOHAMA	https://archive.org/details/concisedictionar00unde/page/n7/mode/2up	사전류	B-1 Korean–English Dictionary→
18	156	Concise dictionary of the Korean language, in two parts, Korean–English & English–Korean	H. G. Underwood (미국 선교사, 일두우)	Kelly & Walsh	1890	1–239	(L). (U) YOKOHAMA	https://archive.org/details/concisedictionar00unde/page/n7/mode/2up	사전류	B-1 English–Korean Dictionary→
19	157	English–Korean Dictionary	James Scott (영국 외교관)		1891	1–346	(L). (U)SEOUL	[한국어의 근대와 이중어사전: 영인편3] 국내서점 판매	사전류	
20	159	Korean Phrase book for the Use of Travellers	J. W Hodges (미국 선교사)	Church of England Mission Press	1891	1–63	SEOUL	확인 불가	한국어 학습서 (회화서 추정)	

번호	U-N	제목	저자	출판사	시기	분량	출판지	원문 확인처	목적	오류 유형
21	161	Corean Words and Phrases	J. W Hodges (미국 선교사)	SEOUL press	1897	1–397	SEOUL	https://archive.org/details/coreanwordsandp00hodggoog/page/n7	한국어 학습서 (회화서)	E-1 145→397
22	162	Korean–English Dictionary	J. S. Gale (캐나다 선교사, 한국어 화자)	Kelly & Walsh	1897	1160 (본 내용은 1096)	YOKOHAMA	https://archive.org/details/KoreanEnglishDictionary/page/n5/mode/2up	사전류	D-2
23	163	One Hundred Corean Phrases	A. Garden (정보 없음)	확인 불가	1901	1–16	SEOUL	확인 불가	한국어 학습서 (회화서 추정)	
24	164	Korean Words and Phrases	J. W Hodges (미국 선교사)	확인 불가	1902	1–367	(L), (U), SEOUL	확인 불가	한국어 학습서 (회화서 추정)	
25	166	Catalogue of the Romanized Geographical Names of Korea	Koto & Kanazawa (일본 한국어 화자)	Tokyo. University	1903	1–178	(L). (RAS). (U). Tokyo	https://archive.org/details/catalogueofroman00koto/page/n6	사전류 (인명 로마자 사전)	
26	167	A Pronouncing Geographical Dictionary of Manchuria and Northern Korea	U. Kaseki (정보 없음)	Shumeisha	1905	확인 불가	TOKYO	확인 불가	사전류 (지명 사전으로 추정)	
27	168	Untersuchungen uber die Japanischen und Koreanischen Ortsnamen in alten Zeiteiu (日鮮古代地名の研究)	S. Kanazawa (가나자와 쇼자부로, 일본 한국어 화자)	Govt. Gen. chosen	1912	pp.18 German / pp.31 Japanese	SEOUL	국회도서관 원문 서비스	연구 논문 (한국과 일본의 지명 관련)	
28	169	Koreanische Sprichwortes	Andreas Eckardt (독일 신부)	Geist des Ostens, Vol. 1	1913	757–759	확인 불가	확인 불가	연구 논문 (한국어 속담 관련 추정)	

247

번호	U-N	제목	저자	출판사	시기	분량	출판지	원문 확인처	목적	오류 유형
29	170	An English-Korean Dictionary	G. H. Jones (미국 선교사, 조원사)	Korean religious tract socity(판매), KYO BUN KWAN(출판)	1914	1-391	TOKYO	국립중앙도서관 원문 서비스	사전류	A-1 1913→1914 D-2
30	171	A Dictionary of Japanese Geographical Names in Korea	V. N. Krylov, Volodchenko (정보 없음)	확인 불가	1914	1-92	확인 불가	확인 불가	사전류 (지명 사전으로 추정)	
31	172	Present Day English-Korean	J. S. Gale, H.G & H.H Underwood		1924	1-71	SEOUL	[한국어의 근대와 이중어사전: 영인편8] 국내서점 판매	사전류	C-2
32	173	An English-Korean Dictionary(Revision and great enlargement of N.O 156)	H. G. Underwood and H. H. Underwood (미국 선교사 교육가)		1925	1-741	SEOUL	[한국어의 근대와 이중어사전: 영인편8] 국내서점 판매	사전류	
33	174	Das Japanische Lautwesen im Zusammenhange mit dem Koreanischen dem der Liu-kui und der Ainu-Sprache	E. V. Zenken (정보 없음)	Mitteilungen des Seminars für Orientalische Sprachen an der Friedrich-Wilhelms-Universität zu Berlin, v.29, In Kommission bei Walter de Gruyter	1926	215-224	BERLIN	https://catalog.hathitrust.org/Record/000498322 (해당 권 호는 제한적 접근만 가능)	연구 논문 (한국어와 주변 언어 비교)	D-1 MittdesSeminarsfurOrientalischeSprachen-zuBerlin. Vol.29 D-2 F

번호	U-N	제목	저자	출판사	시기	분량	출판지	원문 확인처	목적	오류 유형
34	175	A Korean Vocabulary	S. Ogura (일본 한국학자)	Bulletin of the School of Oriental Studies, University of London Vol 4, No 10	1926	1–10	LONDON	https://www.jstor.org/stable/6073977?seq=1 (무료 가입 후 읽기 가능)	연구 논문 (어휘비교)	C-1 T.Ogura→ D-2
35	176	An English–Korean and Korean–English Dictionary of Parliamentary, Ecclesiastical and Some other Terms	M. Baird (미국선교사, 학자, 베위원)	The Christian Literature Society of Korea	1928	1–107	SEOUL	(L), (U), University of Toronto East Asian Library (오리인원문이용불가)	사전류 (기독교·용어집)	D-2
36	177	The New Korean–English Dictionary	D. S. Kim (한국 기자 추정)		1929	1–572	(L), (U), SEOUL	[한국어의 근대와 이중어사전: 영인편9] 국내서점 판매	사전류	
37	178	Grammaire Coreene	파리외방선교회 한국선교단 – Ridel (프랑스 신부)	Imprimerie de CÉclio du Japon	1881	1–295	(L), (RAS), (U), YOKOHAMA	https://archive.org/details/grammairecorenn00parigoog	한국어 학습서 (문법서)	C-1 D-2
38	179	Korean Speech, with Grammar and Vocabulary	J. Ross (영국 선교사)	Kelly & Walsh	1882	1–101	(L), (U), SHANGHAI	[역대한국문법대계 2부–6권] 국내서점 판매	한국어 학습서 (문법서, 회화서)	F
39	180	A Corean Manual, or Phrase Book with Introductory Grammar	James Scott (영국 외교관)	SEOUL, English Church Mission Press	1887/1893(S.E)	1–241	(L), (U), SHANGHAI	https://archive.org/details/coreanmanualorph00scotrich/page/n6/mode/2up	한국어 학습서 (문법서)	
40	181	Manuel de la Langue Coreene Parlee, a l'usage des Francais	M. Camile Imbault–Huart (프랑스 외교관)	Imprimerie nationale	1889	1–108	(L), PARIS	[역대한국문법대계 2부–8권] 국내서점 판매	한국어 학습서 (문법서)	D-2 F

번호	U-N	제목	저자	출판사	시기	분량	출판지	원문 확인처	목적	오류 유형
41	182	Introduction to the Korean Spoken Language (한영문법)	H. G. Underwood (미국 선교사, 원두우)	Kelly & Walsh	1890	1–425	YOKOHAMA	https://archive.org/details/introductiontoko00unde_1/page/n8/mode/2up	한국어 학습서 (문법서)	
42	183	Korean Grammatical Forms	J. S. Gale (캐나다 선교사, 한국학자)	Trilingual Press	1894	1–249	(L), (U) SEOUL	https://archive.org/details/gale_koreangrammaticalforms_1894	한국어 학습서 (문법서)	A–1 1893→1894 D–1 MethodistPublishingHouse →Trilingual Press E–1 229→249
43	184	Terminations of the verb "Hata"	CHARLES JOHN CORFE (영국 성공회 신부)	확인 불가	1896	1–116	(L), (U) SEOUL	확인 불가	확인 불가	C–1 Bishop Corfe→
44	185	Fifty Helps for the Beginner in the Use of the Korean Language	Annie L. Baird (미국 선교사, 안애리)	Fukuin Printing	1897	1–100	(L), (U) YOKOHAMA	https://archive.org/details/fiftyhelpsforbeg00bairuoft/page/1	한국어 학습서 (회화서)	E–1 74→100 F
45	186	On-mun Chose. An aid to Acquaintance with the Korean Hand-writing.	G. V. Podstavin (러시아 한국어학자)	확인 불가	1907	1–32	VLADIVOSTOCK	확인 불가	연구 논문 (한국어 쓰기)	

250

연호	U-N	제목	저자	출판사	시기	분량	출판지	원문 확인처	목적	오류 유형
46	187	An Analysis of the Japanese Self-Instructor of the Korean Language (조선어독학)	Iashchinskii, Podstavin (야신스키는 포드스타빈의 제자)	블라디보스토크 동방학원	1908	1–128	VLADIVOSTOCK	하버드 대학 도서관 (김동언, 로스킹 2011 참조)	한국어 학습서 (문법서, 회화서)	B-2 C-1 G. Yashchi naki→ C-2 D-2
47	188	Korelskaia grammatika (Korean Grammar)	G. V. Podstavin (러시아 한국어 학자)	French Missionaries 번역	1908	1–103	확인 불가	확인 불가	한국어 학습서 (문법서 추정)	B-2 D-2 리델신부가 발행한 Grammaire Coreene의 러시아어 번역 본일 가능성이 매우 높음 고승무(1980) 참조
48	189	Korean by the Clause Method	M. B. Stokes (미국 선교사)	Korean Religions Tract Society(판매), Fukuin Printing(출판)	1912	1–64	(L), (U), YOKOHAMA	국립중앙도서관 원문 서비스	한국어 학습서 (회화서)	D-2
49	190	An Introduction to Korean Spoken Language	H. G. and H. H. Underwood (미국 선교사, 교육가)	Fukuin Printing	1914	1–475	(L), (V). YOKOHAMA	https://archive.org/details/cu31924023332707/page/n5/mode/2up	한국어 학습서 (문법서, 회화서)	B-1 + An D-2

251

번호	U-N	제목	저자	출판사	시기	분량	출판지	원문 확인처	목적	오류 유형
50	191	Every-Day Korean	H. H. Underwood (미국 선교사, 교육가)	The Christian Literature Society of Korea	1921	115	SEOUL	서울대학교 중앙도서관 온라인 원문 서비스	한국어 학습서 (회화서)	D-2 E-1115→140 F
51	192	Koreanische Konversations-Grammatik mit Lesestücken und Gesprächen (朝鮮語文際文典)	Andreas Eckardt (독일 신부, 언어학자)	Julius Groos,	1923	1-422	(L), HEIDELBERG	서울대학교 중앙도서관 온라인 원문 서비스	한국어 학습서 (문법서, 회화서)	B-1 KoreanischeKonversationsgrammatik→
52	193	Schlussel zur Koreanischen= Grammatik(朝鮮語文際文典 附註解)	Andreas Eckardt (독일 신부, 언어학자)	Julius Groos,	1923	1-204	(L), HEIDELBERG	서울대학교 중앙도서관 온라인 원문 서비스	한국어 학습서 (문법서, 회화서)	
53	194	Korean for Beginners	C. A. Sauer (선교사 추정)	확인 불가	1924	1-115	(L), (U), SEOUL	확인 불가	한국어 학습서 (회화서 추정)	동일 저자가 'The Korean Language School'에서 출판한 한국어 학습서가 있어 같은 단계에서 교육용 학습서로 제작했을 것으로 추정
54	195	Religious Phrases and Prayer Forms	C. Y. Song (정보 없음)	확인 불가	1926	확인 불가	확인 불가	확인 불가	한국어 학습서 추정	

번호	U-N	제목	저자	출판사	시기	분량	출판지	원문 확인처	목적	오류 유형
55	43	Lui Ho sive vocabularium	KO TSCHING DSCHANG, Siebold (독일 의사, 생물학자)	LUGDUNI BATAVORUM	1838	1–42	(L), LEIDEN	전문 확인 불가	사전류 (어휘대역집)	A–2 1888→1838 F
56	69	Aperou de la Langue Coreenne	de Rosny (프랑스 인류학자, 언어학자)	Journal asiatique, série 6, tome 3 et tome 4	1864	287–325	PARIS	https://fr.wikisource.org/wiki/Aper%C3%A7u_de_la_langue_cor%C3%A9enne	연구 논문 (한국어 음운과 어휘)	D–2 E–1
57	105	Histoire de l'église de Corée	Dallet (프랑스 선교사)	PARIS : V. Palmé	1874	1–383	PARIS	https://archive.org/details/histoiredelgli01dall	한국 소개서 (역사와 언어, 관습 등)	B–1 "L'EglisedeCoree"→Histoire del'églisedeCorée E–2 F
58	139	A Comparative Study of Korean and Japanese	W. G. Aston (영국 역사학자, 외교관)	The Journal of the Royal Asiatic Society of Great Britain and Ireland	1879	317–364	LONDON	https://www.jstor.org/stable/25196833?read-now=1&seq=1#page_scan_tab_contents (로그인 필요)	연구 논문 (한국어와 일본어 음운, 어휘 비교)	D–2 E–2 F
59	141	History of Corea, ancient and modern; with description of manners and customs, language and geography	J. Ross (영국 선교사)	R. Parlane	1879	1–404	(L), (RAS), (U), PAISLEY [Scotland]	https://archive.org/details/historycoreaanc00rossgoog	한국 소개서 (문법에 대한 소개 포함)	B–2 Corea,ItsHistory,MannersanaCustoms→ A–1 1880→1879 D–1 F

번호	U-N	제목	저자	출판사	시기	분량	출판지	원문 확인처	목적	오류 유형
60	200	Les Origines de l'imprimerie dans l'extreme Orient(8VO)	A. Peuvrier (정보 없음)	Memoires de la Societe Sinico-Japonaise, Vol. VI. Part 3	1887	181		전문 확인 불가	확인 불가	A-1 1867→1887
61	203	The Korean Alphabet	H. B. Hulbert (미국 선교사, 교사)	Korea Repository Vol. I, The Trilingual Press.	1892	1-9, 69-74	SEOUL	https://babel.hathitrust.org/cgi/pt?id=inu.320000064356 16&view=1up&seq=5	연구 논문 (한국어 문자)	
62	204	The Alphabet (Pancul)	Yi Ik-Seup (한국의 학자, 가명 추정)	Korea Repository Vol. I, The Trilingual Press.	1892	293-299	SEOUL	https://babel.hathitrust.org/cgi/pt?id=inu.320000064356 16&view=1up&seq=5	연구 논문 (한국어 문자)	
63	205	Studies in Korean Etymology	G. H. Jones (미국 선교사, 조언시)	Korea Repository Vol. I, The Trilingual Press.	1892	331-335	SEOUL	https://babel.hathitrust.org/cgi/pt?id=inu.320000064356 16&view=1up&seq=5	연구 논문 (한국어 어원, 기원)	
64	206	The Inventor of the Enmon	J. S. Gale (캐나다 선교사, 한국학자)	Korea Repository Vol. I, The Trilingual Press.	1892	364-368	SEOUL	https://babel.hathitrust.org/cgi/pt?id=inu.320000064356 16&view=1up&seq=5	연구 논문 (한글 창제)	
65	207	En Pan Cbyel (Use of Alphabet)	F. Ohlinger (미국 선교사)	Korea Repository Vol. I, The Trilingual Press.	1892	369-371	SEOUL	https://babel.hathitrust.org/cgi/pt?id=inu.320000064356 16&view=1up&seq=5	연구 논문 (한국어 문자)	
66	208	On the Corean, Aino and Fusang Writings	Terrien de Lacouperie (정보 없음)	T'Oung Pao, Vol. III, BRILL	1892	449-465	LEIDEN	https://www.jstor.org/stable/i406575	연구 논문 (문자와 표기 비교)	C-2 D-2
67	209	Zur Beurtheilung des Koreanischen Schrift-und Lautwesens	G. von der Gablentz (독일 언어학자)	Akademie der Wissenschaften	1892	1-15	(L). BERLIN	확인 불가	확인 불가	

번호	U-N	제목	저자	출판사	시기	분량	출판지	원문 확인처	목적	오류 유형
68	210	Touching Burmese, Chinese and Korean	E. H. Parker (영국변호사, 학자)	Transactions of the Asiatic Society of Japan VOL XXI	1893	1–16	(L), (RAS) YOKOHAMA	https://archive.org/details/transactionsasi06japagoog/page/n6/mode/2up	연구 논문 (언어비교)	D-2 F
69	212	Writing, Printing and the Alphabet in Corea	W. G. Aston (영국 역사학자, 외교관)	Journal of the Royal Asiatic Society of Great Britain and Ireland	1896	1–7	LONDON	https://archive.org/details/journalofroyalas2718roya/page/n7/mode/2up	연구 논문 (한글의 기원)	A-1 1896→1895
70	213	The Onmun–When Invented	W. G. Aston (영국 역사학자, 외교관)	Transactions of the Asiatic Society of Japan VOL XXIII	1895	1–24	(L), (RAS) YOKOHAMA	https://archive.org/details/in.ernet.dli.2015.70910	연구 논문 (한글 창제)	D-2 F
71	214	Notes sur les differents systemes d'ecriture employes en Corée	M. Courant (프랑스 언어학자)	Transactions of the Asiatic Society of Japan VOL XXIII	1895	1–18	(L), (RAS) YOKOHAMA	https://archive.org/details/in.ernet.dli.2015.70910	연구 논문 (어휘 관련)	D-2 F
72	215	Romanization of Korean Sounds	M. Baird (미국선교사, 학자, 배위량)	Korea Repository Vol. II, The Trilingual Press.	1895	161–175	SEOUL	https://archive.org/details/thetrilingualpress_thekoreanrepository_v2_1895	연구 논문 (한국어 로마자)	
73	216	A Korean Katakana	W. H. Wilkinson (영국 외교관)	Korea Repository Vol. II, The Trilingual Press.	1895	215–218	SEOUL	https://archive.org/details/thetrilingualpress_thekoreanrepository_v2_1895	연구 논문 (한국어 표기)	
74	217	Romanization Again	H. B. Hulbert (미국 선교사, 교사)	Korea Repository Vol. II, The Trilingual Press.	1895	299–306	SEOUL	https://archive.org/details/thetrilingualpress_thekoreanrepository_v2_1895	연구 논문 (한국어 로마자)	
75	219	Relationship of the Tartar Languages	J. Edkins (영국 선교사)	Korea Repository Vol. II, The Trilingual Press.	1895	405–411	SEOUL	https://archive.org/details/thetrilingualpress_thekoreanrepository_v2_1895	연구 논문 (언어비교)	

번호	U-N	제목	저자	출판사	시기	분량	출판지	원문 확인처	목적	오류 유형
76	221	Korean Affinities (Linguistic)	J. Edkins (영국 선교사)	Korea Repository Vol. III, The Trilingual Press.	1896	230–232	SEOUL	http://raskb.inje.ac.kr/main/detail.php?book_num=32D5F8BB-B29D-4DC4-B6BE-E7FAFB58E3A0	연구 논문 (한국어와 주변 언어의 유사성)	
77	222	The Korean Alphabet	H. B. Hulbert (미국 선교사, 교사)	Korea Repository Vol. III, The Trilingual Press.	1896	233–237	SEOUL	http://raskb.inje.ac.kr/main/detail.php?book_num=32D5F8BB-B29D-4DC4-B6BE-E7FAFB58E3A0	연구 논문 (한글창제)	
78	223	Monosyllabism of the Korean Type or Language	J. Edkins (영국 선교사)	Korea Repository Vol. II, The Trilingual Press.	1895	365–367	SEOUL	https://archive.org/details/thetrilingualpress.thekoreanrepository_v2_1895	연구 논문 (한국어의 유형과 음절)	
79	224	Sanskrit in Korea	James Scott (영국 외교관)	Korea Repository Vol. IV, The Trilingual Press.	1897	99–103	SEOUL	https://archive.org/details/kwon_translationofofficialreportconcerningtheattackontheroyalpalaceatSEOULkoreaandthemurdero_v4_1896	연구 논문 (산스크리트어와 한국어의 관계)	D-2
80	225	Difficulties of Korean	J. S. Gale (캐나다 선교사, 한국학자)	Korea Repository Vol. IV, The Trilingual Press.	1897	254–257	SEOUL	https://archive.org/details/kwon_translationofofficialreportconcerningtheattackontheroyalpalaceatSEOULkoreaandthemurdero_v4_1896	연구 논문 (동사 하다)	D-2
81	226	Korean Writings	J. Edkins (영국 선교사)	Korea Repository Vol. IV, The Trilingual Press.	1897	301–307	SEOUL	https://archive.org/details/kwon_translationofofficialreportconcerningtheattackontheroyalpalaceatSEOULkoreaandthemurdero_v4_1896	연구 논문 (산스크리트어와 한글 앞선 Scott 논문과 관계)	D-2

번호	U-N	제목	저자	출판사	시기	분량	출판지	원문 확인처	목적	오류 유형
82	227	The Itu	H. B. Hulbert (미국 선교사, 교사)	Korea Repository Vol. V, The Trilingual Press.	1898	47–52	SEOUL	https://archive.org/details/kwon_translationofofficialreportconcerningtheattackontheroyalpalaceatSEOULkoreaandtheemurdero_v5_1896/page/n7/mode/2up	연구 논문 (한국어 총결 표현)	D–2
83	229	The Korean Verb "To Be"	M. Baird (미국 선교사, 학자, 베어링)	Korea Repository Vol. V, The Trilingual Press.	1898	328–338	SEOUL	https://archive.org/details/kwon_translationofofficialreportconcerningtheattackontheroyalpalaceatSEOULkoreaandtheemurdero_v5_1896/page/n7/mode/2up	연구 논문 (한국어 동사 '있다')	D–2
84	230	Etymology of Korean Numerals	J. Edkins (영국 선교사)	Korea Repository Vol. V, The Trilingual Press.	1898	339–341	SEOUL	https://archive.org/details/kwon_translationofofficialreportconcerningtheattackontheroyalpalaceatSEOULkoreaandtheemurdero_v5_1896/page/n7/mode/2up	연구 논문 (한국어 숫자)	D–2
85	231	Notes sur les etudes coreennes et japonaises	M. Courant (프랑스 언어학자)	Actes du XIe Congres International des Orientalistes a PARIS en 1897. IIe Section: Extreme Orient	1899	67–94	PARIS	https://gallica.bnf.fr/ark:/12148/bpt6k57146201.texteImage	연구 논문 (한국어와 일본어 학습 방법)	D–2
86	232	Korean Pronoun	작자 미상 (편집자 추정)	Korea Review Vol. I, METHODIST PUBLISHING HOUSE	1901	53–56	SEOUL	https://archive.org/details/kyung-inpubco_thekoreareview_v1_1901/page/n3/mode/2up	연구 논문 (한국어 대명사)	D–2 F

257

번호	U-N	제목	저자	출판사	시기	분량	출판지	원문 확인처	목적	오류 유형
87	233	Korean Etymology	작자 미상 (편집자 추정)	Korea Review Vol. I, METHODIST PUBLISHING HOUSE	1901	254–257	SEOUL	https://archive.org/details/kyung-inpubco-thekoreareview_v1_1901/page/n3/mode/2up	연구 논문 (한국어 어원 및 명사행)	D-2 F
88	234	The Ni-t'u (Translation from Courant "Bibliographie Coreenne")	J. S. Gale (캐나다 선교사, 한국학자)	Korea Review Vol. I, METHODIST PUBLISHING HOUSE	1901	289–293	SEOUL	https://archive.org/details/kyung-inpubco-thekoreareview_v1_1901/page/n3/mode/2up	연구 논문 (한국어 한자 발음과 표기)	B-1 Introduction ofChinese intoKorea→ D-2 F
89	235	Korean and Efate	작자 미상 (편집자 추정)	Korea Review Vol. I, METHODIST PUBLISHING HOUSE	1901	297–301	SEOUL	https://archive.org/details/kyung-inpubco-thekoreareview_v1_1901/page/n3/mode/2up	연구 논문 (한국어 호칭어)	D-2 F
90	236	Remusat on the Korean Alphabet	작자 미상 (편집자 추정)	Korea Review Vol. II, METHODIST PUBLISHING HOUSE	1902	198–203	SEOUL	https://archive.org/details/kyung-inpubco-thekoreareview_v2_1902	연구 논문 (한국어와 주변 언어 비교)	D-2 F
91	237	The Korean Language	작자 미상 (편집자 추정)	Korea Review Vol. II, METHODIST PUBLISHING HOUSE	1902	433–440	SEOUL	https://archive.org/details/kyung-inpubco-thekoreareview_v2_1902	연구 논문 (한국어 특징 설명)	D-2 F
92	238	The Korean Language	H. B. Hulbert (미국 선교사, 교사)	Annual report of the Board of Regents of the Smithsonian Institution	1903	805–810	(RAS), WASHINGTON	https://archive.org/details/annualreportof1903smit/page/n7/mode/2up	연구 논문 (한국어 전반의 특징 소개)	D-2 (코리아리뷰의 같은 제목 같은 저자의 글)

258

번호	U-N	제목	저자	출판사	시기	분량	출판지	원문 확인처	목적	오류 유형
93	239	Hun-min Chong-Eum (Ancient Book on Korean Language)	작자 미상 (편집자 추정)	Korea Review Vol. III, METHODIST PUBLISHING HOUSE	1903	154-159	SEOUL	https://archive.org/details/kyung-inpubco_thekoreareview_v3_1903	연구 논문 (훈민정음)	D-2 F
94	240	Korean and Formosan	작자 미상 (편집자 추정)	Korea Review Vol. III, METHODIST PUBLISHING HOUSE	1903	1-289	SEOUL	https://archive.org/details/kyung-inpubco_thekoreareview_v3_1903	연구 논문 (한국어와 대만어 비교)	D-2 F
95	241	Spelling Reform	작자 미상 (편집자 추정)	Korea Review Vol. IV, METHODIST PUBLISHING HOUSE	1904	385-393	SEOUL	https://archive.org/details/koreareviewvolu01unkngoog	연구 논문 (표준 철자법에 대한 의견)	D-2 F
96	242	Korean and Formosan	작자 미상 (편집자 추정)	Korea Review Vol. V, METHODIST PUBLISHING HOUSE	1905	1-8	SEOUL	https://archive.org/details/kyung-inpubco_thekoreareview_v5_1905	연구 논문 (한국어와 대만어 비교)	D-2 F
97	243	Spelling Reform	작자 미상 (편집자 추정)	Korea Review Vol. V, METHODIST PUBLISHING HOUSE	1905	46-49	SEOUL	https://archive.org/details/kyung-inpubco_thekoreareview_v5_1905	연구 논문 (표준 철자법에 대한 의견)	D-2 F
98	244	A Comparative Grammar of the Korean Language and the Dravidian Dialects of India	H. B. Hulbert (미국 선교사, 교사)	METHODIST PUBLISHING HOUSE	1906	1-152	(L), (U), SEOUL	https://archive.org/details/AComparativeGrammarOfTheKoreanLang/page/n3/mode/2up	연구 논문 (한국어와 드라비다어 문법 비교)	D-2
99	245	THE STUDY OF COREAN FROM THE POINT OF VIEW OF A STUDENT OF THE JAPANESE LANGUAGE	Arthur. Hyde. Lay (영국, 일본어 학자)	Asiatic Society of Japan Vol. XXXIV. Rikkyo Sha Printing office	1906	49-59	(L), (RAS), TOKYO	https://archive.org/details/in.ernet.dli.2015.70922/page/n283/mode/2up	연구 논문 (한마일 어휘 및 발음 비교)	B-1 Koreanfromthestandpointofastudentof Japanese→C-1 A.E.Lay→ArthurHyde. Lay E-2

번호	U-N	제목	저자	출판사	시기	분량	출판지	원문 확인처	목적	오류 유형
100	246	Korean and Ainu	작자 미상 (편집자 추정)	Korea Review VI, METHODIST PUBLISHING HOUSE	1906	223-228	SEOUL	https://archive.org/details/kyung-inpubco-thekoreareview_v6_1906	연구 논문 (한국어와 아이누어의 비교)	D-2 F
101	247	Korean Writing	Sun Pil Kang (한국 사회운동가)	Korea Review VI, METHODIST PUBLISHING HOUSE	1906	285-289	SEOUL	https://archive.org/details/kyung-inpubco-thekoreareview_v6_1906	연구 논문 (쓰기 방식) (상하, 좌우)	D-2 F
102	248	Über den Einfluss des Sanskrits auf das japanische und Korea-nische Schriftsystem	nische Schriftsystem, S. Kanazawa (가나자와 쇼지 부로, 일본 한국어 학자)	Sanseido	1907	1-45	TOKYO	https://archive.org/details/berdeneinflussd00kanagoog/page/n8/mode/2up	연구 논문 (한국어 음운)	E-2
103	249	The Common Origin of the Japanese and Korean Languages	S. Kanazawa (가나자와 쇼지 부로, 일본 한국어 학자)	Sanseido	1910	1-41	TOKYO	https://archive.org/details/cu31924023352994/page/n2/mode/2up	연구 논문 (한국어의 기원, 한국어와 일본어 비교)	
104	250	The Korean Alphabet	J. S. Gale (캐나다 선교 사, 한국학자)	Korea Branch R.A.S. Vol IV PartI, 왕립아시 아학회 한국지부	1912	12-61	(L), (RAS). (U). SEOUL.	http://raskb.com/full-texts-by-volume-2/	연구 논문 (한글 문자 체계 전반)	E-2 F
105	251	Koreas Sprache und Schrift und die Erfindung der Buchdrucker-kunst-1403	Andreas Eckardt (독일 신부, 언어학자)	Geist des Ostens. Vol. 2	1914	288-303, 364-371	확인 불가	확인 불가	확인 불가	

번호	U-N	제목	저자	출판사	시기	분량	출판지	원문 확인처	목적	오류 유형
106	252	The Korean Language	J. S. Gale (캐나다 선교사, 한국학자)	Korea Magazine I & II, YMCA Press	1917	I : 98–101 외	SEOUL	http://anthony.sogang.ac.kr/KoreaMagazineTOC.html	연구 논문 (한국어 소개 및 회화, 문법, 어휘 등 간단한 정보 제공)	D-2 E-1삭제 (소개부분) E-2
107	253	Difficulties in Korean	J. S. Gale (캐나다 선교사, 한국학자)	Korea Magazine I. YMCA Press	1917	98–101 외	SEOUL	http://anthony.sogang.ac.kr/KoreaMagazineTOC.html	연구 논문 (한국어 소개 및 회화, 문법, 어휘 등 간단한 정보 제공)	B-1 345,386은 'DIFFICUL TIESOFTHE LANGUAGE' 제목이 다름.
108	254	Modern Words and Korean Language	J. S. Gale (캐나다 선교사, 한국학자)	Korea Magazine I, YMCA Press	1917	304–306	SEOUL	http://anthony.sogang.ac.kr/KoreaMagazineTOC.html	연구 논문 (어휘 및 일부 회화)	
109	255	Korean Language Study	J. S. Gale (캐나다 선교사, 한국학자)	Korea Magazine II. YMCA Press	1918	116–118 외	SEOUL	http://anthony.sogang.ac.kr/KoreaMagazineTOC.html	연구 논문 (한국어 문법 중심으로 한국어 학습 내용 제공)	
110	257	Le Japonais et les Langues Austroasiatiques	Nobuhiro Matsumoto (일본 동양학 교수)	Bulletin de l'École française d'Extrême-Orien 30 (프랑스국립극동연구원)	1930	170–172	PARIS	https://www.persee.fr/doc/befeo_0336-1519_1930_num_30_1_3188	연구 논문 (언어비교)	A-1 1928–1930 D-2

261

참고문헌

강남욱(2005), 「敎材 評價論을 통한 초기 한국어 교재에 관한 연구」, 서울대학교대학원, 국내석사학위논문.
강남욱(2009), 「근대 초기 한국어 교재의 역동적 정착 과정」, 『정신문화연구』 32, 한국학중앙연구원.
강승혜(1999), 「외국어 교수법 이론의 비판적 검토」, 『연세 교육연구』 12, 연세대학교 교육연구소.
강승혜(2005), 「교육과정의 연구사와 변천사」, 『한국어 교육론』 1, 한국문화사.
강신항(1972), 『朝鮮館譯語 硏究』, 성균관대학교.
강신항(1984), 『鷄林類事[高麗方言]研究』, 成均館大學校出版部.
강신항(1995), 『朝鮮館譯研究』, 成均館大學校出版部.
고경민(2012), 「한국어 교재 변천사 연구」, 건국대학교대학원, 국내박사학위논문.
고경민(2012b), 「근대 태동기 한국어 교재의 회화문 분석」, 『우리말교육현장연구』 7, 우리말교육현장학회.
고경민(2012c), 「아시아 전래동화의 비교를 통한 한국 문화교육」, 『동화와번역』 24, 동화와번역연구소.
고경민(2013), 「국외 한국어 교재의 변천사 연구」, 『한말연구』 33, 한말연구학회.
고경민(2013b), 「근대 태동기 한국어 교재의 회화문 분석」, 『우리말교육현장연구』, 7(1), 우리말교육현장학회.
고경민(2013c), 「新聞 記事를 바탕으로 살핀 韓國語敎育의 흐름 -1880년부터 2012년까지의 新聞 記事를 中心으로-」, 『어문연구』 41(1), 한국어문교육연구회.
고경민(2014), 「한국어교재의 유형별 분류에 대한 고찰- 통합 교재의 명칭과 의미를 중심으로」, 『우리말교육현장연구』 8(2), 우리말교육현장학회.
고경민(2016), 「한국어교재의 편찬 동향 분석」, 『국제어문』 71, 국제어문학회.
고경민(2017), 「한국어교재의 변천과 시대구분에 대한 연구」, 『교육과학연구』 19, 제주대학교교육과학연구소.
고경민(2017b), 「근대계몽기 인쇄매체를 통해 살핀 '어문 의식'의 형성과 성장 과정에 대한 고찰」, 『한말연구』 44, 한말연구학회.
고경민(2018), 「근현대 일본인 대상 한국어 학습서의 총체적 접근과 분석」, 『겨레어문학』 61, 겨레어문학회.
고경민(2019), 「외국어 교수법의 변천과 한국어교재와의 상관성에 대한 연구」-전통적 교수방식에서 직접식 교수법까지-, 『한말연구』 52, 한말연구학회.
고경민(2020), 「언더우드의 '한국에 관한 서양 문헌' 연구 -서지학의 경계에서, 한국어 관련 문헌을 중심으로-」, 『국제어문』 86, 국제어문학회.

고경민(2021), 「근현대 서양인 학습자 대상 한국어 학습서의 총체적 접근과 분석」, 『영주어문』 49, 영주어문학회.
고미숙(1999), 「근대계몽기 , 그 생성과 변이의 공간에 대한 몇 가지 단상」, 『민족문학사연구』 14, 민족문학사학회.
고송무(1980), 「제정 러시아의 한국어 및 한국 연구」, 『한글』 169, 한글학회.
고영근(1974), 「외국어로서의 한국어교육에 대한 연구」, 『언어교육』 6(1), 서울대 어학연구소.
고영근(1987), 『국어문법의 연구』, 탑출판사.
고영근(2001), 『역대한국문법의 통합적 연구』, 한국문화연구총서, 서울대학교출판부.
고영근·구본관(2008), 『우리말 문법론』, 집문당.
고예진(2013), 「19세기 서양인의 한국어 교재 연구」, 부산대학교대학원, 국내박사학위논문.
권오량(2013), 「한국의 외국어과 교육과정의 변천사 및 발전 방향」, 『교육연구와 실천』 79, 서울대학교 교육종합연구원.
김동소(1997), 『한국어 변천사』, 형설출판사.
김동언·로스 킹(2011), 「20세기 초 러시아 동방학원의 한국어 학습서 『조선어독학』에 대하여」, 『한국어학』 50, 한국어학회.
김두응(1978), 「Medhurst의 『조선위국자휘』에 대하여」, 『국어교육』 33, 한국국어교육연구회.
김문기(2009), 「『교린수지(交隣須知)』의 어휘와 표현 연구」, 『우리말연구』 24, 우리말학회.
김상대(1997), 「동양 언어관의 특성」, 『국어교육』, 한국국어교육연구회.
김소영·최권진(2016), 「일반논문 : 암시교수법을 활용한 한국어 교육 방법의 모색」, 『교육문화연구』 22, 인하대학교 교육연구소.
김수진(2010), 『한국초기 선교사들의 이야기』, 한국장로교출판사.
김승태(2006), 『한말·일제강점기 선교사 연구』, 한국기독교역사연구소.
김영국(2007), 「『鷄林類事』의 어휘항목 산정에 대하여」, 『한국어문학연구』 48, 한국어문학연구회.
김영란(2009), 「한국어교육 교재의 변천 연구」, 고려대학교대학원, 국내박사학위논문.
김영순 외(2002), 「몸짓 의사소통적 한국어 교수법 모형」, 『이중언어학』 20, 이중언어학회.
김재욱 외(2012), 『한국어 교수법』, 형설출판사.
김정숙(2012), 「19세기 말의 한국어 학습서 연구」, 『이중언어학』 49, 이중언어학회.
김정숙 외(2015), 「20세기 초 일본인을 위한 한국어 회화 학습서 연구」, 『어문논집』 74, 민족어문학회.
김혜정(2003), 「일제 강점기 조선어 교육의 의도와 성격」, 『어문연구』 31(3), 한국어문교육연구회.
남성우 외(2009), 『언어교수이론과 한국어교육』, 한국문화사.

노먼 페어클럽(2015), 김지홍 역, 『언어와 권력』, 도서출판 경진.
문선규(1960), 「鷄林類事와 朝鮮館譯語의 『l(ㄹ)』 표기법 고찰」, 『국어국문학』 22, 국어국문학회.
민현식 외(2005), 『한국어 교육론 1』, 한국문화사.
박건숙(2006), 「한국어 교재의 문법 교육 연구 -19세기 말의 교재를 중심으로-」, 『한국어 교육』 Vol.17 No.1, 국제한국어교육학회.
박기영(2005), 「開化期 韓國語의 音韻 研究: 일본에서 간행된 한국어 학습서를 중심으로 = 開化期 韓國語의 音韻 研究: 日本で刊行された韓國語學習書を中心に」, 서울대학교대학원, 국내박사학위논문.
박길수(2002), 「A reflective language teaching model for teachers of english in Korea」, 중앙대학교대학원, 국내박사학위논문.
박동호(2003), 「외국어 교수법과 외국어 교육」, 『比較文化研究』 6, 경희대학교 부설 비교문화연구소.
박문자(2010), 「한국어교육에서의 교수법과 학습법의 상관관계 연구」, 『중국조선어문』 169, 길림성민족사무위원회.
박미경(2000), 「한국어 교육에서의 외국어 교수법 활용 방안」, 『지역학논집 = Research Institute of Regional Studies』 4, 숙명여자대학교 지역학연구소.
박선영(1981), 「한국교육사와 현대구분의 본질」, 『한국교육사학』 3, 한국교육사학회.
박이도(1998), 「독일어의 교수법과 교재」, 『論文集』 19, 慶星大學校.
방종현(1955), 「鷄林類事研究」, 『동방학지』 2, 연세대학교 국학연구원.
백봉자(2001), 「교재와 교수법을 통해 본 한국어 교육의 역사와 과제」, 『외국어로서의 한국어교육』 25, 연세대학교 한국어학당.
서민정·김인택(2010), 『(번역을 통해 살펴본) 근대 한국어를 보는 제국의 시선』, 박이정.
서종학·이미향(2010), 『한국어 교재론』, 태학사.
선형성(1990), 「외국어교육에서 문법·번역식 교수법」, 『論文集』 15, 광주보건대학.
성골롬반외방선교회(2018), 박경일·안세진 편, 『극동』, 살림.
성윤아(2009), 「明治前期における朝鮮語?話書の特徵とその日本語」, 『일본문화연구』 31, 동아시아일본학회.
성윤아(2012), 「근대 일본에서의 조선어회화 학습 열기」, 『아시아문화연구』 25, 경원대학교 아시아문화연구소.
성윤아(2015), 「근대 일본인의 조선어회화 학습서『実用日韓会話独学』에 대한 고찰」, 『日本語文學』 65, 한국일본어문학회.
손성옥(2003), 「외국어 교육학에서의 학문 영역과 교과 과정 구축」, 『외국어로서의 한국어교육』 28, 연세대학교 한국어학당.
손성희·전나영(2011), 「한국어 학습자의 학습 동기 분석」, 『한국어교육』, 22(3), 국제한국어교육학회.
손인수(1987), 「한국교육사상사의 전개과정과 전망」, 『한국교육사학』 제9권, 한국교육사학회.
송정희(2003), 「한국 고등학교 프랑스어 교과서의 변천」, 『프랑스어문교육』 15, 한국프랑스어문교육학회.
안병호(1985), 『계림유사와 고려시대 조선어』, 흑룡강 조선민족 출판사.
안정호(2016), 「학문 목적 한국어 학습자를 위한 내용 기반 언어 교육 연구」, 한양대학교대학원, 국내박사학위논문.
알렉산드르 아파나시예비치 포테브냐(2016), 김민수·조준례 역, 『사고와 언어』, HUINE 출판사.
엄태경(2015), 「한국 영문법 학습 교재의 변천: 영어 교육과정 및 평가의 맥락에서」, 『한국교육문제연구』 33, 중앙대학교 한국교육문제연구소.
오대환(2009), 「식민지 시대 일본인을 위한 조선어교육 연구: 조선어 장려 정책과 경성 조선어연구회를 중심으로」, 연세대학교대학원 국내박사학위논문.
오대환 외(2020), 『해방 전 선교사의 한국어 교육 텍스트 연구』, 한국문화사.
오인영(2004), 「개화기 주한 서양인들의 생활상」, 『개화기 한국과 세계의 상호 교류』, 국학자료원.
오혁진(2010), 「사회교육의 일반적 발달단계에 기초한 한국 사회교육사 時代區分 연구」, 『평생교육학연구』 16(4), 한국평생교육학회.
오현아·박민신(2012), 「일제 강점기 일본인 대상 조선어 교재 분석 연구를 위한 시론」, 『한국언어문화학』 9, 국제한국언어문화학회.
우형식(2015), 「한국어 교육에서 교수 방법 적용의 실태 분석」, 『우리말연구』 43, 우리말학회.
유동석·차윤정(2004), 「조선어 학습서에 나타난 국어사적 특징과 일본어 간섭 현상」, 『우리말연구』 14, 우리말학회.
윤기옥(1974), 「외국어 교수법의 이론적 고찰」, 『한국교육』 1, 한국교육개발원.
윤여탁 외(2006), 『국어교육 100년사 1』 서울대학교출판부.
이강민(2004), 「近世日本의 韓國語 學習書 - 言語史研究資料로서의 系譜와 性格-」, 『일본학보』 58, 한국일본학회.
이강민(2004b), 「『韓語入門』과 『善隣通話』」, 『일본어문학』 23, 한국일본어문학회.
이강민(2005), 「1904년간(刊)『한어회화(韓語會話)』에 대하여」, 『日本語文學』 27, 한국일본어문학회.
이강민(2015), 「근대 일본의 한국어 학습서」, 역락.
이고은(2017), 「왕립아시아학회 한국지부 정기간행물 『트랜스액션』 탐색적 연구 1900-1924년을 중심으로」, 『정신문화연구』 40(3), 한국학중앙연구원.
이광숙(2001), 「한국에서 외국어 교육의 역사」, 『獨語教育』 21, 한국독어독문학교육학회.
이광정(2003), 『국어문법연구 2』, 국어학사 외, 도서출판 역락.
이기문(1957), 「조선관역어의 편찬 연대」, 『문리대학보』 5(1), 서울대학교문리대학.
이동재(2008), 「한국어교수법의 새 방향」, 『한국어 교육』 19, 국제한국어교육학회.

이미영(2012), 「외국어 교수법 원리에 따른 독일어 교재의 작문 연습 유형 변화 연구」, 『Foreign languages education』 19, 한국외국어교육학회.
이미영(2012), 「외국어 교수법 원리에 따른 독일어 교재의 작문 연습 유형 변화 연구」, 『Foreign languages education』 19, 한국외국어교육학회.
이미혜(2007), 「논문 : 한국어 문법 교수 방법론의 재고찰 – 제2 언어 교수 이론에 바탕을 둔 교수 모형의 보완」, 『한국어 교육』 18, 국제한국어교육학회.
이상린(2011), 「한국어 교육 정책에 대한 신문의 보도 양상 연구」, 『새국어교육』 89, 한국국어교육학회.
이상현(2016), 「익명의 한국학자, 이익습과 The korean repository誌의 '훈민정음 기원론 논쟁'」, 『열상고전연구』 54, 열상고전연구회.
이숙(2010), 「언어교수법과 한국어문법 교육」, 『국제한국어교육학회 학술대회논문집』 2010, 국제한국어교육학회.
이정희·김지영(2003), 「고급 단계 한국어 학습자를 위한 내용 중심 한국어 교수법의 실제」, 『학술대회논문집』 2003, 국제한국어교육학회.
이지영(2003), 「근현대 한국어 교육 교재 연구」, 『한말연구』 17, 한말연구학회.
이지영(2003b), 「근현대 한국어 교재의 단원 구성 변천」, 『국어교육연구』 11, 서울대학교 국어교육연구소.
이지영(2004), 「근현대 민족어문교육 기초 연구 ; 근현대 한국어 교재의 사적 고찰」, 『국어교육연구』 13, 서울대학교 국어교육연구소.
이진숙 외(2017), 『서양인의 한국고전학 선집』 1, 2, 박문사.
임삼미(2011), 「변인에 따른 한국어 교수법에 대한 연구」, 『태릉어문연구』 17, 서울여자대학교.
임지아(2006), 「의사소통적 교수법에 의한 한국어 교육 방법론」, 『동남어문논집』 22, 동남어문학회.
장용수(2016), 「한국어교육이 공자의 교육관에서 취할 수 있는 시사점」, 『亞細亞硏究』 59, 고려대학교 아세아문제연구소.
장윤희(2015), 「근대 이행기 한국에서의 자국어 인식」, 『근대이행기 동아시아의 자국어인식과 자국어학의 성립』, 소명출판.
전정예 외(2010), 『새로운 국어사 연구론』, 「근대계몽기 한국어 학습서의 품사분류 체계와 기준」, 박이정.
전형식(2006), 『일본인의 한국어연구 자료집』, 보고사.
전형식(2007), 「일본인의 한국어 연구에 대한 고찰 및 데이터베이스 구축」, 『日本學報』 72, 韓國日本學會.
정광(2002), 『역학서연구』, J&C.
정광(2006), 『역학서와 국어사 연구』, 태학사.
정근식(2007), 「구한말 일본인의 조선어교육과 통역경찰의 형성」, 『한국문학연구』 32, 동국대학교 한국문학연구소.
정승혜(2002), 「한국에서의 외국어 교육에 대한 역사적 고찰」, 『이중언어학』 21, 이중언어학회.
정승혜(2011), 「오구라문고(小倉文庫) 所藏 韓國語 學習書에 대한 一考察」, 『語文研究』 39, 한국어문교육연구회.
정우향(2015), 「한국의 외국어 교육 담론과 인문학」, 『아시아문화연구』 40, 가천대학교 아시아문화연구소.
정은해(2000), 『교육사 연구방법론』, 원미사.
정재영(2000), 「역학서 자료에 대하여」, 『이중언어학』 17(1), 이중언어학회.
제점숙(2013), 「구한말 부산지역 조선어, 일본어 교육의 전개 −이문화 "장(場)"으로서의 교육 공간」, 『일본근대학연구』 39, 한국일본근대학회.
조경환(2017), 『해와 달 근대 서양 선교사들의 중국어 문법서에 관한 연구』, 한국문화사.
조항덕(1999), 「새로운 외국어 교수법과 교재의 개발을 위한 연구」, 『Foreign languages education』 6, 한국외국어교육학회.
조항덕(2000), 『프랑스와 한국에서의 교수법과 교재의 활용 실태에 관한 연구』, 『프랑스어문교육』 9, 한국 프랑스어문교육학회.
조항록(2001), 「한국어 교육의 현황과 교육 정책」, 『외국어로서의 한국어교육』 25(1), 연세대학교 한국어학당.
조항록(2003), 「한국어 교재 개발의 기본 원리와 실제」, 『외국어로서의 한국어교육』 28, 연세대학교 한국어학당.
조항록(2003b), 「한국어 교재 개발을 위한 기초적 논의」, 『한국어 교육』 14(1), 국제한국어교육학회.
조항록(2005), 「외국어로서의 한국어 교육사」, 『한국어 교육론 1』, 한국문화사.
진태하(1975), 「계림유사(鷄林類事) 편찬 연대고(年代考)」, 『새국어교육』 21(1), 한국국어교육학회.
진태하(1975b), 『鷄林類事研究』, 塔出版社.
차하순(1995), 「時代區分의 이론과 실제」, 『한국사 時代區分론』, 소화.
채숙희(2011), 「한국어 교재의 인용 구문 분석」, 『언어학연구』 −(19), 한국중원언어학회.
채영희(2000), 「交隣須知의 語彙와 用例 研究 − 京都大 所藏本 卷1을 중심으로」, 『동북아시아문화학회 국제학술대회 발표 자료집』 2000(1), 동북아시아문화학회.
최경완(2003), 「교린수지에 나타나는 경어 연구」, 경희대학교대학원, 국내박사학위논문.
최영철·허재영(2014), 「근대 계몽기 일본인의 한국어에 대한 관심과 한국어 학습서의 변화」, 『語文論集』 57, 중앙어문학회.
최은규(2004), 「신문을 활용한 한국어 교육 방법 연구」, 『한국어교육』 15(1), 국제한국어교육학회.
최정순·윤지원(2011), 「한국어교육 연구 동향 분석」, 『인문연구』 63, 영남대학교 인문과학연구소.

파리외방전교회(2015), 김승욱 역, 『조선 천주교 그 기원과 발전』, 살림.
편무진(2000), 『交隣須知 : 解題・本文・索引(韓日語)』, 弘文閣.
편무진(2004), 「개화기 한국에서의 일본어교육과 일본에서의 한국어교육」, 『개화기 한국과 세계의 상호 교류』, 국학자료원.
편무진(2005), 『隣語大方 : 解題・索引・原文』, 不二文化.
하수권(2001), 「외국어 교육자료 편집을 위한 교수법 기반에 대한 연구」, 『외국어로서의 독일어』 9, 한국독일어교육학회.
한국어학연구회(1994), 『국어사 자료선집』, 서광학술자료사.
한용진(2009), 「갑오개혁기 일본인의 한국교육 개혁안 고찰」, 『敎育問題硏究』 33, 고려대학교 교육문제연구소.
허재영(2004), 「일제강점기 일본어 보급 정책 연구」, 『한말연구』 14, 한말연구학회.
허재영(2006), 『국어과 교과서와 교재 지도 연구』, 한국문화사.
허재영(2006b), 「국어과 교수 학습 이론 변천사」, 『어문논총』 44, 한국문학언어학회.
허재영(2007), 『(제2언어로서의)한국어 교육의 이해와 탐색』, 보고사.
허재영(2008), 『국어의 변화와 국어사 탐색』, 소통.
허재영(2008b), 『우리말 연구와 문법 교육의 역사』, 보고사.
허재영(2009), 『일제강점기 교과서 정책과 조선어과 교과서』, 경진.
허재영(2010), 『통감시대 어문 교육과 교과서 침탈의 역사』, 경진.
허재영(2010b), 『근대 계몽기 어문 정책과 국어 교육』, 보고사.
허재영(2011), 「국어사에서 근대 계몽기의 설정과 사전 편찬의 필요성」, 『한국사전학』 17, 한국사전학회.
허재영(2012), 「한국어 교육사의 관점에서 본 교린수지(交隣須知)와 사과지남(辭課指南) 비교 연구」, 『한말연구』 31, 한말연구학회.
허재영(2013), 『한국 근대의 학문론과 어문 교육』, 지식과교양.
홍윤표(1994), 「한국학의 時代區分 / 국어사의 時代區分」, 『한국학연구』 1, 단국대학교 한국학 연구소.
홍윤표(1995), 「國語史 時代區分의 問題點과 文法史의 측면에서 본 時代區分」, 『국어학』 25, 국어학회.
홍인숙(2007), 「근대계몽기 女性談論 硏究」, 이화여자대학교 대학원 국내박사학위논문.
황혜진(1997), 「외국어 교수법에 관하여」, 『외대통역협회지』 14, 한국외국어대학교 학생통역협회.
황호덕・이상현(2012), 『개념과 역사, 근대 한국의 이중어사전』 1, 박문사.
황호덕・이상현(2012b), 『개념과 역사, 근대 한국의 이중어사전』 2, 박문사.
末松保和編(1970), 「朝解硏究文獻目錄 單行書篇」, 東京大學東洋學文獻歡 センター.
山田寬人(1998), 「朝鮮語学習書・辞書から見た日本人と朝鮮語-1880年～1945年」, 『朝鮮學報』, 천리대학조선학회.
山田寬人(2004), 『植民地朝鮮における朝鮮語獎勵加政策』, 不二出版.
山田寬人(2014), 「지배를 위한 조선어 학습을 생각한다」, 『식민지 시기 전후의 언어

문제』, 소명출판.
Brother Anthony of Taizé(2010), "The Early Years of the RASKB: 1900-1920", *TRANSACTION*, 85, RASKB.
Diane Larsen-Freeman 지음 방영주 역(2002), 『외국어 교육의 교수기법과 원리』, 경문사.
E. & G. Gompertz(1935), "Supplement to 'A Partial Bibliography of Occidental Literature on Korea' H. H. Underwood", *TRANSACTION*, 24, RASKB.
G. St. G. M. Gompertz(1963), "Bibliography of Western Literature on Korea From the Earliest Times until 1950, Based on Horace H. Underwood's 'Partial Bibliography of Occidental Literature on Korea", *TRANSACTION*, 40, RASKB.
H.Douglas Brown 지음 권오량 외 역(2012), 『원리에 의한 교수』, 피어슨에듀케이션코리아.
Horace H. Underwood(1915), "Hunting and Hunters' Lore in Korea", *TRANSACTION*, 6(2), RASKB.
Horace H. Underwood(1934), "Korean Boats and Ships", *TRANSACTION*, 23(1), RASKB.
Horace H. Underwood(1976), "Korean Literature in English: A Critical Bibliography", *TRANSACTION*, 51, RASKB.
Horace H. Underwood, Litt. D(2000), "THE KOREA BRANCH OF THE ROYAL ASIATIC SOCIETY The First One Hundred Years", *TRANSACTION*, 75, RASKB.
Jack C. Richards 외 지음 전병만 외 역(2008), 『외국어 교육 접근 방법과 교수법』, CAMBRIDGE.
Lillias H. Underwood(1918), *Underwood of Korea*, Fleming H. Revell company.

찾아보기

ㄱ
가로쓰기 ······ 132, 150, 153
게일(Gale) ····· 44, 83, 100, 146, 201
교린 ······ 29, 73, 123, 172
교수법 ······ 74, 205
교육과정 ······ 74
교육사 ······ 60
교재 변천 ······ 68, 206
교재사 ······ 79, 140
구체화 ······ 100, 104, 107
국제한국어교육학회 ······ 50
귀츨라프 ······ 88, 91
극동 ······ 93
근대 ······ 27, 164, 170

ㄴ
높임법 ······ 181, 186

ㄷ
다문화 ······ 55, 58
다문화가정 ······ 55
단독 문장 구성 ······ 146
달레 ······ 99

대역 어휘집 ······ 20
도쿄 외국어대학 ······ 43

ㄹ
러일전쟁 ······ 119, 126, 164, 172
로니 ······ 88
로스(Ross) ······ 44, 73, 83
리델 ······ 83, 90, 202

ㅁ
매킨타이어 ······ 95
문답식 담화 구성 ······ 145
문법 교재 ······ 110
문법번역식 ······ 133, 216, 217, 226
문법범주 ······ 39, 173, 177, 186
문법서 ······ 73, 75, 123, 130, 171
문법 체계 ······ 27

ㅂ
부정법 ······ 181, 190

ㅅ
사서 ······ 14

사역원 ·· 210
상트페테르부르크 아카데미 ········ 43
상하 구성 ··· 155
상황 전제의 담화 구성 ············· 144
서법 ······································· 181, 196
서양인 연구자 ························· 33, 82
서울아시아경기대회 ······················ 51
서울올림픽대회 ······························· 51
선교 ·· 27
선교사 ················· 27, 44, 81, 113, 172
선린 ·································· 29, 73, 123
세로쓰기 ············· 131, 150, 154, 215
시대구분 ······························ 60, 68, 79
시제 ····································· 181, 182
신문기사 ······································ 41, 59
신부 ··· 83, 202

ㅇ
아메노모리 호슈 ····················· 16, 172
애스턴 ·· 84
어휘대역집 ····································· 174
어휘 자료집 ···· 13, 20, 161, 165, 210, 215
언더우드(Underwood) ···· 39, 44, 73, 83, 146, 202, 223
역관 ··································· 13, 31, 66, 72
역사학 ·· 62
역학 ·· 71
역학서 ·· 73
연세대학교 ································ 49, 65
오페르트 ·· 84

올링거 ·· 93
유창성 ·· 222
유해류 ·· 20
이중언어학회 ·································· 50
일본어 교재 ···································· 114
일본인 대상의 한국어교재 ········ 115
일본인 대상 한국어교재 ············ 123
일본인 연구자 ················· 30, 33, 116
일제강점기 ······································ 31

ㅈ
전통적 교수 방식 ················· 212, 219
정확성 ··· 222
조선교육령 ······································ 46
조선어 ······························· 11, 36, 45
조선어 강습회 ································ 37
조선어교육 ·························· 36, 45, 46
조선어 시험 ···································· 45
조선어연구회 ·································· 36
좌우 구성 ······································· 156
중앙대학교 ······································ 49
지볼트 ·· 84
직접식 교수법 ···· 228, 229, 230, 233

ㅊ
청일전쟁 ············· 119, 126, 164, 172
초량관어학소 ································ 117

ㅋ
클라프로트 ······································ 83

ㅌ
태 ·· 181, 193
태동기 ······································· 31, 169
통합형 교재 ······································· 78
특화 교재 ··· 77

ㅍ
품사 ·· 177

ㅎ
한국어교육 ························ 11, 27, 41, 67
한국어교육 발달사 ······················· 63
한국어교육사 ····· 41, 62, 63, 68, 79, 139
한국어교육학 ································· 60
한국어교재 ······· 24, 28, 31, 36, 120, 171, 205
한국어능력시험 ····························· 52
한국어 이해 ························· 92, 114
한국어 인식 ···································· 92
한국학교 ··· 51
한글학교 ··· 51
한류 ··· 57, 58
한어 ··· 11
한어사 ·· 28, 29
한어학소 ··································· 29, 116
한인학교 ··· 51
한일병합조약 ································· 36
헐버트 ······································· 87, 96
호세코 ···················· 28, 125, 135, 214
혼합 교재 ··· 75

회화서 ····· 73, 75, 126, 129, 133, 158
훈민정음 ································· 24, 97

K
『Korean Mission Field』 ················ 94
『Korean Repository』 ····················· 93

T
『The Korea Magazine』 ················· 94
『The Korea Review』 ····················· 93
『TRANSACTION』 ························ 94